끊임없는 지식의 유혹 **철학**
무게를 벗다

끊임없는 지식의 유혹
철학 무게를 벗다

초판 1쇄 인쇄 | 2013. 7. 15
초판 1쇄 발행 | 2013. 7. 20
지은이 | 남청
펴낸곳 | 자유로운상상
펴낸이 | 하광석
디자인 | 블룸

등 록 | 2002년 9월 11일 (제 13-786호)
주 소 | 서울시 성북구 장위동 231-187 102호
전 화 | 02-392-1950 팩스 | 02-363-1950
이메일 | hks33@hanmail.net

ISBN 978-89-90805-65-2 (03100)

· 사전 동의 없는 무단 전재 및 복제를 금합니다.
· 잘못 만들어진 책은 바꾸어 드립니다.
· 책 값은 뒤표지에 있습니다.

> 이 도서의 국립중앙도서관 출판시도서목록(CIP)은 서지정보유통지원
> 시스템 홈페이지(http://seoji.nl.go.kr)와 국가자료공동목록시스템
> (http://www.nl.go.kr/kolisnet)에서 이용하실 수 있습니다.
> (CIP제어번호 : CIP2013008129)

끊임없는
지식의 유혹

철학
무게를
벗다

남정 지음

자유로운상상

Prologue

철학에 대한 일반 독자들의 생각은 어떠할까?
'어렵고' '딱딱하고' '재미없고'… 아마 이런 생각이 아닐까?

그럼 왜 독자들은 철학을 어렵고, 딱딱하고, 재미없다고 생각할까? 물론 철학의 내용이 그럴 수도 있다. 그러나 그보다 더 중요한 이유는 철학을 처음으로 소개한 60-70년대의 철학자들에게 있지 않을까?

당시 이분들이 철학책을 쓸 때, 주로 일본의 철학 서적들을 많이 모방했다. 그들은 어려운 철학 내용을 가능한 어려운 한자를 많이 사용하여 가능한 어렵게 서술하는 것이 책의 권위가 더 있는 것으로 생각했다. 그러다 보니 서점에 꽂힌 철학책들은 전공자가 아니면 무슨 뜻인지 이해할 수가 없었다.

대학에서 철학 강의도 마찬가지였다. 당시 많은 대학에서는 철학이 '철학개론'이라는 이름으로 교양필수과목으로 개설되었다. 대학에 갓 들어온 1학년 학생들이 울며 겨자 먹기로 이 과목을 들었다. 그들은 난해한 내용을 진한 감색 양복의 무표정하고 근엄한 철학 교수님들에게 오직 학점을 따기 위해 지긋지긋한 강의를 들어야만 했다.

그래서 대학에서 한번이라도 철학 강의를 들은 사람들은 뇌리 속에 철학은 어렵고, 딱딱하고, 재미없다는 불도장을 꽉 찍어버린 것이다. 그리고 이후 그들은 수많은 교양서적들을 접하게 되지만 '철학'이라는 말이 들어가는 책은 아예 손도 대지 않게 돼버린 것이다.

그런데 과연 그럴까? 과연 철학은 어렵고, 딱딱하고, 재미없는 학문일까? 필자는 이 책을 통해 독자들의 이러한 고정관념을 깨뜨리고 싶었다. 왜냐하면 그것은 철학에 대한 오해에서 비롯되었기 때문이다.

이 책은 독자들이 대학에서 교수의 강의를 듣지 않고도 혼자 쉽게 이해할 수 있도록 집필했다. 그러기 위해 첫째, 책의 내용이 독자들의 관심과 일치하도록 신경을 기울였고 둘째, 가능한 글을 쉽고 평이하게 풀어 썼으며 셋째, 내용의 이해를 돕기 위해 적절한 예화를 많이 삽입했다.

그렇다고 이 책이 소파에 누워 심심할 때 생각 없이 읽을 수 있는 가벼운 책은 아니다. 글의 표현과는 달리 책의 내용은 철학이 다루어야 할 중요한 내용들을 거의 포함시켰다. 그래서 대학 강의실에서 사용해도 충분할 정도의 철학 핵심 내용들이 두루 수록되어 있다.

이 책의 여유를 더하기 위해 일러스트를 제공해 주신 이영우 교수님께 감사드린다. 아무쪼록 필자는 이 책을 일반 독자들이 읽든 대학생들이 강의실에서 공부하든 '철학도 쉽고 재미있는 학문이구나.' '철학책도 부담없이 읽을 만하구나.' 이런 반응이 나오기를 기대한다.

책 제목과 같이 철학이 오해와 편견으로부터 비롯된 쓸데없는 무게를 벗어버리기를 간절히 바란다.

2013년 7월

남 청

CHAPTER

- Prologue · 004

Chapter 01 새로운 관점으로 철학 다시 읽기
- 철학은 정말 재미없는 학문인가? · 010
- '왜?'라는 질문을 던지는 것이 철학하는 것이다 · 020
- 창의력의 모태는 철학이다 · 030
- 먼저 철학의 흐름을 파악하라 · 041

Chapter 02 정의로운 사회를 위한 철학적 대안 찾기
- 사회정의와 부익부 빈익빈 문제 · 058
- 칼 포퍼의 열린사회와 닫힌사회 · 068
- 공리주의에 대한 대안은 무엇인가? · 079
- 집단이기주의와 정의의 문제 · 088

Chapter 03 행복에 대한 새로운 패러다임 모색하기
- 행복과 행복의 조건은 다르다 · 100
- 빅터 프랭클의 인생의 의미 찾기 · 111
- 포스트모더니즘과 현대인 비판 · 122
- 아리스토텔레스는 행복을 어떻게 보았는가? · 134

Chapter 04 철학적 관점으로 역사 바라보기
- 역사의 주인은 누구인가? · 146
- 역사의 왜곡을 막아라 · 161
- 역사의 의미는 인간이 만들어 가는 것이다 · 170
- 토인비의 도전과 응전의 원리 · 182

Chapter 05 철학은 초월자를 어떻게 이해하는가?

- 철학자들의 신 · 194
- 오늘날에도 신에 대한 물음은 유효한가? · 208
- 칸트의 도덕적 신과 프래그머티즘의 실용주의적 신 · 218
- 범신론이란 무엇인가? · 226

Chapter 06 현대사회도 도덕과 윤리를 필요로 하는가?

- 옳고 그름의 기준은 무엇인가? · 236
- 인간은 이기적인 존재인가? · 248
- 금욕주의와 쾌락주의에 대한 바른 이해 · 259
- 인생은 의무다 · 270

Chapter 07 실존 문제에 대한 현실적 접근

- 쇼펜하우어의 인생관 이해하기 · 282
- 니체의 자라투스트라는 이렇게 말하였다 · 294
- 키에르케고르의 죽음에 이르는 병 · 312
- 사르트르의 실존은 본질에 앞선다 · 328

Chapter
01

새로운 관점으로 철학 다시 읽기

Philosophy

철학은 정말
재미없는 학문인가?

01 철학에 대한 선입관 바꾸기

    영국의 소설가 찰스 디킨즈의 단편소설 『두 도시의 이야기』에 나오는 내용입니다.

> 한 죄수가 오래 동안 감옥에서 복역을 하게 되었습니다. 그는 긴 세월의 감옥생활을 통해 자신도 모르는 사이에 감옥생활에 익숙해집니다. 자신이 거처하는 좁은 공간이 조금도 불편하지 않고 오히려 안락함을 느낍니다.
> 이 감옥 안에 있으면 세상 걱정거리가 없어 좋습니다. 돈 때문에 신경 쓰지 않아 좋고, 자식 걱정 안 해 좋고, 아내 잔소리 들을 필요가 없어 좋았습니다. 뿐만 아니라 말과 행동에 신경 쓰지 않아 좋고 남의 눈치 볼 일 없고 체면 차릴 일이 없어 좋았습니다.

거처가 좀 누추하기는 하지만 주는 밥 먹고, 낮에는 시키는 일 하고, 밤에는 자고 싶은 대로 자면 그만입니다. 그래서 그는 이 감옥에서 별다른 불편함 없이 오히려 편안한 마음으로 하루하루를 보냅니다.

이와 같은 오랜 감옥생활 끝에 드디어 그는 복역기간이 다 되어 석방됩니다. 그는 석방 후 자기 부모님 집으로 돌아가게 되는데 그의 부모님은 아주 큰 저택에 살고 있었습니다.

이 저택에서의 첫날 밤, 그는 잠을 이루지 못해 뒤척거렸습니다. 자기가 자는 방의 휑하니 터진 넓은 공간이 그를 불안하게 만들었기 때문입니다. 고급 침대와 부드러운 이불이 조금도 편하지 않았습니다.

며칠 동안 잠을 설치다가 마침내 그는 넓은 자기 방 한 모퉁이에 벽돌을 쌓아 자기가 옛날 거처하던 감방만한 공간을 만들었습니다. 그리고 비로소 그는 그 좁은 공간 안에서 마음의 평안을 되찾고 안락한 잠을 잘 수 있었습니다.

저자가 이 책에서 말하고자 했던 숨은 의도가 무엇일까요? 흔히 인간은 습관의 노예라고 합니다. 인간은 길들여지는 존재라는 거지요. 저자가 말하고 싶었던 것이 바로 이 점입니다. 습관의 힘이 얼마나 무서운 것인가를 보여주고자 한 것입니다. 평소 넓은 공간에 길들여진 사람은 넓은 공간이 편하지만 반대로 좁은 공간에 길들여진 사람은 좁은 공간이 오히려 편한 것입니다. 이렇게 평소 길들여진 습관은 자기도 모르는 사이 고착되어 삶의 모든 영역에서 위력을 발휘합니다.

이렇게 고착된 습관 가운데 가장 고치기 힘든 것이 잘못된 '사고의 습관'입니다. 평소 부정적인 생각이 입력되어 있는 사람은 매사를 부정적으로 생각합니다. 평소 인생을 비관적으로 바라보는 사람은 인생을 항상 어둡게 봅니다. 평소 소극적인 생각을 가진 사람은 무엇을 해도 소극적인 자세로 나옵니다.

우리 마음속에 잘못 고착되어 있는 생각을 편견 또는 선입관이라 합니다. 많은 사람들이 철학에 대해 이상한 편견이나 선입관을 가지고 있습니다. 그것은 바로 '철학은 어렵고 재미없는 학문이다.' 또는 '철학은 하늘의 뜬구름 잡는 이야기나 공리공론空理空論만을 일삼는 학문이다.'라는 생각입니다. 그래서 철학이라는 말이 들어가는 책만 봐도 골치가 아프다는 사람이 있습니다. 사실은 그렇지 않은데도 말입니다.

물체를 지배하는 법칙에 '관성의 법칙'이 있듯이 인간의 생각을 지배하는 법칙에는 '타성의 법칙'이 있나 봅니다. 인간은 자신도 모르는 사이에 자신의 타성적인 생각에 빠져 그것을 벗어나지 못하고 있다는 말입니다. 철학에 쉽게 접근하기 위해서는 '철학은 딱딱하고 어렵다.'는 잘못된 생각의 타성으로부터 벗어나는 일이 중요합니다. 만일 우리가 철학에 대한 이러한 편견과 선입관으로부터 벗어나기만 한다면 우리는 철학을 정말 재미있게 그리고 가까이 대할 수 있을 것입니다.

02 나는 누구인가?

철학은 그렇게 어려운 학문이 아닙니다. 철학의 우선적인 과제나 목적은 '나는 누구인가?'에 대한 대답을 얻는데 있습니다. 우리는 가끔 독백과도 같이 '나란 어떤 사람일까?' '나란 대체 뭐야?'라고 스스로 묻습니다. 평소 우리는 나 자신을 잘 알고 있다고 생각합니다. 그러나 때로는 내가 어떤 사람인가에 대한 강한 회의를 느낄 때가 있습니다.

나는 누구인가, 라는 질문은 간단한 질문 같지만 사실은 매우 깊은 뜻을 지닌 질문이기도 합니다. 이 질문 속에는 나라는 인간의 본질은 무엇인가? 나는 무엇 때문에 살아가는가? 나의 존재의미는 무엇인가? 내가 추구하는 최고의 가치는 무엇인가? 등과 같은 깊은 의미가 담겨 있기 때문입니다.

철학이란 무슨 난삽한 문제를 가지고 까다로운 논쟁을 벌이는 것이 아닙니다. 철학은 나 자신에 관한 이와 같은 진지한 물음과 대답을 통해 나 자신을 올바로 알고 자신의 올바른 인생관人生觀을 확립하는 데 목적이 있습니다. 이런 측면에서 소크라테스가 말한 "네 자신을 알라."는 말은 철학의 정곡을 찌르는 말이라고 하겠습니다.

네 자신을 알라는 말을 철학에서는 자기인식自己認識이라고 합니다. 오늘날 정보사회를 살아가는 우리는 실로 엄청난 지식을 소유하고 있습니다. 그러나 우리가 그 많은 지식을 소유하고 있으면서도 자기 자신이 누구이며 무엇 때문에 살고 있는가에 대한 올바른 지식을 갖지 못한다면 그 지식은 사상누각砂上樓閣과 같은 공허한 지식이 되고 말 것입니다. 왜냐하면 그러한 지식이야말로 누구를 위한 지식이며 무엇을 위한 지식인지를 알 수 없는 지식을 위한 지식에 그치고 말 것이기 때문입니다.

그러므로 우리는 "온 천하를 얻고도 네 생명을 잃으면 무엇에 유익하겠느냐?"는 성경 구절과도 같이 "온 지식을 얻고도 네 자신에 대한 지식을 얻지 못하면 무엇에 유익하겠느냐?"라는 물음을 자기인식을 위해 새삼 던져 보아야 할 것입니다. 프랑스의 철학자 몽테뉴가 "세상에서 가장 위대한 일은 자기 자신을 찾아 자기 자신이 될 줄 아는 일이다."라고 강조한 것도 바로 철학에 있어서 자기인식의 중요성을 말한 것이라 하겠습니다.

흔히 현대를 가리켜 자기상실自己喪失의 시대라고 합니다. 현대인들은 모두가 자기의 본래적인 고유한 모습을 잃어버리고 살아간다는 것이지요. 자기의 개성도 취향도, 자기의 생각도 판단도 모두 잃어버리고 유행과 여론에 휩쓸리고 집단과 대중 속에 파묻혀 살아가고 있습니다.

현대 실존철학에서는 자기를 망각하고 대중의 물결 속에 떠밀려 살아가는 이러한 인간을 평균인平均人이라고 말합니다. 현대사회에는 실존의 모습은 보이지 않고 평균인들만이 거리를 메우고 있습니다. 자기를 집단 속에 숨기고 익명匿名의 인간으로 살아가고 싶은 거지요. 현대인들에게 자기인식의 문제가 심각하게 대두되는 것은 바로 이와 같은 이유 때문입니다.

인간은 누구나 자기가 자기 자신을 가장 잘 아는 것처럼 생각합니다. 그러나 자기가 자신을 올바로 알고 정확하게 평가한다는 것은 결코 쉬운 일이 아닙니다. 우리는 과연 자신의 인격, 자신의 능력, 자신의 지식, 자신의 도덕성 등에 대해 정확한 인식을 가지고 있는 것일까요? 어쩌면 우리 모두가 자신에 대한 무지無知로 인해 자기기만自己欺瞞에 빠져 있는 것은 아닐까요? 실제로는 그런 인간이 아닌데 자신의 진면목을 바로 보지 못하고 허황된 착각에 빠져있는 것은 아닐까요? 우리는 올바른 자기인식을 위해 이러한 문제들에 대한 주의 깊은 성찰이 있어야 할 것입니다.

철학의 목적은 이와 같이 자기 자신의 허구적인 모습을 찾아내어 이를 무너뜨리는 데 있습니다. 인간이 자신의 거짓되고 가식적인 모습을 직시하고 이를 냉철하게 비판하여 진실된 자신의 모습을 되찾는 것이 곧 철학의 목적입니다.

다시 말하면 '내가 누구인가?'에 대한 올바른 대답을 얻기 위하여 끊임없이 자기를 반성하고 성찰하는 것, 여기서 한 걸음 더 나아가 자기 속에 있는 모든 위선적인 것을 버리고 자기의 가장 진실하고도 본래적인 모습을 발견하는 것, 즉 참된 자기발견과 자기회복自己回復을 추구하는 일이야말로 철학의 중요한 과제와 목적이라 할 수 있습니다.

03 이 세계와 우주는 어떤 존재인가?

철학의 또 하나의 관심은 인간이 살아가는 이 세계가 어떤 존재인가를 올바로 인식하는 일입니다. 물론 이 경우 세계라 함은 가장 넓은 의미에서 우주로서의 세계를 말합니다. 우리가 눈을 들어 시야를 광막한 대우주로 향했을 때 지금까지 상식적으로 생각했던 것과 전혀 다른 우주의 신비와 마주치게 됩니다.

적막한 어둠 속에서 밤하늘에 빛나는 저 무수한 별들을 주의 깊게 응시해 보십시오. 수백억 개가 넘는 별들로 이루어진 은하계와, 그러한 은하계가 다시 수백억 개가 모여 형성된 대우주의 광대한 공간 속에서 마치 하나의 티끌과 같이 보이는 태양계는 무엇이며 그 속에서 다시 하나의 점만도 못한 이 지구는 무엇인가, 라는 의문이 자연스럽게 나올 것입니다.

우리가 살고 있는 이 우주가 얼마나 장엄하고 신비로운 존재인가를 한 번 살펴봅시다. 지구에서 가장 가까운 거리에 있는 천체가 달입니다. 지구와 달 사이의 거리는 광속光速으로 1초 정도의 거리입니다. 광속이란 1초에 30만 km를 갈 수 있는 빛의 속도를 말합니다.

광속으로 지구에서 태양까지는 약 8분 정도 걸립니다. 그러니 달보다는 태양이 훨씬 멀리 떨어져 있는 것이지요. 지구의 지름은 12,800km입니다. 광속으로 달리면 약 0.04초밖에 걸리지 않습니다. 그러나 태양계의 지름은 약 40조km, 광속으로 약 4년이 걸립니다. 그러니 태양계가 얼마나 광대한 공간이라는 것과 이에 비해 우리가 살고 있는 지구가 얼마나 작은 공간임을 알 수 있습니다. 이 거대한 태양계가 은하계의 핵을 중심으로 30만 년에 한 바퀴씩 돌고 있습니다. 마치 지구가 태양의 주위를 1년에 한 바퀴씩 돌듯이 말입니다.

그러나 이러한 태양계도 은하계에 비교하면 그 크기가 미미한 점만도 못합니다. 이 우주 안에는 수백억 개의 은하계가 있는데 크기가 각각 다릅니다. 은하계의 크기는 지름이 보통 약 10-20만 광년이고 큰 은하계는 600만 광년에 이르는 것도 있습니다. 그러니 지름이 4광년에 불과한 태양계의 크기를 이러한 은하계의 크기와 어떻게 비교할 수 있겠습니까?

북두칠성 바로 남쪽에 사냥개자리라고 부르는 엽견좌가 있습니다. 주로 초여름에 우리 육안으로 볼 수 있는 별자리입니다. 그런데 지구에서 엽견좌까지의 거리는 100만 광년에 이릅니다. 우리 육안으로 볼 수 있는 은하계 가운데 가장 멀리 떨어져 있는 안드로메다 은하계는 지구에서 200만 광년의 거리에 있습니다. 그러니 오늘 우리가 안드로메다 별빛을 보았다면 그 별빛은 지금부터 200만 년 전에 발산된 빛을 보고 있는 것입니다. 참으로 신비하지 않습니까?

1990년 미국의 저명한 과학 잡지인 '저널 사이언스'에 당시 새로 발견된 은하계가 소개 되었는데 과학자들은 이름을 '아벨Abel 2029'라 불렀습니다. 그런데 이 새로 발견된 은하계는 크기가 우리 은하계의 약 60배라고 합니다. 우리 은하계의 지름이 10만 광년인데 비해 이 은하계의 지름은 600만 광년에 이른다고 합니다. 이 은하계가 1990년에 발견되었으니까 그때까지 우리는 이 은하계가 존재하는지도 몰랐다는 거지요.

그러나 이러한 은하계가 우주 전체는 아닙니다. 이러한 은하계들이 다시 천억 개 가까이 모여 대우주大宇宙를 형성합니다. 대우주의 지름은 약 150억 광년으로 추정됩니다. 은하계의 지름이 고작 10-20만 광년인데 비해 대우주의 지름이 150억 광년이라면 은하계 또한 대우주 안에서는 하나의 점만도 못한 미미한 존재가 아니겠습니까?

그렇다면 이러한 대우주가 존재전체일까요? 아닙니다. 방금 말한 이 대우주란 지금까지 과학자들에 의해 최첨단 망원경을 통해 아주 어렴풋이 파악된 존재전체의 한 모습일 뿐입니다. 영국 그리니치 천문대나 미국 애팔로치아 산맥에 있는 미 공군 우주사령부의 최첨단 전파망원경을 통해 아주 어렴풋이 과학자들에 의해 관측된 공간일 뿐입니다.

그러면 이러한 대우주의 한계를 넘어 인간의 경험이 미치지 못하는 곳에는 무엇이 존재하는 것일까요? 우리는 흔히 인간의 시야에 포착되지 않는 이런 절대공간을 '무한無限의 세계'라고 부릅니다. 철학에서는 이러한 세계를 형이상학적 세계, 또는 초월적 세계라고 부르지요.

그렇다면 이러한 형이상학적 세계, 초월적 세계를 우리는 어떻게 이해할 수 있을까요?

우리의 의문은 여기서 끝나지 않습니다. 이와 같은 무한한 우주 공간에서 천천만만의 천체들이 일정한 궤도를 그리며 조화롭게 운행하도록 하는 자연의 질서와 법칙은 무엇이며 그 존재근거는 어디에 있는 것일까요? 어떻게 이러한 우주가 스스로 팽창하고 생성소멸하는 것일까요?

이 우주는 신비 자체입니다. 우리가 조금만 시야를 멀리 내다보면 우리의 상식과 과학의 한계를 넘는 무한의 세계가 신비의 베일에 가려 존재하고 있음을 알 수 있습니다. 그 무한의 세계에 대한 의문에 대답을 주고자 하는 것이 바로 철학입니다. 즉 과학적 인식의 한계가 끝나는 곳에 바로 철학적 탐구가 시작되는 것입니다.

철학은 상식이나 과학이 침묵하는 이와 같은 물음들에 대한 의문을 풀어나가고자 합니다. 인간이 몸담고 있는 이 세계는 과연 어떤 존재인가를, 그 존재론적 근거는 무엇인가를, 그리고 이 세계는 우리와 어떤 관계를 가지며 우리에게 어떤 의미를 주고 있는가를 탐구해 나가는 것이 철학의 중요한 과제 가운데 하나인 것입니다. 이것을 철학에서는 세계인식世界人識이라고 합니다.

우리는 지금까지 철학의 중요한 과제가 자기인식과 세계인식이라는 점을 살펴보았습니다. 그런데 이것은 다름 아닌 인생관人生觀과 세계관世界觀을 확립하는 것이라고 할 수 있습니다.

우리가 흔히 말하는 인생관이란 인간과 인생을 보는 종합적인 견해를 말합니다. 즉 인간존재 자체에 대한, 인생의 의미와 가치에 대한, 삶의 근본적인 태도와 목적 등에 대한 통일적이고도 체계적인 대답이 곧 그 사람의 인생관을 이루는 것입니다.

또한 세계관이란 세계를 보는 체계적이고 종합적인 견해를 말합니다. 이 세계는 무한한가 유한한가? 세계의 존재근거는 어디에 있는가? 이 세계를 움직이는 자연법칙은 무엇인가? 초월적인 신은 존재하는가? 등에 대한 통일적이고 체계적인 대답이 바로 그 사람의 세계관을 이루는 것입니다. 그렇습니다. 철학을 탐구하는 이유나 목적은 바로 자신의 올바른 인생관과 세계관을 확립하는 일이라 하겠습니다.

한 번은 생선장수가 꽃을 파는 친구에게 놀러갔습니다. 오랜만에 친구를 만났기에 이런 저런 이야기를 나누다가 밤이 늦어 친구 집에서 하루 밤을 자게 되었습니다.

그런데 자기가 자는 방이 온통 각종 꽃들로 가득 채워져 있었고 방 안은 꽃향기로 진동했습니다. 그 방에서 자는 생선장수는 꽃 냄새 때문에 잠을 잘 수가 없었습니다. 할 수 없이 그는 밖에 나가 자신의 생선 바구니를 방에 가져와 비린내 나는 바구니를 머리맡에 놓고서야 비로소 코를 골며 잠을 잤다고 합니다.

그렇지요. 지금까지 꽃향기에 익숙한 사람은 꽃 냄새가 좋고 생선 냄새에 익숙한 사람은 생선 냄새가 편하고 좋은 것입니다. 마찬가지입니다. 우리는 지금까지 철학에 익숙하지 않아 막연히 철학은 딱딱하고 어렵다고 생각한 것입니다. 그래서 철학을 멀리한 것이지요. 그러나 철학에 대한 이러한 잘못된 편견만 바꾼다면 철학을 얼마든지 친숙하게 가까이 할 수 있을 것입니다.

'왜?' 라는 질문을 던지는 것이 철학하는 것이다

01 철학과 철학하는 것

철학 강의가 시작되는 첫 시간에 가끔 학생들에게 "철학이란 무엇인가?"라는 질문을 던집니다. 물론 이러한 질문은 학생들로부터 철학이 무엇인지에 대한 정확한 대답을 얻기 위해서는 아닙니다. 오히려 그들의 당혹스런 대답을 통해 학생들로 하여금 철학이 무엇인지 모르고 있다는 것을 스스로 알게 해 주기 위함입니다.

마치 소크라테스가 말한 '무지無知에 대한 자각'이라고나 할까요? 이러한 질문을 통해 학생들이 자기가 철학이 무엇인지에 대해 무지하다는 것과 더불어 '그렇다면 철학이란 무엇일까?'라는 의문을 갖도록 하기 위해서입니다.

우리가 어떤 존재나 어떤 현상에 대해 의문을 갖는 것은 철학에 있어서 매우 중요한 일입니다. 왜냐하면 철학이란 바로 의문에서부터 시작되기 때문입니다. 예컨대 우리는 일상생활 가운데서 '아침에 해는 동쪽에서 뜬다.' 라든가 '2+3=5'라는 사실에 대해 아무런 의문을 갖지 않습니다. 마찬가지로 '거짓말을 해서는 안 된다.' 또는 '모든 인간은 죽는다.'는 사실에 대해서도 당연한 일이라고 생각하고 별다른 의문을 갖지 않습니다.

그러나 이러한 당연한 사실들에 대해 의문을 가지고 물음을 던져보면 문제는 간단하지 않음을 알 수 있습니다.

"왜 해는 아침에 동쪽에서 뜹니까?"
"지구가 태양의 주위를 하루에 한 바퀴씩 동쪽으로 돌아가니까 해는 아침에 동쪽에서 뜨는 거지요."
"왜 지구가 태양의 주위를 하루에 한 바퀴씩 돌아갑니까?"
"그것은 자연법칙에 의해 지구의 자전과 공전이 이루어지기 때문입니다."
"그렇다면 자연법칙은 무엇입니까? 자연법칙이란 실재하는 것입니까 아니면 단지 인간의 사고思考의 산물에 불과한 것입니까?"

질문과 대답이 여기까지 이르면 참으로 어려운 문제에 봉착합니다. 왜냐하면 자연법칙이 실재하는 것인지 아니면 인간의 사고의 산물인지에 대한 대답은 상식인은 물론 과학자도 쉽게 대답하기 어려운 문제이기 때문입니다.

철학은 우리가 상식적으로 볼 때 지극히 분명하고도 당연한 사실들에 대해 '무엇을 근거로 왜 그런가?'라는 질문을 던지는 데서부터 시작됩니다. 이는 마치 바람이 불면 사과나무에서 사과가 떨어지는 것은 당연한 일이지만 "왜 사과는 항상 아래로만 떨어질까?"라는 뉴턴의 의문이 만유인력의 법칙을 낳게 한 것과 같으며, '모든 인간은 죽는다.'라는 지극히 당연한 사실에 대해 "왜 인간은 한 번 태어나면 반드시 죽어야 하는가?"라는 석가모니의 고뇌에 찬 의문이 불교의 출발점이 된 것과 같다고 하겠습니다.

아리스토텔레스는 『형이상학』이라는 그의 저서에서 "모든 인간은 태어나면서부터 알기를 원한다."라고 기술하고 있습니다. 인간이 무엇에 대해 의문을 가지고 알기를 원하는 것은 인간의 본성에 속한다는 것입니다. 인간은 본성적으로 '순수한 지적호기심'을 갖습니다. 갓 유치원에 들어간 어린아이를 데리고 한두 시간만이라도 길거리를 걸어 보십시오. 잠시도 쉬지 않고 던지는 아이들의 질문에 우리는 곧 피곤함을 느낄 것입니다.

"왜 자동차는 빨리 가?" "왜 개나리는 노란색깔이야?" "왜 아파트는 저렇게 높아?" 어린아이들의 이와 같은 엉뚱한 질문들은 어디에서 연유하는 것일까요? 그것은 질문을 던지는 아이가 갖는 특성이라기보다 인간 일반이 갖는 보편적인 지적 특성이라고 보아야 할 것입니다.

인간의 본성이 갖는 순수한 지적호기심과 이로부터 일어나는 의문은 모든 지식과 지혜의 원천이라 할 수 있습니다. 왜냐하면 인간의 사고는 의문을 던지는 데서부터 시작하니까 말입니다. '왜 그럴까?' 라는 의문을 가질 때 비로소 우리는 그 대답을 얻기 위해 이런 저런 생각을 하게 되는 것이지요.

문화체육부 장관을 지냈던 이어령 교수가 쓴 『젊음의 탄생』이라는 책 속에 이런 이야기가 나옵니다.

나의 경우에 있어서도 오늘의 나를 있게 한 것은 어렸을 때 얻은 '질문대장'이라는 별명 덕분이 아닌가 생각합니다. 어렸을 때 물음표?에 대해서 선생님에게 질문했던 기억이 있으니까요. 물음표는 누가 만든 것이며 왜 모양이 그렇게 생겼는지 말입니다. 선생님은 쓸데없는 질문을 한다고 노여워하셨지요. 그리고 그런 건 몰라도 되니 공부나 잘하라는 거였습니다.

하지만 내 마음속 의문은 꼬리에 꼬리를 물고 계속 이어져갔고 결국 대학생이 된 다음에야 스스로 그 궁금증을 풀게 됐습니다. 물음표는 Quaestio라는 라틴어에서 비롯되었음을 알게 된 것이지요. 그것은 영어의 Question과 같은 말로 의문이란 뜻입니다. 그런데 의문을 나타내는 문장 끝에 일일이 이 단어를 쓰다 보니 번거로웠던 모양입니다. 그래서 머리글자인 Q와 꼬리글자인 o만 따 Qo라고 표시했다는 겁니다. 그러다가 그것도 복잡하다고 생각해 아예 Q자 아래에 o자를 붙여 한 글자로 합성해버렸다는 거지요. 그 글자 모양이 점차 바뀌어 오늘 같은 물음표가 된 것이라는 것을 알게 된 것입니다.

그렇지요. 꼬리에 꼬리를 무는 의문과 호기심이 그에 대한 탐구로 이어지고 결국 대답을 이끌어낸 거지요. 우리는 끊임없이 앎에 대한 지적 욕구를 충족시키기 위해 마음의 문을 열어놓아야 합니다.

자신은 이미 인생의 지혜를 다 소유하고 있다고 생각하는 사람이 있다면 그는 이미 철학과는 거리가 먼 사람입니다. 그러한 태도는 철학하는 자의 태도가 아닙니다.

철학이란 철학적 지식을 말하는 것이 아닙니다. 철학자의 방대한 사상체계가 곧 철학은 아닙니다. 그것은 철학자가 남겨놓은 업적이요 철학적 탐구의 결과이지 철학 자체는 아닙니다. 철학이란 '철학적 사색'을 의미하며 지혜를 사랑하는 '애지활동愛知活動'을 말합니다. 즉 철학은 무지無知로부터 지知에 이르기 위해 끊임없이 비판하고 회의하며 의문을 던져나가는 지적 활동 그 자체를 말하는 것입니다.

플라톤은 그의 대화편 『향연』에서 부단히 지혜를 추구하는 인간의 모습을 사랑의 신 에로스에 비유합니다. 에로스는 풍요의 신 포로스와 빈곤의 신 페니아 사이에서 태어난 아들입니다. 한 번은 천상의 세계에서 신들의 잔치가 베풀어집니다. 그 잔치는 천상의 주신主神인 제우스가 미의 여신 아프로디테의 출생을 축하하기 위해 베푼 잔치였습니다.

이 잔치에 천상의 모든 신들이 초대를 받았으나 빈곤의 신 페니아만은 초대를 받지 못했습니다. 그는 천상의 거지였으니까요. 그래서 페니아는 잔치가 끝날 무렵 구걸행각에 나섭니다. 잔치 집 문간에 서서 기웃거리던 페니아는 마침 술이 거나하게 취하여 정원 한 모퉁이에서 깊이 잠들어 있던 풍요의 신 포로스를 발견하게 됩니다. 이 모습을 본 페니아는 자신이 너무 궁핍했던 나머지 포로스에게서 자식을 하나 얻어야겠다는 생각을 하고 슬그머니 포로스 옆에 누워 자식을 얻게 되는데 그가 바로 에로스입니다. 이렇게 태어난 에로스는 풍요와 빈곤이라는 양 극단의 신에게서 태어났기 때문에 중간자中間子라는 의미를 갖게 됩니다.

플라톤은 끊임없이 지혜를 사모하는 철학자의 모습을 마치 에로스와 같이 지知와 무지無知 사이의 중간자적인 성격을 갖는다고 보았습니다. 완전한 신은 더 이상 지혜를 추구하지 않으며 전혀 무지한 자도 지혜를 사모하지 않습니다. 철학자는 이 양자의 중간에 위치한 중간자로서 완전한 지혜를 얻기 위해 부단히 노력하고 애쓰는 자입니다.

소크라테스도 지자知者와 애지자愛知者를 구분하고 자기는 결코 지자가 아니라 애지자인 것을 강조했습니다. 지자란 모든 지혜를 소유하고 있다고 자처하는 소피스트Sophist를 가리켜 한 말이며 자신은 단지 지혜를 사랑하고 갈망하는 사람이라고 했습니다.

칸트도 평소 학생들에게 "제군들은 나에게 철학Philosophie을 배울 것이 아니라 철학하는 것philosophieren을 배워야 할 것입니다."라는 말을 입버릇처럼 되풀이했다고 합니다. 그는 학생들이 자기로부터 철학적 지식만을 배우려 하지 말고 스스로 철학적 문제들과 더불어 사색하고 비판하며, 스스로 자신의 인생관을 세워나갈 수 있는 철학하는 방법과 태도를 배우기를 바랐던 것입니다.

02 <u>스스로 자신의 철학자가 되라</u>

인도에 철학에 깊은 관심이 있는 두 청년이 살았습니다. 그들은 평소 철학에 관한 책도 읽고, 훌륭한 스승을 찾아가 대화도 나누고 많은 것을 배우기도 하며 철학에 대한 지식을 쌓아나갔습니다.

그러나 두 청년들에게 문제가 생겼습니다. 그들이 철학을 공부하면 할수록 오히려 철학에 더 많은 의문이 일어나고 인생의 많은 문제들이 미궁에 빠졌기 때문입니다. 그들은 참 곤혹스러웠습니다. 많은 책들을 읽었으나 대답을 얻지 못하고 여러 스승을 찾아갔으나 별 성과를 거두지 못했습니다.

이렇게 진퇴양난에 빠져있을 때 그들에게 희소식이 전해졌습니다. 그것은 멀리 떨어진 티베트에 120세가 된 현자 한 분이 살고 있는데 그는 인생의 모든 비밀을 다 알고 있다는 것입니다. 두 청년은 '그렇다, 바로 그 현자를 만나야 되겠다.' 라고 생각하고 먼 길을 떠날 채비를 하고 티베트를 향해 출발했습니다.

그들은 오랜 기간 산을 넘고 강을 건너 드디어 티베트에 도착했습니다. 그리고 사람들에게 그 현자가 사는 곳을 묻고 물어 겨우 현자의 처소를 발견했습니다. 사람들이 가르쳐준 대로 산 아래 멀리 현자가 사는 집이 보였습니다. 그들은 가슴이 두근거렸습니다. 먼 길을 죽을 고생을 다 하여 왔으나 이제 현자만 만나면 인생의 모든 문제가 풀릴 것을 생각하니 피곤이 다 달아났습니다.

그들은 단번에 현자가 있는 곳까지 달려갔습니다. 그리고 방 문 앞에서 조용히 숨을 죽였습니다. 잠시 기다렸다가 드디어 방문을 조심스레 열었습니다. 방 안은 어두컴컴했습니다. 자세히 보니 현자가 방 아래에 조용히 앉아 있었습니다.

그들은 자세를 가다듬고 방 안으로 들어갔습니다. 그리고 겸손하게 현자 앞에 무릎을 꿇고 예를 갖추었습니다. 얼마간의 시간이 흐른 후에 그 가운데 한 청년이 입을 열었습니다. 그들이 어디에 사는 누구이며 왜 여기까지 왔는지에 대해 소상히 현자에게 설명했습니다. 그리고 인생의 비밀에 대해 모든 것을 가르쳐주기를 간청했습니다.

두 청년은 한참을 기다렸습니다. 방안에는 긴 침묵이 흐르고 현자의 거친 숨소리만 들려왔습니다. 드디어 현자가 눈을 어슴프레 떴습니다. 그리고 두 청년을 한동안 응시했습니다. 그리고 조용히 입을 열었습니다.

"인생은… 인생은 깊은 우물이다. 그 우물을 스스로… 스스로…"

두 청년은 가슴이 뛰었습니다. 드디어 인생이 무엇인지에 대해 현자가 입을 연 것입니다. 귀를 기울이고 그 다음에 무슨 말이 이어질지 두 청년은 현자의 얼굴을 주목했습니다.

그런데 그 한 마디를 한 후 입을 다문 현자는 더 이상 아무 말이 없었습니다. 곧 무슨 말이 이어질 것 같았으나 끝내 아무 말이 없었습니다. 기다리고 기다리다가 한 청년이 화가 나서 입을 열었습니다.

"현자여, 우리는 당신에게 인생의 비밀을 듣기 위해 생명의 위험을 무릅쓰고 먼 길을 달려왔습니다. 그런데 겨우 하시는 말씀이 '인생은 깊은 우물이다.' 이 한 마디뿐이십니까?"

그러자 지금까지 조용히 눈을 감고 있던 현자가 놀란 듯이 눈을 떴습니다. 그리고는 두 청년에게 이렇게 반문했습니다.

"그러면 인생은 깊은 우물이 아니란 말인가?"

이 이야기는 여기서 끝이 납니다. 인도에서 온 청년들이 이 현자로부터 더 이상 어떤 말을 들었는지는 모릅니다. 다만 이 이야기가 우리에게 전해주는 메시지가 철학의 정곡을 찔러줍니다.

인생은 깊은 우물인데 그 우물을 스스로 파야 한다는 것입니다. 자신이 마실 물은 자신이 판 우물에서 길어 마시라는 것입니다. 목이 말라 갈증을 참을 수 없어 옆에 있는 사람에게 한 쪽박의 물을 얻어 마신들 얼마 지나지 않아 곧 다시 목이 마를 것입니다. 그러니 자기 스스로 자기 우물을 파라는 것입니다. 자기 인생의 문제는 스스로 궁리를 하고 스스로 대답을 얻으라는 것입니다.

우리는 모두 자기 스스로의 철학자가 되어야 합니다. 일상적인 삶을 통하여 나의 철학적인 문제가 무엇인지를 찾아 스스로 사색하고 고뇌하며 자신만의 철학적 대답을 구해야만 합니다. 이와 같이 볼 때 철학하는 사람은 언제나 '비판적 정신'과 '탐구적 정신'을 가져야 합니다. 상식인이 당연하다고 여기는 문제들에 대해 철학하는 사람은 '왜 당연한가?'라는 의문을 던져야 합니다.

"지금까지 가장 명료하게 알고 있었던 것에 대하여 처음으로 이상함을 느꼈을 때 철학은 시작된다."는 아리스토텔레스의 말은 비판적 정신이 곧 철학의 시작임을 말해 줍니다. 그러나 비판적 정신을 통해 제기된 의문이 의문만으로 끝나 버린다면 별다른 의미를 갖지 못합니다. 이러한 의문을 통해 보다 심원한 지혜를 얻고자 하는 탐구적 노력이 뒤따라야만 합니다. 즉 비판적 정신은 언제나 탐구적 정신으로 이어져야 합니다.

물론 이러한 의문에 대한 철학적 탐구의 결과가 우리에게 만족할 만한 대답을 주지 못할 수도 있습니다. 그러나 그것은 철학의 속성상 당연한 일인지도 모릅니다. 철학적 의문에 대한 어떤 궁극적인 대답을 얻기 위해 철학책을 뒤진다면 그러한 사람은 곧 철학에 대해 실망하고 말 것입니다. 왜냐하면 철학은 '보편적 진리'를 추구하지만 '절대적 진리'를 고집하지 않기 때문입니다.

종교는 우리에게 궁극적이고 절대적인 대답을 주지만 철학은 오히려 이러한 대답을 내리기를 거부합니다. 이것이 철학과 종교의 차이입니다. 자신이 내리는 대답에 언제나 비판의 여지를 남겨 놓고 보다 새로운 진리를 찾기 위해 부단히 의문을 던져나가는 것이 철학하는 자의 올바른 자세입니다.

"위대한 철학자들은 그들의 위대한 체계 때문에 위대하기 보다는 그들이 제기한 문제 때문에 위대하다."는 짐멜의 말이나 "철학은 경이驚異로부터 시작한다. 그러나 마침내 철학적 사고가 최선을 다해도 역시 경이는 남는다."는 화이트헤드의 말은 철학이 무엇인지에 대한 훌륭한 대답이 된다고 하겠습니다.

창의력의 모태는
철학이다

01 창의력이란?

　창의력이란 새로운 시각으로 사물을 보는 직감력이나 통찰력, 또는 새로운 것을 생각해 내는 상상력을 말합니다. 즉 창의력이란 독창적이고 유용한 산물을 창출해 내는 지적능력이라고 말할 수 있습니다.

　20세기 중반 이후 학자들의 관심을 끌기 시작한 창의력은 21세기에 접어들면서 단순한 학문적 관심을 넘어 미래를 준비하는 생존전략으로 떠오르고 있습니다. 이제는 과학이나 첨단기술뿐만 아니라 문화, 예술, 엔터테인먼트 분야에 이르기까지 창의력을 빼고는 이야기할 수 없을 정도가 되었습니다.

　이와 같이 오늘날 창의력이라는 말이 유행어처럼 따라붙는 이유는 무엇보다 창의적인 아이디어 하나가 수십 개의 공장을 짓고, 수만 대의 자동차를 수출하는 것보다 훨씬 부가가치가 높기 때문입니다.

예를 들어 『해리 포트』의 저자 영국의 조앤 롤링의 경우를 생각해 봅시다. 그는 1997년 이 책을 내 놓기 전까지만 하더라도 가난한 이혼녀로 생활비가 모자라 정부보조금으로 딸을 양육했습니다. 글을 쓰고 싶었으나 집에서는 글을 쓸 공간이 없어 동네 찻집의 책상에서 손으로 원고를 써 내려갔던 처지였습니다.

그러나 그의 글이 베스트셀러가 되고 영화로 나오면서 그는 천문학적인 부를 쌓았습니다. 2005년 말 그의 재산은 약 1조원에 이릅니다. 그의 연간수입은 4100만 파운드, 한화로 약 750억 원에 이릅니다. 750억 원이란 돈은 현대자동차가 미국에 소나타 2만 5천대를 팔아야 벌어들일 수 있는 금액입니다. 그러나 그는 오직 독창적인 창의력 하나만으로 이런 막대한 부를 창출한 것입니다.

조앤 롤링이 『해리 포터』와 같은 판타지 소설을 쓸 수 있었던 것은 어렸을 때 부모님으로부터 받은 영향력이 컸습니다. 아버지 피터 롤링은 비행기 공장 지배인이었고 어머니 앤 롤링은 실험실 연구원이었는데 그들은 특히 전원생활과 책에 대한 애정이 남달랐다고 합니다. 조앤 롤링은 태어날 때부터 호기심이 많고 활동적인 아이였는데 부모는 이런 아이의 상상력을 한껏 길러주기 위해 어릴 때부터 책을 읽어주기 시작했습니다.

후일 그는 그 때의 일을 "우리 집은 온통 책으로 뒤덮여 있었고 부모님은 끊임없이 번갈아가며 내게 책을 읽어주셨지요."라고 기억했습니다. 그는 2살 아래의 자기 동생 조앤 디가 3살이 되면서부터 동생에게 이상야릇한 숲속에서 환상적인 동물들이 살아가는 모습을 앞뒤를 맞추어가며 자기 마음대로 만들어 재미있게 들려주곤 했습니다. 이런 일들이 배경이 되어 후일 그는 세계를 놀라게 하는 『해리 포터』를 내놓게 된 것입니다.

"상상력이 지식보다 강하다."라고 한 아인슈타인의 말이 조앤 롤링에게 딱 들어맞는 말인 것 같습니다.

창의력을 간단히 '사고하는 힘'이라고 말한다면 창의력은 곧 모든 사물에 대해 의문을 가지고 물음을 던지는 데서부터 비롯된다고 할 수 있습니다. 배움의 과정에 있는 사람이 새로운 지식에 대한 호기심을 가지고 의문을 던지는 것은 학문을 하는 가장 기본적이고도 중요한 자세라고 할 수 있습니다.

학문學問이란 말 자체가 갖는 의미가 곧 배우고 묻는 것을 뜻합니다. 즉 학문이란 모르는 것을 배우고 의심나는 것을 물어서 익히는 것을 의미합니다. 학습에 있어서 최초의 단서는 의문을 가지고 질문을 던지는 데 있습니다.

그러나 우리 사회는 오래 동안 이러한 학문의 길과는 전혀 다른 방법으로 학생들을 가르치고 지도해 왔습니다. 마치 주입식 교육이 교육의 모델이라도 되는 양 선생님은 학생들에게 일방적으로 가르치고 외우게만 했지요. 그리고 시험은 사지선다형 문제 위주로 출제해 학생들을 평가하곤 했습니다. 이런 잘못된 교육풍토가 너무 오랫동안 우리 사회를 지배해 왔습니다. 교사는 수업시간에 가능하면 학생들로 하여금 많은 질문을 던지도록 유도해야 하고, 또 가정에서 부모도 자녀들이 질문을 던질 때 그 질문을 존중해 주고 성실하게 대답해 주어야 합니다.

IQ가 190 정도로 추정되는 괴테의 천재적 지능은 괴테 어머니의 교육법, 특히 독서지도법 덕분이라고 합니다. 괴테 어머니는 독특한 방법으로 어린 괴테를 훈련시킨 것으로 알려져 있습니다. 괴테의 어린 시절, 그의 어머니는 밤마다 괴테에게 책을 읽어주었는데, 절정 부분까지만 읽어주고 그 다음은 읽어주지 않았다고 합니다. 그러면 어린 괴테는 호기심에 가득찬 눈초리로 어머니에게 묻습니다.

"엄마, 그래서 어떻게 됐어요?"

괴테의 질문에 어머니는 다음과 같이 대답합니다.

"다음 이야기는 우리 아들이 완성해 보면 어떨까?"

어린 괴테는 눈을 반짝이며 뒷이야기를 마무리 짓습니다.

"엄마, 해적이 공주를 구한 뒤 둘이 결혼 하는 것과 그냥 공주를 자기 나라로 보내주는 것 가운데 어떤 게 더 마음에 드세요?"

괴테의 물음에 어머니는 이렇게 말합니다.

"신이 이 세상을 창조한 것처럼 작가도 이야기 속의 세상을 창조하는 사람이야. 그러니까 그 결말이 행복하든 불행하든 그건 네가 정하는 일이란다."

그러면 어린 괴테는 상상력을 동원하여 그 다음 이야기를 자기 생각대로 만들어 보는 겁니다. 어린 괴테의 상상력을 불러일으키는 어머니의 독서지도법이 세기의 작가인 괴테를 탄생시키는 원동력이 되었던 것입니다.

02 왜 철학이 창의력의 모태가 되는가?

창의력을 위해서는 매사에 의문을 가지고 질문을 던지는 것이 중요합니다. 왜냐하면 사고란 의문이 일어날 때, 그리고 그 의문에 대해 질문을 던질 때, 그 질문에 대한 대답을 얻는 과정에서 시작되기 때문입니다.

그렇다면 왜 철학이 창의력의 모태가 되는지는 분명합니다. 철학이란 다름 아닌 '의문wonder'에서 비롯되기 때문입니다. 상식적으로 지극히 당연한 사실들에 대해 '왜 그런가?'라고 의문을 던지는 것이 바로 철학하는 것이니까요.

철학이라는 학문의 장을 열었던 소크라테스의 경우를 살펴봅시다. 소크라테스는 다른 인류 성현들과 같이 직접 저서를 남기지 않았습니다. 그의 철학과 사상은 모두 제자 플라톤의 저서들을 통해 알려지고 있습니다. 소크라테스의 수제자인 플라톤은 수많은 저서들을 통해 스승인 소크라테스의 철학과 사상을 가감 없이 전해주고 있습니다.

그런데 플라톤의 저서들을 우리는 '플라톤의 대화록'이라고 부릅니다. 그 이유는 그의 책들의 대부분이 대화 형식으로 기록되어 있기 때문입니다. 그 대화의 주인공은 물론 소크라테스입니다. 소크라테스와 아테네 시민들, 또는 소크라테스와 그의 제자들과 대화하는 내용들을 기록한 책들이 바로 플라톤의 대화록입니다.

소크라테스는 아테네의 아고라 광장을 다니며 남녀노소 구별 없이, 그러나 주로 아테네의 젊은 청년들과 즐겨 대화를 나누었습니다. 그는 많은 사람들 앞에서 자기가 알고 있는 지식을 일방적으로 가르쳐 주기보다는 한 사람 한 사람과 일대 일로 만나 서로 간의 공통 관심사에 대해 함께 토론하고 대화를 나누기를 원했습니다.

그런데 그러한 대화 가운데 질문을 던지는 사람은 항상 소크라테스입니다. 끊임없이 질문을 던지고 상대방은 그 질문에 대답하는 이러한 소크라테스의 대화 방법을 문답법問答法 또는 산파술産婆術이라고 합니다.

소크라테스는 어떤 내용이든 주제에 구애받지 않고 대화를 나누었으나 주로 도덕과 윤리적인 문제가 대화의 중심 주제였습니다. 즉 선과 용기와 정의는 무엇이며 덕스럽고 행복한 삶은 어떤 것인지, 그리고 인간의 영혼은 불멸하는지, 혹은 천상의 세계는 존재하는지 등에 대한 문제들이 주된 대화의 내용이었습니다. 왜냐하면 소크라테스의 궁극적 관심은 인간이 어떻게 선하고 덕스러운 삶을 살 수 있으며 지혜롭고 가치 있는 삶을 소유할 수 있는가에 있었기 때문입니다.

그의 대화는 아주 상식적이고 일반적인 관심사에서부터 시작됩니다. 일상생활 속에서 마주하는 평범한 문제로부터 시작하여 가능한 많은 질문을 던져가며 대화를 이어갑니다. 상대방이 별다른 부담을 느끼지 않고 솔직하게 자신이 알고 있는 것을 이야기할 수 있도록 대화를 유도합니다. 그러나 일단 대화가 시작되면 그의 놀라운 기억력과 논리적인 사고력, 그리고 능숙한 대화술은 상대방으로 하여금 대화 속에 몰두하게 합니다.

그는 먼저 상대방의 대화 내용을 빠짐없이 모두 기억합니다. 그 다음 대화 속에 담겨진 상대방의 오류를 하나하나 지적해 내어 스스로 그 오류를 인정하게 합니다. 물론 이 때 소크라테스는 고도의 세련된 대화술로 상대방이 전혀 기분이 상하지 않도록 합니다. 그리고 마지막에는 자신의 생각과 주장이 옳지 않았다는 것과 자신의 답변이 불충분했다는 것을 상대방이 깨닫게 합니다. 그리고 이를 깨달은 자가 스스로 자기의 잘못된 생각을 고쳐 나가도록 대화를 유도합니다.

플라톤의 대화록 가운데 『테아이테토스』에 나오는 소크라테스의 산파술의 한 예를 살펴보겠습니다. '지식'이 무엇인지에 대한 소크라테스와 젊은 수학자 테아이테토스와의 대화 가운데 핵심 내용입니다.

소크라테스 : 자 그러면 테아이테토스, 이제까지 말한 바에 의하면 자네는 직접 보고, 듣고, 느끼는 감각이 곧 지식이라고 대답했지?

테아이테토스 : 네 그렇습니다.

소크라테스 : 그렇다면 만일 누가 자네에게 무엇으로 흑색과 백색을 보며 무엇으로 소리의 높고 낮음을 듣느냐고 묻는다면 자네는 눈으로 보고 귀로 듣는다고 말하겠지?

테아이테토스 : 그렇게 말 할 수 있겠지요.

소크라테스 : 그렇다면 다음의 둘 가운데 어느 것이 옳은 대답인지 다시 한 번 생각해 보게. 우리가 눈을 통해서 보고 귀를 통해서 듣는다고 하는 것이 옳겠는가, 아니면 눈이 보고 귀가 듣는다고 하는 것이 옳겠는가?

테아이테토스 : 제가 생각하기에는 눈을 통해서 보고 귀를 통해서 듣는다고 하는 것이 옳다고 봅니다.

소크라테스 : 그렇게 생각한다면 우리의 눈이나 귀와 같은 감각기관은 그것을 가지고 감각하는데 사용하는 도구와 같은 것이 되겠지?

테아이테토스 : 그렇다고 말할 수 있겠지요.

소크라테스 : 그렇다면 그 도구를 사용하는 주인이 있어야 되지 않겠는가?

테아이테토스 : 네 그렇습니다.

이상의 대화 내용을 살펴 볼 때 테아이테토스는 우리가 직접 보고 듣고 느끼는 감각이 곧 지식이라고 생각하고 있으며 소크라테스는 테아이테토스의 이러한 주장에 동의하지 않고 있음을 알 수 있습니다. 소크라테스는 이성에 의해 획득된 지식만이 참된 지식이라고 생각하고 있었던 것입니다.

그러나 그는 테아이테토스의 생각이 잘못된 것이라고 일방적으로 단정하지 않습니다. 오히려 그의 생각과 주장을 일단은 인정해 가며 "만일 그렇다면 이러 이러한 것에 대해서는 어떻게 생각하는가?" 이렇게 말꼬리를 이어갑니다. 그리고 결국은 테아이테토스가 지금까지 주장해 왔던 것이 잘못되었다는 것을 스스로 인정하게끔 대화를 유도합니다. 그리고 자신의 잘못과 무지를 스스로 인정한 테아이테토스로 하여금 "그렇다면 과연 참된 지식은 무엇일까?"라는 진리에 대한 갈망을 느끼도록 하고 있습니다.

소크라테스의 산파술 가운데 한 가지 특이한 점은 대화의 마지막에 아무런 결론이나 대답을 내리지 않고 대화가 끝나는 경우가 많다는 점입니다. 예를 들어 "행복이 무엇인가?"라는 소크라테스의 물음에 대해 "많은 노예를 거느리고 풍족한 재물을 소유하는 것이 행복이다." 또는 "아무런 고통과 걱정 없이 편안하게 사는 것이 행복이다." 또는 "자기가 하고 싶은 일을 즐겁게 하는 것이 행복이다." 등과 같은 대답들이 나올 것입니다. 이 경우 소크라테스는 그 대답 속에 들어있는 잘못된 점들을 차근차근히 지적해 나갑니다.

"많은 노예와 재물을 소유할 때에 우리의 육체는 만족을 얻을 수 있겠지만 그것들이 우리의 영혼까지도 행복하게 해 줄 수 있겠는가?" 또는 "편안하다는 것을 곧 행복이고 볼 수 있을까? 사람이 편안해지면 오히려 나태하고 타락해지기 쉬운 법인데." 또는 "자기가 하고 싶은 일에 몰두하는 것은 좋지만 그것이 남에게 해를 끼치면 어떻게 되겠는가?"

이와 같이 소크라테스는 상대방의 답변 속에 나타난 잘못된 생각들을 하나하나 지적해 나갑니다. 그러나 "행복이란 그런 것이 아니고 이러 이러한 것이야."라고 결론적인 대답을 내리지는 않습니다. 오히려 "우리가 지금까지 행복이라고 생각해 왔던 것이 분명히 참된 행복은 아니겠지? 그렇다면 우리 서로 다시 한 번 이 문제에 대해서 생각해 보기로 하세. 자 그러면 여기서 헤어지고 또 만나세." 이렇게 대화가 끝나는 것이지요.

즉 문답자 서로 간에 자신의 무지를 고백하는 것으로 대화가 끝나는 것입니다. 그것은 소크라테스가 이 문제에 대해 충분한 지식이 없어서가 아니라 상대방이 스스로 의문을 가지고 바른 대답을 내릴 수 있도록 유도하기 위함이었습니다. 만일 소크라테스가 그 자리에서 확실한 대답을 주었다면 듣는 사람에게 당시에는 만족을 주었을지 모르나 그들로 하여금 그 문제를 스스로 생각하도록 하는 애지활동愛知活動을 돕지는 못했을 것입니다.

소크라테스는 자신의 대화법을 어머니의 직업에 비유하여 산파술이라고 불렀습니다. 그의 어머니는 어린아이의 분만을 돕는 산파였지만 자기는 젊은 청년들의 사상을 분만시키는 산파라고 생각했습니다. 소크라테스가 자기의 사명과 임무를 산파에 비유한 것은 아주 적절한 비유였습니다. 그는 자신이 지혜를 낳을 수 없는 점에 있어서 산파와 같다고 보았습니다. 산파란 원래 아이를 낳는 산부를 도와 그 고통을 덜어주는 일을 할 뿐입니다.

이와 같이 소크라테스도 진리를 발견하기 위해 정신적 산고産苦를 겪는 아테네 시민들을 옆에서 도와주는 일이 곧 자기가 해야 할 일이라고 생각했습니다.

우리는 소크라테스의 산파술을 통해 철학에 있어서 질문을 던지는 것이 얼마나 중요한 것인가를 살펴보았습니다. 그리고 이러한 질문을 던지는 것이 바로 상대방의 사고를 촉진한다는 것도 확인했습니다.

그리스철학의 효시인 밀레토스학파의 탈레스도 항상 이 세계에 대한 의문으로 가득 차있었습니다. '이 세계는 도대체 무엇으로 이루어졌나?' '이 세계의 천태만상의 변화는 어떻게 일어나는 것일까?' '이 거대한 우주의 끝은 어디인가?' 등과 같이 의문에 의문이 꼬리를 물었습니다. 그래서 그는 밤이면 항상 밤하늘의 무수한 별들을 쳐다보며 다녔습니다.

한 번은 탈레스가 하늘을 보고 생각에 잠겨 걷다가 하수구에 빠졌습니다. 그 때 이 모습을 보고 있던 한 하녀가 이렇게 비웃었습니다. "한치 앞도 내다보지 못하는 사람이 하늘만 쳐다보고 걷는담?"

그렇습니다. 하녀가 보기에 탈레스의 행동이 황당할 수도 있고 비웃음거리가 될 수도 있습니다. 마찬가지로 우리가 던지는 질문도 때로는 남들로부터 엉뚱한 질문이라고 핀잔을 받을 수도 있습니다. 그러나 이러한 질문이 바로 철학의 출발점이요 창의력의 출발점이 된다는 것을 기억해야만 합니다.

고대 그리스철학은 당시 철학자들이 던진 질문에서부터 비롯되었습니다. 그리고 그러한 질문들은 시대마다 나타난 철학자들에 의해 계속 이어져내려 왔습니다. 철학의 역사는 바로 인간이 던지는 질문의 역사라고 해도 좋을 것입니다. 그러나 그러한 질문들이 바로 2천 5백 년 동안 철학의 역사를 써내려왔고 인류가 이룩한 놀라운 정신문화를 산출한 창의력의 모태가 되어왔음을 기억해야 할 것입니다.

먼저 철학의 흐름을 파악하라

철학을 이해하는 가장 좋은 방법 가운데 하나는 철학사哲學史를 통해 이해하는 것입니다. 철학이 시작된 고대로부터 현대철학에 이르기까지 철학의 전체적인 흐름을 한 눈에 읽어내려 가는 것이지요. 이를 통해 우리는 철학이 어떤 학문인가를 단숨에 파악할 수 있고 각 시대마다 철학의 중심문제가 무엇이며, 철학의 흐름이 어떻게 변천되어 왔는가를 보다 쉽게 이해할 수 있습니다.

여기서는 서양철학의 역사를 고대로부터 중세와 근세를 거쳐 현대에 이르기까지 시대별로 나누어 전체적인 맥을 짚어보기로 하겠습니다.

01 고대철학의 흐름

철학의 역사는 기원 전 6세기 경 그리스를 중심으로 시작되었습니다. 특히 소아시아의 서해안에 위치한 도시 밀레토스는 그리스인들이 개척한 식민도시였는데 탈레스, 아낙시만드로스, 아낙시메네스 등과 같은 철학자들이 활동하던 중심무대였습니다.

이 도시가 철학의 최초의 발상지가 된 데에는 몇 가지 이유가 있는데, 첫째는 위치적으로 오리엔트에 가까워 바빌로니아, 이집트, 페니키아 등으로부터 동방문화의 영향을 쉽게 받아들일 수 있었기 때문이요, 둘째는 이 도시의 사람들이 그리스 본토에 비해 정치적 종교적 구속이 적어 자유정신이 강하였기 때문이며, 셋째는 지리적 여건으로 인해 무역과 상공업이 발달하여 경제적인 부를 축적 할 수 있었고 이를 통해 생활의 여유를 가지고 학문에 관심을 가질 수 있었기 때문입니다.

밀레토스학파에 속한 자들의 철학적 탐구는 주로 이 세계와 자연과 우주에 관한 문제들로부터 시작되었습니다. 이 시대의 사람들은 그들의 철학적 관심을 인간이나 사회 또는 도덕이나 종교와 같은 문제에 두지 않고 오히려 '이 세계는 무엇으로 이루어졌는가?' 또는 '이 세계는 어떻게 생성·변화해 가는가?' 등과 같은 우주론적인 질문을 던지고 이에 대한 철학적 탐구를 수행해 나갔습니다.

이들은 종래 신화에 얽매여 있던 인간의 관심을 자연으로 돌리고 당시에는 신성불가침한 것으로 생각되었던 신 중심적인 사고의 인습을 탈피하여 자연과 세계를 새로운 안목과 시각으로 바라보게 되었습니다. 즉 이들은 자연과 세계를 신화적인 상상력이나 초자연적인 힘에 의해 설명하려 하지 않고 인간의 이성적 사고를 통해 세계를 바라보고 이해하려고 하였는데 이와 같은 발상의 전환이 곧 철학의 출발점이 된 것입니다.

이 시대의 철학은 주로 아리스토텔레스의 단편집에 의해 전해지는데 내용이 단편적이요 때로는 전설적인 면이 있음에도 불구하고 서양철학의 전통에 빼놓을 수 없는 큰 공헌을 남겼습니다. 그 이유는 이들의 철학적 업적은 대수로울 것이 없었으나 세계를 바라보는 새로운 시각과, 이들이 던진 철학적 물음들이 철학의 창조적 시발점이 되었기 때문입니다. 다시 말하면 이들이 가졌던 세계에 대한 탐구정신이 이들이 남겨 놓았던 철학적 업적보다 더 소중한 것이었으며 이들이 던진 철학적 물음이 그 물음에 대한 대답보다 더 큰 의미를 지녔기 때문입니다.

밀레토스학파 이후 그리스 자연철학은 피타고라스, 헤라클레이토스, 파르메니데스, 데모크리토스 등과 같은 철학자들에 의해 이어지고 이후 고대철학은 아테네기의 철학으로 넘어갑니다. 아테네기의 철학은 프로타고라스나 골기아스와 같은 소피스트Sophist들에 의해 시작됩니다. 이때의 철학에 와서는 지금까지 자연철학자들에 의해 탐구되어 왔던 우주론적인 문제가 인간이나 도덕 및 사회의 문제로 바꾸어집니다.

소피스트들이 활동했던 당시 아테네는 페르시아전쟁의 승리로 그 세력이 발칸반도의 모든 도시국가들 가운데 절정에 다다랐습니다. 그리고 역사상 가장 위대한 통치자로 알려진 페리클레스에 의해 귀족정치가 민주정치로 바뀌면서 정치·경제·문화 등 사회의 모든 분야에서 번영의 극치를 이루었습니다. 이러한 때에 사람들에게 지식과 덕을 가르치며 스스로 지자知者를 자처하는 자들이 있었는데 이들을 소피스트라고 부릅니다. 이들은 후세에 와서 궤변가로 낙인이 찍혔으나 원래는 지적으로 박학다식한 자들이었고 주로 젊은이들에게 사회적으로 출세하는 지식과 기술을 가르치는 직업적 교사였습니다.

이들은 철학의 대상을 자연으로부터 인간의 문제로 옮겨 놓았으며 특히 인간의 도덕과 지식의 문제를 논리적 변론의 방법을 통해 두려움 없이 탐구해 나감으로써 아테네기의 본격적인 철학의 장을 여는데 중요한 몫을 담당하였습니다. 그러나 이들은 진리탐구에 대한 성실성과 학문에 대한 진지함이 없었고 진리와 학문을 사회적으로 출세하기 위한 수단과 방편으로 삼았으며 급기야는 자기주장을 관철하기 위해 변론을 위한 변론을 일삼음으로써 철학을 논리의 유희로 전락시키는 오류를 범하기도 하였습니다.

특히 이들은 '인간은 만물의 척도'라는 주장 아래 진리의 보편적 가치를 부인하고 극단적인 개인주의로 흘러 도덕에 있어서는 상대주의적 입장을, 인식에 있어서는 회의주의적 입장을 취했습니다. 이들은 도덕에 대한 보편성도, 진리에 대한 확실성도 모두 거부하였던 것입니다.

소피스트들은 원래 심오한 사상가들이었으나 점차 그들의 가르침에 대한 보수를 요구하게 되었고 지식을 사회생활의 성공을 위한 도구로 간주하여 출세를 바라는 젊은이들에게 대가를 받고 지식을 가르치는 것이 예사였습니다. 그래서 플라톤은 이들을 가리켜 '영혼의 상품을 파는 상점주인들'이라고 비난했고 후대의 사람들은 이들을 궤변론자로 혹평했습니다.

이러한 상황에서 참된 진리, 진정한 도덕을 외치는 소크라테스가 나타난 것은 당연한 일이라 하겠습니다. 소크라테스의 출현은 플라톤과 아리스토텔레스와 더불어 고대철학의 황금기를 불러왔습니다. 소크라테스는 소피스트의 궤변적이고 독선적인 진리관과 도덕관을 통렬히 비판하고 모든 사람들이 따라야 할 보편적인 도덕과, 만인이 승인할 수 있는 확실한 진리를 아테네 시민들에게 가르치고자 했습니다.

그는 이를 위해 아테네 중심에 있는 아고라 광장을 쏘다니며 젊은이들을 한 사람 한 사람 만나 그들이 진리의 눈을 뜰 수 있게 하는 것을 평생의 직업으로 삼았습니다. 특히 그는 아폴론 신전 입구에 새겨진 '너 자신을 알라'는 말을 자신의 진리의 표어로 삼고 인간이 자신에 대해 얼마나 무지한가를 깨닫는 것이야말로 지혜의 근본이라고 하여 소피스트의 지적 오만에 경종을 울려주었습니다.

고대철학의 진면목은 플라톤과 아리스토텔레스에 이르러 유감없이 드러납니다. 2천 5백년이 넘는 서양철학의 역사 가운데 플라톤과 아리스토텔레스를 능가할만한 철학자라고는 칸트나 헤겔 정도가 있을 뿐입니다. 이처럼 이들의 철학은 내용의 양과 질에 있어서 방대하고 깊이가 있습니다. 철학이 지금과 같은 모습의 형태를 갖추게 된 것도 이들에 와서입니다. 즉 오늘날 철학의 고유영역으로 부르는 형이상학·인식론·윤리학·논리학 등이 이들에 와서 비로소 철학의 본래적인 영역으로 자리를 굳히게 되었고 이로 인해 철학도 엄밀한 학적 체계를 갖춘 모습으로 드러나게 되었습니다.

아리스토텔레스가 죽고 난 다음부터 중세가 시작되기 이전까지의 철학을 헬레니즘·로마철학이라고 부릅니다. 이때에 와서는 지금까지 그리스를 지탱해주었던 도시국가 폴리스는 완전히 몰락하고 북방으로부터 이방민족의 침입이 잦아 사회는 극도로 혼란하였습니다. 사람들은 사회와 국가라는 공동체에 대한 관심은 물론 학문에 대한 열정도 잃어버리고 오직 개인의 무사안일만을 추구하게 되었습니다.

이 시대의 사람들은 세상은 고통스럽고 악한 것이요 따라서 행복을 얻기 위해서는 가능한 한 불안하고 악한 세상으로부터 멀리 떠나야 한다는 염세주의적인 경향에 빠지게 되었습니다.

이러한 사회적 분위기는 학문에도 그대로 반영되어 아테네기의 철학과 같은 독창적이고도 활발한 철학적 탐구활동은 찾아 볼 수 없게 되었고 다만 플라톤이나 아리스토텔레스철학을 계승하고 재해석하는 데 그쳤습니다. 그리고 철학적 관심도 형이상학이나 인식론적인 문제보다는 도덕과 종교와 같은 실천적인 문제에 모아졌습니다.

이 시대를 대표하는 스토아학파, 에피쿠로스학파, 회의주의학파, 신플라톤학파 등이 대체로 이와 같은 성격의 철학들입니다. 시기적으로 볼 때 헬레니즘·로마철학은 기원 전 3세기부터 기원 후 3세기까지의 긴 역사를 갖지만 학문적으로 볼 때는 대단한 업적이 없는 시기였습니다. 당시 사회 전반을 지배하던 소극적이고 부정적인 삶의 태도가 학문의 세계에도 그대로 반영되었기 때문입니다.

02 중세철학의 흐름

476년 게르만 민족의 대이동으로 인한 로마제국의 멸망은 단순한 한 제국의 멸망이 아닌 고대사회의 종말을 가져오는 사건이 되었습니다. 철학사에 있어서도 이와 때를 같이하여 중세철학이 시작되는데 대략 4세기부터 14세기까지 약 천년 동안 긴 기간이 중세철학의 시기에 속합니다. 일반적으로 중세철학은 4세기부터 9세기에 이르는 중세 전기의 교부철학敎父哲學과 9세기부터 14세기에 이르는 중세 후기의 스콜라Schola철학으로 나누어집니다.

교부철학이란 중세 가톨릭교회의 교부들에 의해 이루어진 철학으로서 이들은 주로 그리스철학을 인용하여 기독교 사상과 교리를 변론하고 합리화시키는 일에 주력하였습니다. 기독교가 313년 콘스탄티누스 황제가 발표한 밀라노칙령에 의해 신앙의 자유를 얻고 이어서 392년 테오도시우스 황제에 의해 로마제국의 국교가 된 이후 기독교인의 수는 급격히 팽창하고 교회 조직도 확장되어 갔습니다. 이로 인해 무엇보다 시급한 문제는 기독교 교리를 확립하는 일이었습니다.

아우구스티누스를 비롯한 교부철학자들은 이를 위해 기독교 신앙 내용을 체계화 하고 그 진리성을 합리적으로 설명하는 일을 그들의 철학적 과제로 삼았습니다. 이런 이유로 중세철학은 철학의 독립성을 상실하고 신학을 해명하는 도구로서의 학문으로 전락하게 되었습니다.

중세 후기의 스콜라철학도 교부철학과 그 내용이 크게 다른 것이 없습니다. 스콜라철학이란 중세 가톨릭교회나 수도원의 부속학교인 스콜라에서 철학이나 신학을 연구하고 강의하던 철학자들에 의해 형성된 철학을 말합니다. 토마스 아퀴나스나 안셀무스와 같은 스콜라철학자들은 주로 아리스토텔레스철학을 통하여 이미 교부철학 시대에 확립된 기독교 교리를 논리적으로 증명하고 이론적으로 체계화 하는 일에 힘썼습니다.

스콜라철학자들의 목표는 기독교 진리가 인간의 이성과 부합함을 논증하여 신앙과 이성, 종교와 철학과의 조화를 찾는 데 있었습니다.

에리우게나는 "진정한 종교는 진정한 철학이요 진정한 철학은 진정한 종교다."라고 하여 종교와 철학은 참된 진리를 추구한다는 점에서 내용은 같고 형식만 다를 뿐이라고 보았습니다. 스콜라철학자들은 "지식이 가해진 신앙은 지식 없는 맹목적인 신앙보다 좋다."라고 하여 그들이 신앙한 바를 지적으로 이해하도록 노력하였습니다. 예컨대 안셀무스는 자신이 믿고 있는 단순한 신앙에 머물지 않고 그 신앙내용을 이성적으로 증명할 수 있다고 하였습니다. 이런 입장에서 그는 다음과 같이 신의 존재를 증명하였습니다.

> 가장 완전한 것은 그 속성 속에 존재를 포함해야 한다. 왜냐하면 그 속성 속에 존재가 결핍한다면 그러한 결핍으로 인하여 그것은 가장 완전한 것이라 할 수 없기 때문이다. 그런데 신은 가장 완전한 것이다. 그러므로 신은 존재한다.

신의 본성으로부터 신의 존재를 증명해 나가는 안셀무스의 이와 같은 논증을 '존재론적 증명'이라고 합니다. 이를 간단하게 요약하면 '우리는 신을 가장 완전한 존재라고 생각하는데 이것은 곧 신이 실제로 존재한다는 것을 말해준다. 왜냐하면 실제로 존재하지 않는 것은 가장 완전한 것이라고 할 수 없기 때문이다.'라고 말할 수 있습니다. 이것은 신의 관념 속에 이미 신의 존재가 들어있음을 주장하는 논증입니다.

이와 같이 스콜라철학자들은 기독교 신앙이 인간의 이성에 맞는 것임을 밝혀내어 신信과 지知의 일치를 구하는 것을 철학의 목표로 삼았습니다. 천년 동안의 중세철학은 이처럼 기독교 교리나 신앙을 옹호하고 해명하는 신학의 종속적인 역할만 하였기 때문에 고대 아테네기 때와 같은 철학적 업적을 남기지 못하고 '신학의 시녀'라는 불명예스러운 이름만 남기게 되었습니다.

03 근세철학의 흐름

시대적 정신의 변화와 더불어 철학은 근세로 넘어 오면서 다음과 같은 두 가지의 특징을 가지게 됩니다. 첫째는 근세철학은 인간중심적이라는 점과 둘째는 철학의 중심과제가 인식론으로 옮겨졌다는 점입니다. 고대 그리스철학이나 중세철학과 비교하여 볼 때 근세철학은 분명히 인간중심적입니다. 고대 그리스인들은 인간을 자연과 엄격하게 분리하기보다는 오히려 거대한 자연의 한 부분적인 존재로 생각하였습니다. 고대인들에게 자연은 신비와 경이의 대상이었고 그들은 자연을 이용하고 정복하기보다는 자연에 순응하고 자연과 조화를 찾는 삶을 살고자 했습니다. 따라서 그들에게는 자연을 알고 자연의 원리를 탐구하는 것이 인간에 대한 탐구보다 우선되고 중요한 일로 간주되었습니다.

그러나 근세에 이르러 자연에 대한 신비의 베일이 벗겨짐에 따라 근대인들은 자연을 신비와 경이의 대상으로 본 것이 아니라 오히려 인간의 지배대상이며 인간을 위한 부수적이요 종속적인 존재로 파악하게 되었습니다. 따라서 근대인들은 냉철한 이성으로 자유로이 자연을 탐구하였고 더 이상 자연 속에서 인간의 원리를 찾거나 자연에 철학적 관심을 부여하지 않게 되었습니다. 이제 철학은 오직 인간의 문제만을 중심과제로 삼게 된 것입니다.

뿐만 아니라 근세철학은 신 중심적인 중세철학과 비교해 볼 때도 역시 인간중심적입니다. 중세에는 모든 의미와 가치의 중심에 신이 있었습니다. 인간에 의해 탐구되고 창출된 진리체계가 아니라 신과 교회에 의해 부여된 진리체계가 부동의 요지로 중세인들의 사상을 지배하였습니다. 철학이란 기독교 진리체계 안에서의 철학이요 신학의 영역 안에서의 철학이었습니다.

그러나 근대인들은 모든 진리와 가치의 기준을 인간의 이성에 두고 세계파악의 중심을 신으로부터 인간 자신에게로 바꾸어 놓았습니다. 지금까지 교회의 권위와 교리의 속박에서 벗어나 근대인들은 모든 것을 의심하고 모든 것을 비판하는 자유로운 입장에서 철학을 탐구할 수 있게 된 것입니다.

근세철학은 신 중심적인 모든 중세적인 굴레로부터 벗어나 인간 자신에 대한 철저한 자각과 더불어 인간이 획득할 수 있는 진리를 탐구하며 인간의 가치와 의미를 추구하게 되었는데 이와 같은 인간중심적인 철학이야말로 근세철학의 가장 큰 특징이라 할 수 있겠습니다.

근세철학의 또 하나의 특징은 철학의 중심문제를 인식론에 둔 점입니다. 일반적으로 고대나 중세철학에 있어서는 우주의 궁극적인 실재나 초월적인 신의 존재를 탐구하는 형이상학이 철학의 중심과제였습니다. 그러나 근세철학에 와서는 철학이 종교의 속박에서 벗어나 인간 자신의 이성이나 경험에 의해 모든 철학적 문제를 해결하려고 하였으므로 자연히 인간의 이성의 능력이나 경험의 한계를 밝히려는 인식론적 문제가 철학의 중심영역을 차지하게 된 것입니다.

인식론적 문제를 둘러싸고 근세철학은 합리론rationalism과 경험론empiricism이라고 하는 두 개의 대립된 사조로 갈라지게 됩니다. 합리론은 이성론理性論 또는 주지론主知論이라고도 하는데 인식에 있어서 이성의 능력과 역할을 중요시하며 연역법을 철학적 방법론으로 삼는 철학사조를 말합니다. 합리론은 주로 프랑스, 네델란드, 독일 등과 같은 유럽대륙을 중심하여 형성된 철학인데 데카르트로부터 시작하여 스피노자, 라이프니츠와 같은 철학자들로 이어집니다.

이에 반해 경험론은 인식에 있어서 인간의 직접적인 경험을 중요시하며 귀납법을 철학적 방법으로 삼는 철학사조입니다. 경험론은 대륙의 합리론과 거의 같은 시기에 영국에서 발달하였는데 베이컨과 로크로부터 시작하여 버클리, 흄과 같은 철학자들로 이어집니다.

이와 같은 대립된 두 개의 철학 사조가 이백여 년 가까이 유럽사회를 지배해 오다가 칸트에 이르러 통일을 보게 됩니다. 칸트는 합리론 속에 포함된 독단주의적인 요소와 경험론 속에 포함된 회의주의적인 요소를 함께 비판하고 동시에 이 두 입장을 집대성하여 자신의 독특한 비판철학을 형성하였습니다.

칸트와 더불어 서양철학의 무대는 독일로 옮겨지고 그가 죽은 후 피히테와 셸링을 거쳐 헤겔로 이어지며 거대한 독일 관념론철학을 형성하였습니다. 헤겔은 그의 독특한 변증법적 방법을 통해 철학의 모든 분야에 걸쳐 위대한 업적을 남겼는데 특히 형이상학 · 역사철학 · 법철학 · 종교철학 · 논리학 등의 분야에서 그러했습니다. 헤겔의 죽음은 근세철학과 현대철학의 분수령을 이루었는데 그의 죽음으로 인해 근세철학은 막을 내리고 현대철학이라는 새로운 장이 열리게 되었습니다.

04 현대철학의 흐름

현대철학에 미친 헤겔의 영향은 절대적인 것이어서 거의 대부분의 현대철학이 '반 헤겔주의'적인 성격을 띠고 있습니다. 마르크스주의는 물론 실존철학과 생철학 및 실용주의와 분석철학까지도 그러한 입장에서 출발했습니다. 현대철학의 흐름은 대체로 다음과 같은 세 가지 경향으로 구분되는데 첫째는 비합리주의적 경향이요 둘째는 실용주의적 경향이며 셋째는 비판주의적 경향입니다.

비합리주의적 경향

플라톤 이후 서양철학은 이성주의와 경험주의라는 두 개의 사조로 이어져왔는데 주된 흐름은 이성주의였습니다. 이성주의에 속하는 철학자들은 인간을 이성적 동물로 규정하고 인간이 지니는 이성의 능력과 권위에 대하여 신뢰와 찬사를 아끼지 않았습니다.

특히 데카르트 이후 근세 합리주의에서는 모든 진리와 가치의 기준을 인간의 이성에 두었으며 헤겔에 와서는 이성의 능력을 절대시하여 인간의 이성이 신의 지知, 곧 절대지絶對知에까지 이를 수 있다고 보았습니다. 헤겔은 인간뿐만 아니라 세계도 세계이성, 즉 세계정신Weltgeist에 의해 지배된다고 보고 세계에 내재內在하는 이러한 이성을 파악하는 것이 철학의 목적이 되어야 한다고 주장했습니다.

이와 같은 이성만능주의 사조는 헤겔의 죽음과 함께 종언을 고하고 그 반동으로 쇼펜하우어, 키에르케고르, 니체, 베르그송 등과 같은 철학자들에 의해 비합리주의적인 사조가 나타나게 됩니다. 이 입장에 선 철학자들은 인간을 이성적이고 합리적인 존재로 이해하기보다는 이성 이전의 원초적인 감정과 의지를 가진 정의적情意的 존재로 보았습니다. 그리고 이 세계의 실상實相도 이성이 아닌 맹목적이고 비합리적인 것으로 보고 이를 직관이나 체험과 같은 비이성적인 방법에 의해 파악하려고 했습니다. 대체로 생철학生哲學과 실존철학이 비합리주의 사조를 대표한다고 볼 수 있습니다.

실용주의적 경향

19세기 초 프랑스의 콩트에 의해 시작된 실증주의Positivism는 19세기 후반부터 20세기 초에 걸쳐 철학뿐만 아니라 서양 모든 사상계에 강력한 영향을 미쳤습니다. 실증주의의 역사적 배경은 근대 자연과학의 발달과 이로 인해 일어난 산업혁명의 물결, 그리고 18세기 프랑스를 중심으로 일어났던 계몽주의 사상 및 영국의 경험주의 철학 등에서 찾아 볼 수 있습니다.

실증주의자들은 사실과 경험을 존중하고 과학적 지식만을 가장 확실하고 타당한 지식으로 간주합니다. 이들은 자연현상뿐만 아니라 인간과 사회의 모든 현상까지도 관찰이나 실험에 의한 자연과학적인 방법으로 이해하려고 했습니다. 즉 정치나 역사는 물론 철학이나 도덕, 심지어는 신학까지도 과학적 방법론을 통해 설명이 가능하다고 보았습니다. 그러므로 실증주의자들은 과학적 방법을 통하여 확인할 수 없는 어떠한 지식체계도 받아들이지 않았으며 특히 독일 관념론에 나타났던 형이상학적인 요소를 철저하게 배격하였습니다. 그들은 사실에 의해 확증된 것 이상의 어떠한 힘이나 실체의 존재도 인정하지 않았습니다.

이와 같은 실증주의적 사상물결이 영국에서는 다윈이나 스펜서의 진화론으로 나타나고, 독일에서는 마르크스와 엥겔스의 변증법적 유물론으로, 미국에서는 제임스나 듀이의 프래그머티즘Pragmatism으로 나타나 20세기 사상계를 풍미하게 됩니다.

비판주의적 경향

비판주의 사조는 크게 세 가지 유형으로 구별되는데 인식론비판, 언어비판, 사회비판이 그것입니다. 인식론비판은 19세기 말 독일에서 일어난 신칸트학파와 후설의 현상학 속에 잘 나타나 있습니다. 신칸트학파는 칸트의 비판정신과 인식론적 입장을 계승하여 인간의 인식 능력 자체를 검토하고 비판하여 철학을 추상적이고 사변적인 형이상학으로부터 벗어나게 하고 한 걸음 더 나아가 경험과학에 대한 방법론적인 고찰을 통하여 철학과 경험과학의 조화와 일치를 시도하고자 했습니다.

후설의 현상학은 '본질을 직관하는 의식에 관한 학'을 말합니다. 현상학에서 말하는 현상現象이란 의식에서 독립된 객관적인 현상이 아니라 의식에 나타난 현상을 말합니다. 의식에 나타난 현상의 본질을 지적직관知的直觀에 의해 파악하는 것이 곧 현상학의 목표입니다.

언어비판이란 영국의 옥스퍼드 대학과 케임브리지 대학을 중심으로 일어난 언어분석학파와 오스트리아 빈을 중심으로 일어난 논리실증주의Logical Positivism를 통칭하여 말하는 것이며, 사회비판은 독일의 프랑크푸르트학파를 대표하는 마르쿠제나 하버마스의 사회비판이론, 또는 칼 포퍼의 비판적 합리주의 등을 말합니다. 이들은 전통적인 마르크스주의에 대한 비판은 물론 역사와 현대문명 및 후기자본주의가 안고 있는 사회정의 문제 등 현대사회가 지니고 있는 모든 사회 문제들에 대한 비판을 시도하고 있습니다.

물론 위에서 열거한 철학적 경향 이외에도 해석학이나 과학철학과 같이 현대철학이 주목해야 할 분야도 많이 있겠으나 20세기에 형성된 현대철학의 주된 흐름이 과연 무엇인지는 한두 세대 이후에 가서야 보다 정확히 밝혀질 것입니다.

Chapter 02

정의로운 사회를 위한 철학적 대안 찾기

Philosophy

사회정의와
부익부 빈익빈 문제

01 왜 부익부 빈익빈인가?

하버드 대학 철학교수인 마이클 샌델은 그의 저서 『정의란 무엇인가』에서 오늘날 미국 사회에서 빈부 격차가 점점 더 심화되고 이것이 중요한 정치담론이 되고 있음을 이렇게 설명하고 있습니다.

> 미국 내 빈부 격차는 최근 10-20년 사이에 점점 커지더니 급기야 1930년대 이후 한 번도 나타나지 않은 수준까지 이르렀다. 소득과 부의 공정한 분배는 1970년대부터 지금까지 정치철학 논쟁의 중심이었다.
> 미국인의 삶에서 불평등 심화를 걱정하는 중요한 이유는 빈부격차가 지나치면 민주시민사회에 요구되는 연대의식을 약화시킨다는 사실이다. 왜 그럴까? 불평등이 깊어질수록 부자와 가난한 자의 삶은 점점 더 괴리된다.

오늘날 자본주의 사회가 안고 있는 부익부 빈익빈 현상은 우리 사회나 미국뿐만 아니라 전 세계 모든 사회의 심각한 정치·사회적인 문제가 되고 있습니다.

온 세계 사람들이 부러워하는 미국의 경우 빈부격차를 나타내는 지니Gini계수가 우리나라 보다 높습니다. 2012년 우리나라가 0.31인데 반해 미국은 0.47입니다. 지니계수는 1에 가까울수록 빈부격차가 큼을 말해줍니다. 중국이나 남미, 그리고 중동 국가들의 지니계수가 우리나라나 미국보다 큰 것은 말할 것도 없습니다.

1965년만 해도 미국 최고경영자의 소득은 평사원의 평균 5배 정도였습니다. 그러나 지금은 많게는 300배입니다. 통계청 자료에 따르면 2007년 한국의 상위 20%는 하위 20%의 4.7배를 벌었습니다. 그러나 2012년에는 상위 20%가 하위 20%보다 13배 많은 것으로 나타났습니다.

왜 이와 같은 빈부 격차가 날로, 그것도 급격히 심화되어 가는 것일까요? 인간의 끝없는 이기적인 탐욕 때문인가요? 아니면 자본주의 경제체제의 모순 때문인가요?

남 캘리포니아 대학 철학교수인 리처드 포스트는 인간의 이기심과 지나친 경쟁이 현대사회를 불평등 사회로 병들게 하고 있다고 보고 이렇게 비판했습니다.

현대문화는 소유욕으로 병들어 있다. 행복한 삶이란 부의 축적에 있고 그래서 '많으면 많을수록 좋다.'는 터무니없는 말이 진실처럼 여겨진다. 그 결과 현대사회에서 부에 대한 욕심은 삶의 진실과는 동떨어진 정신질환이 되고 말았다. 뿐만 아니라 현대사회의 속도는 우리의 단절감과 소외감을 가중시킨다. 우리는 숨 막히는 긴장 속에 허둥대며 살아간다. 살벌한 경쟁에 탈출구란 없어 보인다.

이런 이유로 우리는 인간의 이기심과 탐욕에 대해서, 그리고 무한경쟁을 불러오는 자본주의 경제체제에 대해 좀 더 근본적으로 살펴보아야 합니다. 나아가 정의의 문제, 평등의 문제, 부익부 빈익빈 문제에 대한 좀 더 진지한 철학적인 고찰과 대안이 있어야 하겠습니다.

흔히 오늘날을 가리켜 '헝그리hungry 시대'가 아니라 '앵그리angry 시대'라고 합니다. 배고픈 사회가 아닌 성난 사회라는 것입니다. 우리 사회가 60~70년대의 가난을 벗어나 1인당 국민소득 2만 불이 넘었지만 부익부 빈익빈이라는 사회적 불평등이 국민을 화나게 한 것입니다.

현대인의 불행은 내가 갖지 못해 불행한 것이 아닙니다. 남이 나보다 더 가진 것이 불행한 것입니다. 항상 남과 비교하며 느끼는 상대적 박탈감이 나를 불행하게 만드는 것입니다.

오늘날 우리나라는 세계의 부러움을 사는 일들로 넘쳐나고 있습니다. OECD에 가입한 것을 시작으로 해서 G20 의장국가, 세계 10위권의 수출대국, 올림픽 5위권의 스포츠 강국, 세계를 휩쓰는 한류문화 등 세계가 놀라고 우리를 부러워하고 있습니다. 그리고 2012년에 와서는 우리나라가 국민소득 2만 불, 인구 5천만 명 이상 나라인 20-50클럽에 가입했습니다. 세계에서 일곱 번째입니다. 앞선 나라들은 미국, 영국, 프랑스, 독일, 이탈리아, 일본인데 모두 선진 강국들입니다. 가슴 뿌듯한 일이 아닐 수 없습니다.

그러나 우리 국민은 이러한 객관적인 놀라운 지표에도 불구하고 여전히 불행하고 불만족스러워 합니다. 2012년 통계청 자료에 의하면 우리나라 국민 가운데 자신의 소득에 만족하는 비율은 10%가 채 되지 않습니다. 자신이 중산층이라고 생각하는 사람도 30%가 안 됩니다. 반면 소득분배 측면에서 불공평하다는 사람은 77%에 달합니다.

한 설문조사 기관에 따르면 우리나라의 '부자 커트라인'은 27억 원이라고 합니다. 적어도 그만큼은 가져야 부자라는 뜻입니다. 하지만 실제 그런 가구는 전체의 1%에도 훨씬 못 미치기에 99%의 국민은 상대적 불만을 느끼며 이 사회가 불평등하다고 분노를 드러냅니다.

이러한 사회적 불평등과 상대적 박탈감은 1997년 외환위기를 기점으로 심화되었으며 2008년 미국의 금융위기 사건으로 인해 우리 사회는 물론 세계적인 현상이 되었습니다. 자본주의 경제체제와 자유시장 경제원리를 가장 철저하게 신봉하던 미국에서조차도 마치 자본주의의 종말을 보는듯한 이러한 현상에 대해 많은 사람들이 우려를 나타내고 있습니다. 그래서 오늘날 정치 경제학자는 물론 철학자나 윤리학자도 다투어 사회정의에 대해 적극적인 관심을 표명하고 이에 대한 대안을 찾고 있습니다.

존스 홉킨스 대학의 프란시스 후쿠야마 교수는 그의 대표적인 저서 『트러스트Trust』에서 오늘날 자본주의가 봉착하고 있는 문제는 단순히 정치·경제적인 문제가 아님을 다음과 같이 말하고 있습니다.

> 오늘날의 정치의 문제는 경제의 문제이고 경제의 문제는 문화의 문제이며 문화의 문제는 도덕의 문제이다. 따라서 도덕의 문제가 해결되지

않고는 문화의 문제가 해결될 수 없고 문화의 문제가 해결되지 않고는 경제의 문제가 해결될 수 없으며 경제의 문제가 해결되지 않고는 정치의 문제가 해결될 수 없다.

그는 이 책에서 신뢰는 자본, 토지, 노동력에 버금가는 중요한 경제적 가치라고 봤습니다. 왜냐하면 경제가 발전하려면 사회적 불신비용을 줄이는 일이 시급하기 때문입니다. 신뢰는 경제적 도약의 기초가 될 뿐만 아니라 사회적 삶의 모든 국면에 결정적 영향을 미칩니다. 그래서 신뢰는 다른 어떤 요인보다 더 중요한 사회적 자본social capital이 된다고 봤습니다. 우리가 흔히 이야기 하는 선진사회란 고신뢰사회를 말하며 후진사회란 저신뢰사회를 말한다고 할 수 있습니다.

이제 우리는 사회적 불평등이나 부익부 빈익빈의 문제가 단순히 경제적인 문제나 정치적인 문제만은 아닌 것을 알아야 합니다. 그래서 우리는 이 문제를 철학적인 시각에서 보다 근본적으로 접근할 필요가 있는 것입니다.

02 평등과 정의에 대한 철학적 고찰

정의로운 사회를 말할 때에 우리는 흔히 사회적 평등에 대해서 언급합니다. 정치·경제적으로 평등이 보장된 사회가 곧 정의로운 사회요, 그렇지 못한 사회는 정의롭지 못한 사회라고 말합니다.

다시 말하면 어떤 사람이나 집단이 정치적으로 불평등한 특권을 누리거나 경제적으로 빈부의 격차가 심한 사회가 아니라 모든 사람이 법과 권력 앞에서 평등하고 경제적으로 다 같이 공평하게 잘사는 사회가 곧 정의로운 사회라고 생각합니다. 그래서 마치 정의와 평등이 비례적인 함수관계에 있는 듯이 생각합니다. 즉 평등이 보장된 사회일수록 정의로운 사회이며 그렇지 못한 사회일수록 정의롭지 못한 사회라고 생각하는 것입니다. 그렇다면 과연 정의와 평등은 어떤 상관관계를 갖는지 살펴보겠습니다.

근대 시민사회가 시작된 이후 '모든 인간은 평등하다.'는 만인평등사상은 하나의 불변의 진리로 승인되어 왔고 근대 민주주의의 기본적인 정치이념이 되어왔습니다. 특히 미국독립선언문과 프랑스혁명인권선언문에 나타난 평등사상은 평등이야말로 모든 사람이 신으로부터 부여받은 누구에게도 양도할 수 없는 절대적인 권리로 규정하고 있습니다.

그렇다면 과연 만인평등사상은 실제로 모든 사람이 수긍할 수 있는 보편타당한 사회적 이념이 될 수 있는 것인가요? 현실적으로 모든 사람은 정말 평등한가요? 이러한 물음에 대해 우리는 선뜻 긍정적인 대답을 내릴 수 없게 됩니다. 왜냐하면 모든 사람들의 현실적 상황은 분명히 평등하지 않기 때문입니다. 현실적으로 볼 때 모든 사람들은 사회적 지위가 평등하지 않고 경제적 재력이 평등하지 않으며 환경과 처지 또한 평등하지 않습니다.

모든 사람은 현재 불평등할 뿐만 아니라 태어날 때부터 불평등하게 태어났다고도 볼 수 있습니다. 왜냐하면 태어날 때부터 가정과 사회적 배경의 차이는 물론 개개인의 능력과 재능에 있어서도 분명히 차이가 있기 때문입니다. 어쩌면 모든 사람들이 공유하는 평등의 요소보다 불평등의 요소가 더 많은 지도 모릅니다. 이와 같은 구체적이고도 실제적인 불평등의 요소들을 간과하고 모든 인간은 평등하다는 당위적인 이념만을 내세운다는 것은 무의미한 일이 아닐 수 없습니다.

그러므로 우리는 근대인들의 평등사상이 어디에 근거를 둔 것인지를 먼저 살펴보아야 합니다. 즉 무엇을 근거로 하여 만인평등사상이 부동의 진리 내용으로 오늘날까지 승인되어 왔는가를 규명해 보아야 합니다. 이 문제에 대한 대답으로 먼저 평등에 대한 몇 가지 원초적 근거를 살펴보겠습니다.

첫째는 사회적 평등social equality입니다. 모든 사람은 사회적으로 인간의 존엄성에 있어서 평등한 권리를 갖습니다. 사회적으로 한 인간이 가지는 가치와 권리 및 인격의 존엄성은 사회적 신분의 차이로 인해 달라질 수 없습니다. 경제적 빈부나 사회적 지위나 계급에 관계없이 모든 인간은 평등한 인격과 인권人權을 갖습니다.

둘째는 출생의 평등equality of birth입니다. 모든 사람은 동일한 출발점에서 인생의 경주를 시작할 권리를 갖습니다. 인생을 하나의 경주에 비유할 때 출발점 선상에서 그 누구에게도 부당한 특권이나 불이익이 주어져서는 안 됩니다. 우리가 사회적으로 누리는 권력과 부와 명예는 인생의 경주가 시작된 이후에 얻어지는 후천적인 부산물에 지나지 않습니다. 모든 인간은 평등하게 태어나서 평등하게 인생의 경주에 임해야 합니다.

셋째는 정치적 평등political equality입니다. 모든 사람은 동일한 법적·정치적 권리를 갖습니다. 사회적 계층이나 신분상의 이유 때문에 정치적 권리가 제한되어서는 안 되며 법적인 불평등이 강요되어서도 안 됩니다. 근대 시민사회가 시작된 이후에도 신분이나 재산 또는 교육의 정도에 따라 복수투표제나 등급투표제가 인정되었으나 오늘날 자유민주주의 국가에서는 이러한 불평등이 허용되어서는 안 됩니다. 모든 사람은 법 앞에서 평등하며 동등한 정치적 권리를 갖습니다.

넷째는 기회의 평등equality of opportunity입니다. 민주주의의 평등은 결과의 평등보다는 기회의 평등을 보장하는 데 특징이 있습니다. 기회의 평등 가운데는 특히 교육과 직업에 대한 기회균등이 이루어져야 합니다. 모든 국민에게는 사회진출에 필요한 기본적인 지식과 기술을 습득하기 위한 의무교육이 이루어져야 하며, 직업에 대한 기회균등을 위해 자신의 능력과 소질에 따라 자유롭게 직업을 선택할 수 있는 직업선택의 자유가 보장되어야 합니다.

이상과 같은 몇 가지 근거를 통해 본다면 우리는 모든 인간이 평등하다는 사실을 일단 수긍할 수 있습니다. 그러나 평등에 대한 이러한 원초적 근거를 우리가 인정하더라도 현실적으로 존재하는 불평등의 요소는 여전히 남아있게 됩니다. 즉 모든 사람이 태어날 때부터 불가피하게 가질 수밖에 없는 재능과 능력의 차이와, 사회적 배경과 여건의 차이는 끝까지 해소될 수 없는 불평등의 요소로 남게 됩니다.

이렇게 볼 때 우리는 만인평등에 대한 원초적인 근거를 인정하면서도 동시에 만인불평등에 대한 원초적인 요소도 부인할 수 없는 엄연한 현실로 받아들여야만 합니다. 특히 타고난 재능과 능력 및 주어진 환경은 성장하는 과정에서 불평등의 요소를 심화시킵니다. 즉 가정환경과 사회적 배경의 차이는 교육을 받는 여건과 수준의 차이를 가져오게 하고 교육의 정도에 따라 개인 간의 격차는 더욱 벌어지게 됩니다.

결국 이러한 개인 간의 능력 차이로 인해 모든 사람이 하는 일들의 성질과 분량이 다를 것이고 그에 따라 사회에 대한 공헌도나 기여도 또한 다르게 나타날 것입니다. 그러므로 모든 사람에게 돌아가는 소득과 보수도 달라야 할 것은 당연한 일입니다. 태어날 때부터 어쩔 수 없이 가지게 되는 각 개인의 원초적 불평등의 요소는 이와 같이 가장 실제적이고도 현실적인 불평등의 문제를 낳게 하고 있음을 알 수 있습니다.

따라서 이와 같은 현실적인 불평등의 요소를 무시하고 만인평등사상만을 내세워 누가 무엇을 얼마만큼 하는가에 관계없이 모든 사람이 동등한 대우를 받아야 한다는 절대적 평등을 주장하는 것은 현실적으로 가능하지도 않을 뿐더러 바람직하지도 않다는 것을 우리는 먼저 인식해야 합니다.

우리가 신봉하는 민주주의 사회는 다원화 사회multi society를 지향합니다. 거기에는 능력이 있는 자와 없는 자, 배운 자와 못 배운 자, 부자와 가난한 자, 앞선 자와 뒤진 자가 함께 어우러져 공존하고 있습니다. 다양한 사회구성원이 가지는 다양한 능력과 재능, 다양한 소질과 취향, 다양한 목적과 이상, 다양한 생활방식과 태도 등이 선의의 경쟁을 통해 유감없이 발휘될 수 있도록 다양한 활동의 장이 허용되어야 하는 곳이 곧 민주주의 사회입니다.

따라서 민주주의 사회에서는 평등이 목적개념으로 이해되어서는 안 됩니다. 평등은 그 자체가 목적이 될 수 없으며 보다 행복하고 바람직한 사회를 이룩하기 위해 필요한 수단임을 알아야 합니다. 즉 민주주의적 평등 개념은 모든 인간에게 불가피하게 존재하는 불평등의 요소를 인정하고 이를 개인과 사회발전의 수단적인 요소로 활용하여 사회적 불평등의 차이를 극복해 나가려는 데 본래적인 뜻이 있습니다.

만일 우리가 평등을 우리 사회가 지향해야 할 목적으로 삼고 사회 구성원들 사이의 무차별적인 절대적 평등만을 주장한다면 그러한 사회는 선의의 경쟁을 통한 발전을 기대할 수 없게 되며 오히려 나태와 무기력과 비능률이 만연하는 정체된 사회를 벗어나지 못할 것입니다. 따라서 정의 문제에 있어서 우리가 해결해야 할 과제는 이 사회에 현실적으로 존재하는 불평등의 문제를 어떻게 정의롭게 해결할 수 있는가에 대한 방법론상의 문제라고 할 수 있겠습니다. 이러한 문제를 다음 나머지절에서 살펴보기로 하겠습니다.

칼 포퍼의
열린사회와 닫힌사회

01 **열린사회와 닫힌사회**

영국의 현대철학자 칼 포퍼는 그의 대표적인 저서 『열린사회와 그 적들』에서 사회정의와 관련해 다음과 같은 기본적인 두 가지 문제를 해결하고자 했습니다.

첫째, 어떤 사회가 바람직한 사회인가?

둘째, 바람직한 사회를 창조하기 위한 최선의 방책은 무엇인가?

이 물음에 대해 포퍼는 가장 바람직한 사회는 열린사회open society이며, 열린사회를 창조하기 위한 최선의 방책은 점진적 사회공학piecemeal social engineering이라고 결론짓습니다. 그는 열린사회를 닫힌사회closed society와 대비하여, 그리고 점진적 사회공학을 유토피아 사회공학utopia social engineering과 대비하여 설명하고 있습니다. 포퍼가 말한 열린사회를 이해하기 위해 열린사회와 대비되는 닫힌사회에 대해 먼저 설명하기로 하겠습니다.

닫힌사회란 독단과 권위가 지배하는 억압사회를 말합니다. 여기서는 비판적 정신이나 합리적 사고, 다수의 의견을 존중하는 민주적인 태도는 무시되고 힘의 논리, 독단적 판단, 권위적인 태도에 의해 모든 것이 결정되고 이루어집니다. 따라서 닫힌사회에서는 개인의 자유로운 의사표현이나 비판적인 토론, 다양한 의견 수렴과 이를 통한 의사 결정은 기대할 수 없으며 오직 소수 권력자의 독선과 독주에 의해 사회가 이끌려 갈 뿐입니다.

또한 닫힌사회는 개인이나 개체보다 단체나 집단을 중요시합니다. 즉 사회구성원 한 사람 한 사람보다 당이나 사회나 국가를 보다 소중하게 생각합니다. 여기서는 개인이 모여 사회를 이루고 개체가 합하여 전체가 된다는 생각보다는 사회나 국가와 같은 전체가 존재하지 않으면 개인이나 개체는 존재할 수 없다고 봅니다. 즉 개인을 위해 사회가 존재하는 것이 아니라 사회를 위해 개인이 존재한다고 생각하기 때문에 개인은 언제나 사회나 국가의 종속물로 간주됩니다.

따라서 닫힌사회에서는 개인의 존엄성이나 가치는 언제나 무시되고 개인의 양심이나 도덕적 판단은 도외시 됩니다. 즉 선악을 구별하고 옳고 그른 것을 판단하는 궁극적인 주체는 개인이 될 수 없습니다. 사회, 당, 집단, 조직, 국가 등이 절대적인 힘을 가지고 사회구성원 한 사람 한 사람의 사생활까지도 지도하고 규제하려 합니다.

또한 닫힌사회에서는 계급을 포함한 모든 제도나 규범을 절대적인 것으로 봅니다. 국가나 당이나 조직에서 규정한 모든 제도나 규범에 대해서는 비판이 허용되지 않습니다. 그것들은 일종의 성역으로 개인은 그것을 따르기만 하면 됩니다. 이로 인해 닫힌사회에서는 특권을 누리는 계급이 형성되고 이러한 계급에 의해 제정된 법과 제도는 사회구성원을 통제하는 수단이 됩니다. 북한을 비롯한 공산주의 체제 하에 있는 국가들이 닫힌사회의 좋은 예들이라 하겠습니다.

이에 반해 열린사회는 합리적 정신을 존중하고 비판을 수용하는 사회를 말합니다. 열린사회는 진리의 독점을 거부하고 고정불변한 가치체계를 인정하지 않습니다. 나만이 옳다는 독단과 독선이 허용되지 않으며 비판과 검증을 통해 다수의 의견이 수렴됩니다. 따라서 열린사회에서는 누구도 자유로이 자신의 의견을 표명할 수 있는 의사소통의 장이 열려있으며 이를 통해 서로 상충하는 의견들이 조정되고 취합됩니다.

또한 열린사회는 사회구성원 한 사람 한 사람의 인격과 개성, 그들의 관심과 목적, 그들의 이익과 행복을 소중하게 생각합니다. 여기서는 모든 사람이 따라야 할 가치체계나 규범을 정해 놓고 이를 강제하기 보다는 다양한 진리, 다양한 가치, 다양한 목표를 허용합니다. 이러한 다양성의 조화로운 통일을 통해 사회발전의 원동력을 얻고자 하는 다원화 사회가 곧 열린사회입니다.

열린사회가 지향하는 정치형태는 자유민주주의입니다. 포퍼는 자유민주주의가 추구하는 가장 본질적인 정치적 이념을 자유라고 보고 사회구성원 모두가 누릴 수 있는 자유야 말로 자유민주주의의 목적이며 동시에 최고 가치가 된다고 했습니다. 그러나 그는 자유민주주의가 추구하는 자유는 결코 '무제한의 자유'나 '절대적 자유'가 아님을 분명히 했습니다.

포퍼는 무제한의 자유 또는 절대적 자유는 이른바 '자유의 역리 paradox of freedom'에 의해 실현될 수 없다고 봅니다. 즉 이러한 자유는 우리가 추구하는 이상은 될 수 있으나 현실적으로는 불가능한 것이므로 자유민주주의사회에서는 허용되어서는 안 된다는 것입니다. 포퍼는 자유의 역리를 다음과 같이 설명합니다.

> 사회적 자유가 만일 어떠한 구속도 인정하지 않는 뜻이라면, 즉 그것이 사회구성원 각자가 무엇이든 할 수 있다는 자유를 의미한다면 이는 오히려 사회구성원에게 부자유를 초래하게 된다. 왜냐하면 이러한 자유는 필경 강자가 약자를 지배하는 자유까지도 초래할 것이며 이렇게 되면 자유가 목표하는 반대의 결과를 가져올 것이기 때문이다.
> 따라서 무제한의 자유는 자기파괴적이요, 완전한 자유는 자유의 종말을 초래하고 만다. 완전한 자유의 대변자는 그들의 의도야 어떠하든 실제에 있어서는 자유의 적이다.

포퍼는 자유를 누리고자 하는 갈망은 인간의 원초적인 욕망과 같은 것으로 보았습니다. 따라서 인간은 자유를 누리면 누릴수록 더 많은 자유를 누리기를 원하게 됩니다. 그리고 끝내 자신이 무엇이든 할 수 있는 절대적 자유까지도 바라게 됩니다. 그러나 만일 사회구성원 모두가 이러한 절대적 자유를 누리게 된다면 그것은 축복이 아니라 재앙입니다. 왜냐하면 이러한 절대적 자유가 인간의 원초적인 이기심과 함께 표출될 때 거기에는 약육강식의 혼란만이 난무하게 될 것이기 때문입니다.

이러한 현상은 홉스가 말한 '만인 대 만인의 투쟁'에서 잘 나타납니다. 법도 규범도 문명도 없는 원시사회에서는 이기심으로 가득 찬 인간은 마치 이리떼와도 같습니다. 이러한 인간이 절대적 자유를 행사할 때 그 사회는 모든 사람이 모든 사람에게 적이 되어 끝없는 투쟁이 지속되는 약육강식의 동물의 세계가 될 것임이 분명합니다.

그러나 이러한 모습은 홉스가 말한 원시사회뿐만 아니라 법이 시퍼렇게 살아있는 오늘날 우리 사회에서도 얼마든지 상상할 수 있는 일입니다. 만일 오늘날 우리에게 절대적 자유가 허용된다면 법망을 교묘히 피해가면서, 또는 법이 허용하는 한도 내에서 얼마든지 약육강식의 일들이 벌어질 것입니다. 대기업이 문어발식 확장을 통해 중소기업을 잠식해 가는 것이나 세계 투자은행들이 자본이 취약한 기업들을 부도 직전 사들여 엄청난 프리미엄을 얹어 되파는 기업사냥 행태가 바로 이런 예입니다.

2008년 10월 2일 국민의 사랑을 한 몸에 받아왔던 톱스타 최진실 씨의 자살사건도 무제한의 자유가 얼마나 위험한 일인지를 잘 말해주고 있습니다. 그는 익명의 그늘에 숨어 비방과 인신공격을 일삼던 무책임한 인터넷 악플들에 의해 희생양이 되었습니다. 언론의 자유, 표현의 자유라는 이름 아래 그토록 국민들로부터 사랑을 받던 두 아이의 선량한 엄마인 그가 죽음의 사지로 내몰린 것입니다.

그는 한 달이 넘게 인터넷에 유포된 정체불명의 악성 루머 때문에 밤잠을 설치며 괴로워했습니다. 그리고 죽기 전날에는 "개천절이 아들 운동회 날인데 사채업자 소문 때문에 어떻게 가겠느냐?"라며 안타까운 심경을 매니저에게 토로하기도 했습니다.

도대체 누가, 무엇 때문에 이런 악성 글들을 유포했을까요? 그것은 정체불명의 익명의 네티즌들이 아무런 목적도 없이 무심코 내뱉은 말이요 글들이었습니다. 내가 한 말이 상대방에게 어떤 치명적인 상처를 주었는가에 대해서는 아무도 책임을 지지 않습니다. 그저 자신의 무제한의 자유만을 주장하고 행사했을 뿐입니다.

이렇게 볼 때 자유민주주의가 추구하는 자유는 무제한의 자유나 절대적 자유가 아닌 '가능한 최대한의 자유'이어야 합니다. 자유가 존립하기 위해서는 어쩔 수 없이 자유는 제한되어야 합니다. 자유에 뒤따르는 책임은 외면한 채 무제한의 자유만을 주장한다는 것이 얼마나 위험한 일인가를 열린사회 구성원이라면 분명히 인지해야 합니다.

포퍼가 말한 열린사회의 핵심가치는 자유임에는 틀림없지만 그 자유는 자유를 지킬만한 가치가 있는 자에게 주어지는 것이며 그 자유로 인해 사회적 약자의 권익이 침해받지 않은 범위 안에서의 자유여야 함을 잊어서는 안 될 것입니다.

02 점진적 사회공학과 유토피아 사회공학

사회공학social engineering이란 사회를 발전시키고 바람직한 사회를 창조하기 위한 여러 원리와 기술을 연구하는 학문을 말합니다. 사회공학은 크게 점진적 사회공학과 유토피아 사회공학으로 나뉘는데 여기서는 먼저 유토피아 사회공학부터 살려보기로 합니다.

유토피아 사회공학은 닫힌사회에서 채택하고 있는 사회개혁 원리입니다. 여기서는 이상적인 사회를 건설하기 위해 급진적이고 혁명적인 방법에 의존하려고 합니다. 즉 완벽한 청사진을 기초로 하여 사회를 일시에 철저하게 변혁시키고자 합니다.

유토피아 사회공학을 통해 이상세계를 건설하려는 자들은 먼저 우리가 처한 현실이 우리가 추구하는 도덕적 이상과는 너무나 거리가 멀다는 데에 근본적인 문제가 있음을 지적합니다. 정직하고 근면한 사람, 성실하고 정의로운 사람이 잘 살고 그러한 사람에게 경제적인 부가 주어져야 마땅하나 우리의 현실은 이와는 거리가 멀다는 것입니다.

그래서 이들은 현실과 이상, 실제와 당위 사이의 괴리현상을 극복하기 위해 점진적인 방법이 아닌 혁명적인 방법에 호소합니다. 즉 이들은 온갖 모순과 고통과 악으로부터 해방된 세계를 꿈꾸며 그러한 이상세계를 위해 비타협적이고 총체적인 개혁을 시도합니다. 그리고 그들과 입장을 달리하는 사람들을 억압하기 위해 폭력의 사용도 불가피한 것으로 봅니다.

이들이 굳이 급진적이고 혁명적인 방법에 호소하는 것은 건전한 비판과 토의, 합리적인 수단과 방법에 의해서는 사회의 여러 가지 모순과 부조리가 청산되지 않는다고 보기 때문입니다. 어떤 사회도 기득권 세력이나 특권계층이 있어 자신들의 이해관계에 눈이 멀어 정의로운 사회건설에 항상 걸림돌이 되고 있는 것이 사실입니다. 그래서 물리적인 힘과 폭력을 사용해서라도 온갖 사회적 모순과 부조리를 뿌리째 뽑겠다는 것이 이들의 주장입니다.

이렇게 볼 때 유토피아 사회공학을 주장하는 자들의 기본 의도는 잘못된 것이 없다고 하겠습니다. 그러나 우리가 유토피아 사회공학을 비판하는 것은 그들이 주장하는 방법론 때문입니다. 즉 그들이 목적을 성취하기 위해 급진적이고 혁명적인 개혁을 시도할 경우 그 과정에서 역작용과 부작용이 너무 크다는 것입니다. 폭력을 수반하는 전면적인 사회혁명은 기존의 전통과 사회질서 및 모든 가치체계를 파괴할 뿐만 아니라 폭력은 언제나 또 다른 폭력을 유발하게 되기 때문입니다.

포퍼는 목적을 위해 수단과 방법을 정당화 시키는 것은 매우 위험한 일임을 지적합니다. 왜냐하면 잘못된 수단이나 방법은 그 자체가 죄요 악이기 때문입니다. 예를 들어 '돈을 많이 버는 것' '시험을 잘 보는 것' '국회의원에 당선되는 것' 등은 모두 바람직한 목적이 될 수 있습니다. 그러나 만일 이러한 목적을 달성하기 위해 탈세를 하거나 부정행위를 하고 유권자들에게 뇌물을 주었다면 그 자체가 사회적 범죄행위가 되는 것입니다. 목적이 수단과 방법을 정당화시킬 수 없는 것은 바로 이러한 이유 때문이며, 자유민주주의 사회에서 유토피아 사회공학을 바람직한 사회이론으로 받아들이지 않는 이유도 바로 여기에 있습니다.

이에 반해 점진적 사회공학은 열린사회가 지향하는 사회개혁 원리를 말합니다. 여기서는 우리 사회가 안고 있는 여러 가지 사회적 문제들을 점진적이고도 부분적으로 개선해 나가려고 합니다. 그렇게 함으로써 좀 더 정의로운 사회, 좀 더 살기 좋은 사회, 좀 더 도덕적인 사회를 건설하고자 합니다.

점진적 사회공학을 주장하는 자들은 인간이 목표하는 이상적인 사회나 우리가 도달할 수 있는 완벽한 사회에 대한 청사진을 제시하는 것보다는 그러한 사회에 도달하기 위한 과정과 방법을 중요시합니다. 사회가 지니고 있는 갖가지 모순과 비리, 부정과 부패를 외면하는 것이 아니라 그러한 요소들을 고쳐나가되 일시에, 한꺼번에 청산하려고 하는 것이 아니라 시간을 가지고 점진적으로 하나하나 고쳐나가려고 하는 것입니다.

따라서 여기서는 합리적 비판과 열린 토론을 통해 상이한 의견의 조정과 수정을 중요시 합니다. 누구의 판단이나 주장도 절대적이거나 완벽할 수 없는 것이므로 타인의 생각을 존중하고 자신의 주장에서 한 발 물러설 수 있는 양보의 정신과 타협의 기술이 요구됩니다.

또한 인간은 본질적으로 결함을 지닌 존재라는 것과 그로 인한 오류가능성을 항상 염두에 두고 시행착오적인 경험을 존중합니다. 즉 사회는 지금까지 앞선 사람들의 시행착오적인 경험을 통해 발전해 왔다는 것을 인정하고 이를 토대로 가능한 오류를 줄여가며 소규모의 부분적인 개혁을 시도하려고 합니다.

점진적 사회공학을 옹호하는 자들은 우리가 도달하고자 하는 목적 못지않게 목적에 이르는 수단과 방법, 과정과 절차를 중요시합니다. 아무리 목적이 훌륭하더라도 목적을 이루기 위해 독단이나 폭력이 사용되어서는 안 되며 부당하고 불법적인 방법으로 목적을 성취하려고 해서도 안 됩니다.

점진적 사회공학에 대한 올바른 이해를 위해 다음의 예화를 소개하겠습니다. 요사이는 별로 그런 경우가 없지만 옛날에는 동상이 걸린다거나 상처가 난 데 제대로 약을 바르지 않아 손톱이나 발톱이 곪아 빠지는 경우가 종종 있었습니다. 손톱이나 발톱이 빠질 때는 단번에 쏙 빠지는 것이 아니라 반쯤 걸려 있어서 흔들리기도 하고 어디에 조금만 부딪치기라도 하면 소스라치게 놀랄 만큼 통증이 커 여간 불편한 게 아닙니다.

그런데 세밀히 관찰해 보면 빠지는 손톱 밑에서 새 손톱이 서서히 자라나오는 것을 볼 수 있습니다. 아주 천천히, 희미하게 새 손톱이 조금씩 자라나오는데 매일 손톱을 들여다보고 있노라면 중요한 사실을 발견하게 됩니다. 그것은 다친 손톱이 조금씩 밀려 나오는데, 얼마만큼 밀려나오는가 하면 새 손톱이 자라는 만큼 밀려나온다는 사실입니다.

바로 이것입니다. 상처 난 옛 것은 새 것이 꿈틀거리며 자라는 만큼 밀려나가는 것입니다. 새로운 역사, 새로운 가치, 새로운 사회는 옛 것을 완전히 헐어 내버리고 그 위에 새 모습으로 갑자기 드러나는 것이 아닙니다. 새로운 역사가 서서히 꿈틀거릴 때, 새로운 가치가 눈에 보이지 않게 창조되어 갈 때, 사회의 모습이 조금씩 새롭게 변화되어 갈 때 바꾸어져야 할 옛 것은 서서히 물러나는 것입니다.

그러므로 문제는 기존의 것을 허물어 버리는 데 있는 것이 아니라 새로운 것을 창출해 내는 데 있습니다. 새로운 것은 전혀 보이지 않는데 기존의 것을 허물어뜨리는 데만 관심을 갖는다면 이는 마치 새 손톱이 자라나기도 전에 상처 난 손톱을 뽑아버리는 것과 같습니다. 만일 그렇게 되면 뽑아낸 자국에 새로운 상처가 생겨 보다 큰 고통을 당하게 될 것입니다.

마찬가지입니다. 사회의 건강을 회복하기 위해서는 부패하고 타락한 부분에 메스를 가하는 것도 중요하지만 그러한 병든 부분에 새살이 잘 돋아나게 하는 것이 더 중요합니다. 즉 상처 난 손톱을 뽑아버리는 것보다 새 손톱이 잘 자라도록 해주는 것이 더욱더 중요한 것과 같이 우리 사회 구석구석이 건강을 회복할 수 있도록 해야 합니다. 한 사회가 건강하기 위해서는 그 사회의 모든 조직체와 사회구성원 모두가 건강해야 하는데 그러한 건강을 점진적으로 그리고 지속적으로 이루어 나가고자 하는 것이 열린사회가 지향하는 사회개혁 방법론입니다.

정의로운 사회는 결코 혁명적인 방법에 의해 일시에 도달될 수 있는 것이 아닙니다. 그것은 기본적으로 사회 모든 구성원들의 인격과 인권이 존중되고, 합리적인 비판과 자유로운 토론이 보장되며, 목적 못지않게 목적에 이르는 수단과 방법과 절차가 정당화 되는 열린사회를 통해 점진적으로 이루어질 수 있다는 것이 포퍼의 주장입니다.

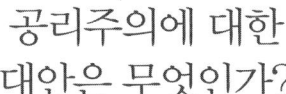

공리주의에 대한 대안은 무엇인가?

01 공리주의에 대한 칼 포퍼의 비판

칼 포퍼는 지금까지 근대 자본주의사회의 도덕의 기본원리인 공리주의의 몇 가지 난점을 비판하고 그 대안으로 부정적 공리주의否定的 功利主義를 제시했습니다. 여기서 그는 '최대다수의 최대행복'이라는 공리주의 목표를 '최대다수의 최소고통'으로 수정하고 '행복의 극대화'를 '고통의 극소화' 원리로 대체했습니다.

포퍼의 열린사회가 지향하는 목표는 유토피아 사회를 건설하는 데 있는 것이 아닙니다. 뿐만 아니라 열린사회는 공리주의가 추구하는 것과 같이 보다 많은 사람에게 보다 큰 행복과 기쁨을 안겨주는 것을 추구하지도 않습니다.

열린사회는 우리 사회가 안고 있는 온갖 모순과 비리와 갈등, 그리고 사회 도처에 뿌리 내리고 있는 부정과 부패에 대해 주목합니다. 그리고 이러한 구체적인 사회악을 찾아내어 이를 제거하는 일에 초점을 맞춥니다. 뿐만 아니라 우리 주위에 가난과 질병으로 인해 고통당하고 있는 사람들과 이 사회로부터 소외되고 버림받은 자들에게 관심을 가지고 이들의 고통을 덜어주는 것이 보다 긴급하고 중요한 일이라고 생각합니다. 그리고 이러한 문제를 해결하는 것이 열린사회가 추구하는 도덕적 목표가 되어야 한다고 봅니다.

> 우리가 도덕적으로 해결해야 할 가장 긴급한 문제는 행복의 증대가 아니라 고통을 줄이는 문제이다. 타인의 행복을 증대시키는 것은 우리의 도덕적 의무가 될 수 없지만 우리의 도움이 필요한 사람을 돕는 것은 우리의 도덕적 의무이기 때문이다.

공리주의가 최대다수의 최대행복을 목표로 삼았던 것은 당시 시대적 상황으로 볼 때 잘못된 것은 아니었습니다. 산업혁명이 일어난 후 18세기 말 서구사회의 사회구조는 귀족과 신흥자본계급을 제외한 대부분의 국민이 경제적 궁핍으로 인해 고통을 받는 피라미드 구조의 사회계층을 형성하고 있었습니다. 따라서 그 사회의 최대다수는 경제적으로 극히 어려운 처지에 놓여 있던 자들이었고 이들에게 보다 큰 행복을 돌려주고자 했던 도덕적 원리는 정당했습니다.

그러나 오늘날 사회구조는 산업혁명 후의 그것과는 큰 차이를 보이고 있습니다. 오늘날 우리나라를 포함한 대부분의 선진사회는 충분한 경제적 부를 누리는 상층계급과 반대로 경제적 빈곤에 시달리는 하층계급은 사회 전체로 볼 때 소수에 속하고 국민의 다수는 경제적 중산층을 이루는 다이아몬드형의 사회구조를 이루고 있습니다. 이런 사회구조 속에서는 최대다수가 중산층을 가리키기 때문에 이들의 행복을 극대화 시켜주는 것을 사회의 도덕적 목표로 삼는 것은 적절하지 못합니다.

따라서 오늘날 사회구조 속에서는 우리의 도덕적 관심이 다이아몬드형의 하위 극점에 위치한 가난과 질병과 사회적 소외감으로 고통당하고 있는 자들에게 모아져야 합니다. 즉 이런 처지에 있는 보다 많은 사람들에게 보다 적은 고통이 돌아갈 수 있도록 사회적 배려가 있어야 하고 구체적 방안이 마련되어야 합니다.

포퍼는 우리가 이상적인 선善이나 이상적인 사회에 대한 목표를 정해 놓고 이에 대한 합의점에 도달하기는 어려운 일이라고 봅니다. 왜냐하면 이상은 추상적이며 비현실적이기 때문입니다. 인간이 추구하는 가치나 목적 등은 각각 상이하기 때문에 이러한 것들에 대한 일반적인 합의나 타협을 이루기는 쉬운 일이 아닙니다.

그러나 우리 사회에 만연해 있는 구체적인 사회악이나 고통을 제거하는 일에는 쉽게 합의점을 찾을 수 있습니다. 왜냐하면 이러한 고통과 사회악은 언제나 '지금' '여기에' 존재하고 있으며 우리가 매일 그것을 경험하고 있기 때문입니다. 가난, 질병, 실업, 저임금, 근로의 악조건, 사회적 모순과 부조리, 부패와 부정 등은 우리가 일상적인 현실의 삶 가운데서 직접 체험하고 있으므로 이를 제거하기 위한 논의와 합의는 보다 쉽게 이루어질 수 있는 것입니다.

우리는 너무 멀고 요원하여 언제 도달할지도 모르는 선과 이상을 위해 몸을 바칠 것이 아니라 긴박하고 절실하게 닥쳐오는, 그래서 우리 모두가 쉽게 확인할 수 있는 고통과 악의 제거부터 노력하지 않으면 안 된다.

포퍼는 사회적 악과 고통의 제거는 언제나 직접적인 방법에 의해 이루어져야 한다고 보았습니다. 질병과 실업으로 인해 고통 받는 자들에게는 의료보험과 실업수당을 확대하고, 저임금과 근로의 악조건에 시달리는 자들에게는 근로환경을 개선해 주며, 폭력과 범죄를 방지하기 위해서는 공권력을 엄정히 집행하는 등 구체적인 방안과 대책을 통해 이를 직접적으로 제거해 나가야 합니다.

만일 이 같은 사회악이나 고통을 원대한 사회정의를 실현함에 의해서, 또는 유토피아 사회를 건설함에 의해 간접적으로 해결하려고 해서는 안 됩니다. 왜냐하면 그렇게 한다면 지금 여기에 고통을 당하고 있는 자들은 언제나 희생의 제물이 되기 때문입니다.

현재 우리 사회가 달성한 수출 증대나 경제적 부는 1960년대와 70년대의 도시 근로자들의 희생의 대가를 통해 달성된 것이라고 보아도 좋을 것입니다. 당시 '백억 불 수출' '천불 소득'이라는 국가적 과제를 달성하기 위해 산업근로자들이 저임금과 노동환경의 악조건 속에서 당한 희생은 참으로 컸습니다. 미래의 경제적 부국을 이룩하려는 원대한 목적으로 인해 당시의 노동자들은 고통과 희생을 당하고 있었던 것입니다.

포퍼는 열린사회에서는 어느 누구도 다른 사람의 행복을 위한 수단이 되어서는 안 된다고 봅니다. 마찬가지로 미래의 꿈을 실현하기 위해 오늘의 세대가 희생을 강요당해서도 안 됩니다. 포퍼가 공리주의를 신랄하게 비판하는 이유 중에 하나가 바로 여기에 있습니다. 최대다수의 최대행복을 추구하는 공리주의는 다수의 행복을 위해서라면 소수의 희생은 크게 문제될 것이 없는 것으로 보고 있습니다.

그러나 이러한 입장은 사회구성원 한 사람 한 사람의 가치와 권리와 행복을 소중하게 생각하는 열린사회에서는 받아들여질 수 없는 것입니다. 열린사회는 다수의 행복을 위해 소수의 고통을 요구하지 않으며 동시에 소수의 행복을 위해 다수의 고통을 요구하지도 않습니다.

포퍼는 사회개혁 방법론에 있어서 열린사회에 도달하기 위한 여러 방안 가운데 항상 개별적이고 직접적이며 현실적인 문제에 대한 해결에 우선적인 순위를 두고 있습니다. 그는 "이상적인 사회를 건설함으로써 악이 제거되는 것이 아니라 악이 제거됨으로써 이상적인 사회가 이룩된다."는 것을 강조하며 열린사회를 위한 우리의 노력이 지금, 여기서 우리 자신에 의해 구체적으로 이루어져야 함을 지적합니다.

포퍼는 부정적 공리주의를 사회현상이나 정치발전의 기준에도 그대로 적용시키고자 합니다. 그는 한 사회의 성숙도나 정치발전의 기준을 긍정적인 사례에 초점을 맞출 것이 아니라 부정적인 사례에 초점을 맞춰 그 성과를 판단해야 한다고 생각했습니다.

예를 들어 우리가 제5공화국의 정책이나 정치발전을 평가할 때 제5공화국이 이룩한 업적 즉 물가안정, 무역흑자, 대통령 단임제 실현, 올림픽 유치 등과 같은 긍정적 사례에 초점을 맞출 것이 아니라 실패한 정책, 즉 사회질서 파괴, 권위정치, 권력형 부정부패, 농촌의 피폐화 현상 등과 같은 부정적 사례에 초점을 맞춰야 한다는 것입니다.

왜냐하면 긍정적 사례를 통해 사회구성원들에게 돌아가는 행복의 증대보다 부정적 사례가 사회구성원들에게 끼치는 고통과 피해가 훨씬 중요한 사회적·도덕적 문제가 되기 때문입니다.

지금도 마찬가지입니다. 열린사회, 선진복지사회를 건설하기 위해 정책을 입안하고 추진할 때 GDP 성장, 고속전철 건설, 레저시설 확충, 무상교육 실시 등과 같은 긍정적 사례를 넓혀나가기 보다는 사회의 구조적 비리 척결, 폭력과 범죄의 추방, 가난과 질병 퇴치, 저임금과 실업 문제 해결 등과 같은 부정적 사례를 제거하는 데 초점을 맞추어야 합니다. 마찬가지로 현재 우리 사회의 건강도나 성숙도 역시 우리 사회가 갖고 있는 긍정적인 측면보다는 부정적인 측면의 정도에 따라 평가되어야 하는 것입니다.

전통적 공리주의를 비판하는 포퍼의 열린사회의 도덕원리는 다수의 행복의 증대에만 관심을 표명하는 공리주의 약점을 보완하고 사회로부터 소외된 자들의 고통과 권익의 문제를 보다 실제적으로 해결해 줄 수 있다는 점에서 사회정의 실현을 최고의 목표로 삼는 현대사회의 바람직한 도덕원리가 될 수도 있을 것입니다.

02 공리주의에 대한 존 롤즈의 비판

하버드 대학 철학교수였고 마이클 샌델의 스승이었던 존 롤즈는 대표적 저서인 『정의론』에서 현대사회에 나타난 정의의 문제를 심도 있게 다루고 있는데 특히 공리주의를 예리하게 비판하고 있습니다.

롤즈는 정의에 대한 합당한 룰을 찾는데 있어서 몇 가지 원칙을 제시하는데 그 가운데 하나가 '차등의 원칙difference principle'입니다. 차등의 원칙이란 불평등의 정당화에 대한 원칙을 말합니다.

우리가 어떠한 사회제도 하에서건 모든 사람이 똑같이 평등한 대우를 받을 수 없다면, 그래서 부득이 사회구성원들 사이의 현실적인 불평등을 인정해야 한다면 어떤 불평등이 도덕적으로 정당화될 수 있는지에 대한 이론이 곧 차등의 원칙입니다. 결론적으로 말해 불평등이 정당화될 수 있는 것은 그 불평등으로 인해 사회의 모든 구성원, 특히 사회에서 가장 불리한 처지에 놓여 있는 최소수혜자最小受惠者에게 보다 큰 이익이 돌아갈 수 있는 경우에 한해서입니다.

롤즈는 차등의 원칙을 제시함에 있어서 먼저 공리주의에 대한 비판을 시도합니다. '최대다수의 최대행복'을 표방하는 공리주의는 사회구성원 전체의 이익을 극대화하는 것을 근본적인 원리로 삼고 있습니다. 그래서 사회구성원 모두에게 최대의 만족만 줄 수 있다면 그것이야말로 도덕적으로 바람직할 뿐만 아니라 사회정의에도 합치되는 것으로 보았습니다.

그러나 롤즈는 사회 전체의 만족의 총계를 어떻게 사회구성원들에게 정의롭게 분배할 수 있는가에 대해 공리주의는 아무런 해결책을 제시하지 못하고 있음을 지적합니다. 뿐만 아니라 공리주의는 최대다수의 최대행복을 위해 소수 사람들의 희생, 특히 사회에서 가장 소외된 계층의 희생에 대해 아무런 대안을 제시하지 못하고 있습니다. 공리주의자들은 사회 전체의 이익이나 행복을 최대로 산출할 수만 있다면 소수의 사람들에게 돌아가는 불평등이나 불이익은 별로 큰 문제로 삼지 않았습니다.

그러나 오늘날 대부분의 사람들은 이와 같은 공리주의 윤리관을 정의롭지 못한 것으로 생각합니다. 왜냐하면 최대다수의 최대행복이라는 그늘 아래에서는 언제나 사회의 소외된 계층의 희생이 따르기 때문입니다.

　공리주의는 근대 자본주의 초기에 다수의 근로자가 소수의 특권계급에 의해 희생되어왔던 사회에 있어서는 바람직한 윤리관이 될 수 있겠지만 오늘날과 같이 소수의 소외계층이 다수의 중산계층에 의해 억압되는 사회에서는 바람직한 윤리관이 될 수 없습니다. 현대사회에서 정의를 실현하는데 가장 중요한 문제는 다수의 횡포에 의한 소수의 희생과 그들의 권익을 어떻게 보장해 주는가에 있습니다.

　따라서 롤즈는 차등의 원칙을 통해 경제적 재화나 가치의 분배에 있어서 사회의 최소수혜자에게 돌아갈 몫에 차등을 둠으로써 이와 같은 공리주의의 난점을 해결하고자 했습니다. 예를 들어 청소부나 광부 또는 미숙련 노동자와 같은 사회의 최소수혜자에게 특정한 수당을 지급하거나 주택을 무상으로 공급하는 일입니다.

　이들에게만 이러한 몫이 돌아간다는 것은 언뜻 보기에는 불평등한 일인 것 같지만 차등의 원칙에 의하면 이러한 불평등은 일종의 정당한 불평등이라 할 수 있습니다. 왜냐하면 이와 같은 특혜가 우선은 최소수혜자들의 행복과 이익을 직접적으로 증진시켜 계층 간의 불평등을 줄일 수 있을 뿐만 아니라 나아가서는 이러한 사람들이 그들의 직업에 충실함으로써 사회 전체 구성원들의 행복과 이익에도 간접적인 도움이 될 수 있기 때문입니다.

　롤즈의 차등의 원칙이 사회에서 가장 불리한 여건에 놓여있는 최소수혜자에게 초점을 맞춘 것은 이들이 태어날 때부터 원초적 불평등의 소유자라는 이유 때문입니다. 태어날 때부터 주어지는 재능과 건강 및 가정환경과 사회적 배경 등은 어디까지나 자연적이고 임의적인 것에 불과합니다.

만일 어떤 사람이 탁월한 능력과 재능을 가지고 부유한 가정환경 속에서 태어났다면 그것은 하나의 행운입니다. 그러나 이러한 행운은 하나의 우연적인 것일 뿐 누구도 이러한 행운을 당연히 누릴 자격이 있는 것은 아닙니다. 그러므로 이와 같은 행운을 누리는 자는 그 행운의 독점자가 되어서는 안됩니다. 그들의 능력과 재능은 물론 그로부터 결과 되는 모든 이익과 혜택은 사회전체의 공유물인 것을 알아야 합니다.

사회란 하나의 거대한 협동체계입니다. 사회의 모든 구성원들이 그들의 능력과 재능을 발휘하고 그로부터 모든 이익과 혜택을 얻을 수 있는 것은 이를 가능하게 해주는 사회적인 활동의 장이 주어졌기 때문입니다. 이렇게 볼 때 한 개인의 사회적 지위나 경제적 자산 등은 그들 자신만의 것이 아니라 사회의 공동자산이며, 이 점을 감안한다면 혜택 받은 자의 부와 이익이 혜택 받지 못한 자들에게 재분배 되는 것은 당연한 일이라 하겠습니다.

물론 롤즈는 사회의 모든 재화를 사회구성원에게 똑같이 분배하려는 절대적 평등을 주장하는 것은 아닙니다. 다만 정의로운 사회를 구현하기 위해 최소수혜자들이 이 사회로부터 소외됨 없이 사회라는 협동체제 속에 자발적으로 참여할 수 있도록 가진 자들의 재화를 그들과 함께 정의롭게 나누자는 것입니다. 그렇게 함으로써 최소수혜자는 물론 사회구성원 모두에게 결과적으로 이익이 돌아갈 수 있도록 하려는 것이 차등의 원칙이 지향하는 목표이며 동시에 공리주의에 나타난 분배의 문제에 대한 적절한 대안이 될 수 있다고 보는 것이 롤즈의 입장입니다.

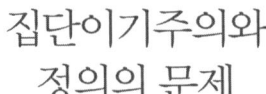

집단이기주의와
정의의 문제

01 인간이 문제인가 사회가 문제인가?

　현대 미국의 신학자요 윤리학자인 라인홀드 니버는 오늘날 현대사회가 왜 이렇게 악하고 부패하고 정의롭지 못한 사회가 되었는가에 대한 근본적인 원인을 규명해 보고자 했습니다.

　그의 관심은 다음과 같은 두 가지 선택적인 물음에 대한 대답과 이에 대한 대안을 제시하는 데 있습니다. 즉 "사회가 악하고 부패함으로 인해 사회 속에서 살아가는 인간도 악하고 부패하게 되었는가? 아니면 인간이 악하고 부패함으로 인해 사회가 악하고 부패하게 되었는가?" 하는 물음입니다. 그리고 대답 여하에 따라 "악하고 부패한 사회를 개조함으로 선하고 정의로운 인간을 만들 수 있겠는가? 아니면 악하고 부패한 인간을 개조함으로 선하고 정의로운 사회를 만들 수 있겠는가?"에 대한 대답을 구하는 것입니다.

물론 이러한 물음에 대해 우리가 쉽게 양자택일적인 대답을 내리기는 쉽지 않습니다. 개인과 사회는 상호 밀접하게 연관되어 불가분의 관계에 있기 때문에 이분법적인 도식에 의해 이 문제에 대한 대답을 얻을 수는 없기 때문입니다. 그러나 우리가 사회윤리나 정의의 문제를 다룰 때 개인과 사회 가운데 어느 쪽에 더 큰 책임이 있으며, 무엇이 잘못되었다면 보다 근본적인 원인이 어느 쪽에 있는가를 규명해 보는 것은 올바른 대처 방안을 구하는 데 있어 유익하고 바람직한 일이라 하겠습니다.

우리가 흔히 경험하는 일 가운데 학생이 학교에서 큰 사고를 칠 경우, 선생님이 학생의 부모를 부르게 됩니다. 교무실에서 부모와 마주앉은 선생님은 그 아이에게 무슨 일이 일어났는지 자세히 설명합니다. 그리고 부득불 이 아이에게는 학칙에 따라 징계가 내려 질 것이라고 말해줍니다.

이 경우 대부분의 학부모들은 다음과 같이 변명합니다. "선생님, 저희 아이는 원래 그런 애가 아니었어요. 얘가 고등학교 들어올 때까지는 정말 착하고 얌전한 아이였는데 고등학교에 들어와서 친구를 잘못 사귀어 그만 이렇게 되었어요." 또는 "우리 아이는 원래 착한 아이였는데 주위 환경이 나빠 이런 길로 빠지게 되었어요."

이와 같은 예들은 주위에서 얼마든지 찾아볼 수 있습니다. 가정환경이 불우한 아이들이 탈선을 한다거나 학교에서 문제아가 되었을 때 우리는 그들의 잘못의 원인을 주위 여건이나 환경에 돌리게 됩니다. 원래 그 학생은 착하고 별 문제가 없었는데 주변 환경이 그를 그렇게 만들었다는 것입니다. 만일 우리가 이러한 사실을 그대로 승인한다면 앞에서 제기한 물음 가운데 전자, 즉 사회가 악하고 부패해서 인간도 악하고 부패하게 되었다는 데 동의하는 것이 될 것입니다.

그러나 이와는 반대의 경우도 얼마든지 있습니다. 몇 년 전에 온 국민을 분노와 비탄에 젖게 한 초등학생의 유괴살인 사건이 있었습니다. 전문대를 졸업하고 부모가 다 살아있고 경제적으로도 어렵지 않은 가정에서 자란 한 여인이, 결혼을 해 자기도 곧 귀여운 아기 엄마가 될 여인이 사업자금 2천만 원 때문에 그 순진하고 예쁜 초등학교 어린 여학생을 살해한 끔찍한 사건이 있었습니다.

어디 그 뿐입니까? 아들을 미국 유학까지 보낸 한약건재사 부부가 용돈을 요구대로 주지 않는다고 아들에게 무참히 살해되고 아들은 부모의 시체에 불을 질러 사건을 은폐하려고 한 사건도 비슷한 시기에 일어났습니다. 이런 경우는 주변 여건이나 환경이 문제가 아니라 사람 자체가 문제인 경우입니다.

이와 같은 사건들은 매일 같이 신문의 사회면을 어지럽게 장식하고 있으므로 더 이상 예를 들 필요도 없을 것입니다. 여기서는 이와는 색다른 예를 한 가지만 들어보겠습니다.

지금부터 2백여 년 전 18세기 말, 영국에서 자유를 갈망하는 사람들이 플레처 크리스천이라는 사람을 단장으로 멀리 떨어진 섬에 가서 이상적인 사회를 건설하여 자유와 행복을 누리며 살고자 했습니다.

그들은 몇 년 동안 이를 위해 장소도 물색하고 필요한 모든 것을 준비하여 가족을 데리고 남태평양 피트컨 섬에 가서 원주민들과 더불어 작은 공동사회를 만들었습니다.

그러나 불과 9년 뒤 이 공동사회는 실패작으로 끝나고 말았습니다.

일반사회에서 일어나는 모든 일들이 이곳에서도 발생하였습니다. 그동안 12건의 살인, 수없이 많은 폭력 사건, 성도덕의 문란, 알코올 중독자 등이 발생하였습니다. 그 가운데 한 건의 자살이 있었는데 장본인은 그 공동사회의 지도자였던 플래처 크리스천이었습니다.

이러한 사실들은 앞에서 제기했던 두 가지 물음 가운데 후자, 즉 인간이 악하고 부패함으로 인해 사회가 악하고 부패하게 되었다는 데 동의하게끔 하는 예가 된다고 하겠습니다.

니버는 전통적인 기독교의 인간관을 통해 인간의 본질적인 모습을 두 가지로 구분했습니다. 첫째는 '인간은 신의 형상을 가진 존재'라고 보는 바 이는 인간의 선한 측면, 창조적인 측면, 긍정적인 측면을 부각하고 있습니다. 둘째는 '인간은 죄인'이라고 보는 바 이는 인간의 악한 측면, 파괴적인 측면, 부정적인 측면을 부각합니다.

이와 같이 인간은 본질적으로 상충하는 두 개의 본성을 가지는데 지금까지 기독교적인 윤리관에 있어서는 신의 형상을 지닌 인간으로서의 선한 측면은 소홀히 간주되고 죄인으로서의 악한 면만이 일방적으로 강조되어 왔다고 니버는 비판합니다.

인간은 타락한 죄인이다. 따라서 죄인이 하는 일이란 대체로 선하기보다는 악한 모양을 띄게 된다. 그러므로 죄인 또는 악한 인간들의 집단인 사회란 악하고 부패할 수밖에 없다.

이런 입장에 서는 사람들은 인간 자체가 악하고 부패하기 때문에 우리가 선하고 정의로운 사회를 실현한다는 것은 어려운 일이라고 보고 이에 대한 큰 기대나 희망을 갖지 않습니다. 동시에 사회의 온갖 불의와 모순과 악에 대해서도 이를 바로 잡으려는 과감한 도전이나 적극적인 개혁의지를 갖지 않습니다.

　오히려 정의로운 사회를 건설하기 위한 최선의 길은 사회구성원 한 사람 한 사람의 도덕적인 삶의 변화를 이끌어내는 것입니다. 모순과 부조리에 차 있는 이 사회를 개혁하기 보다는 개개인의 영혼의 변화, 즉 개개인의 가치관과 도덕의식의 변화와 그에 따라 나타나는 그들의 깨끗하고 도덕적인 삶만이 이 사회를 선하고 정의로운 사회로 변화시킬 수 있다고 봅니다.

　요컨대 사람이 먼저 변화되어야 거기에 따라 사회도 변화될 수 있다고 보는 것입니다. 즉 사회구성원 한 사람 한 사람이 먼저 정의로워지면 사회도 정의로워 질 수 있고, 사회구성원 한 사람 한 사람이 도덕적이 되면 사회도 도덕적인 사회가 될 수 있다고 보는 것입니다.

　이런 입장에 서는 사람들은 인간의 문제가 해결되면 사회문제는 저절로 해결될 수 있다고 보기 때문에 사회정의를 실현하는 방법론에 있어서도 인간 개개인의 도덕적 변화를 통해 사회 전체의 도덕적 변화를 추구하려고 합니다.

　이와 같은 주장에는 물론 나름대로의 일리가 있는 것은 사실입니다. 그러나 니버는 이러한 주장에 반론을 제기합니다. 사회구성원 한 사람 한 사람이 도덕적 인간이 된다면, 그리고 그들이 모두 선하고 정의롭게 산다면, 또한 그러한 사람의 수가 확산된다면 이 사회가 정의로운 사회가 될 수 있으리라는 가능성이나 기대나 희망을 가질 수는 있습니다. 그러나 이러한 생각은 지극히 소박하고 원론적인 생각에 지나지 않으며 현실적으로는 그렇게 되지 않는다고 니버는 보고 있습니다.

02 개인윤리와 사회윤리는 다르다

니버는 그의 저서 『도덕적 인간과 비도덕적 사회』에서 개인윤리와 사회윤리, 즉 개인도덕과 집단도덕을 엄격하게 구분합니다. 니버는 이 양자 사이에는 근본적인 차이가 있고 따라서 이 양자는 명확하게 구분되어야 한다고 봅니다.

니버에 의하면 개인윤리의 측면에서 보면 인간은 대체로 선합니다. 인간이 가지는 선한 양심, 동정심, 남을 이해하는 마음 등에 의해 남을 돕기도 하고, 자기를 희생하기도 하며, 남의 이익을 자기 이익보다 우선적으로 생각하기도 합니다. 따라서 개인 대 개인 사이의 인격적인 관계에 있어서는 어느 정도 도덕적인 삶을 성취할 수 있고 선과 정의를 실현할 수도 있습니다.

그러나 이것이 비인격적인 사회집단에 있어서는 그렇지 못합니다. 왜냐하면 집단의 속성은 이기적이기 때문입니다. 집단 속에는 잔인하고 무자비할 정도의 '집단이기주의collective egoism'가 작용합니다. 한 집단이나 계급이나 국가는 자신의 이익을 위해서라면 얼마든지 부도덕해 질 수 있습니다.

이러한 예는 얼마든지 찾아볼 수 있습니다. 미국 사회에서 미국인 한 사람 한 사람은 한국인에게 또는 유색인에게 아주 친절합니다. 개인적으로 길을 잃어버리거나 다른 어려운 일이 있어 도움을 요청하면 그들은 도움을 요청한 사람이 오히려 미안할 정도로 호의적으로 대해 줍니다.

그러나 집단에 있어서는 다릅니다. 미국 전체로서의 백인 사회는 전체로서의 한국인이나 유색인에게 눈에 보이지 않게 차별적입니다. 국가 대 국가에 있어서는 말할 것도 없습니다. 자국의 이익이 되지 않는 것은 미국은 절대로 외교정책으로 용납하지 않습니다. 미국이 이라크나 아프가니스탄을 침공한 것도 철저하게 자국의 이익에 따른 외교정책의 결과입니다.

2차 세계대전 중 나치스의 6백만 유태인 학살 사건도 마찬가지입니다. 독일인 한 사람 한 사람을 놓고 볼 때 과연 그들이 다른 민족들보다 그렇게 모질고 악한 사람들입니까? 분명히 그런 것은 아닙니다. 그들도 다 선한 양심을 가지고 남을 위해 봉사도 하고 남의 인격을 존중도 하며 때로는 양보와 희생의 미덕을 가지고 살아가는 사람들입니다.

독일인 한 사람 한 사람은 결코 유태인들을 그렇게 무참하게 학살하지는 못합니다. 그러나 나치스라는 집단에 있어서는 문제는 다릅니다. 집단 속에서 개인의 선한 양심은 무디어질 뿐만 아니라 때로는 아예 모습을 감추어 버립니다. 집단 속에서는 개인이 어떤 결정을 내리더라도 양심의 가책을 받지 않습니다. 왜냐하면 그러한 결정은 언제나 집단의 이름으로 나타나기 때문입니다. 나치스라는 집단을 통해 인간의 이기성과 잔인성이 무자비하게 드러난 사건이 곧 아우슈비츠 학살 사건입니다.

집단과 집단 사이의 비인격적인 인간관계에 있어서는 인간의 이기적 본성을 견제하고 억제하는 힘이 현저히 저하되고 개인의 이기심과 부패성이 부자비하고도 잔인하게 표출된다. 따라서 집단이나 조직 속에서는 개인에 대한 도덕적 호소나 합리적 설득은 별로 효과를 거두지 못한다. 집단 속에서 개인은 도덕적으로 무력화된다.

우리의 일상적인 경험 가운데서도 마찬가지입니다. 한 개인이 집단이나 조직 내에서 어떻게 판단하고 행동하는가를 보면 알 수 있습니다. 예를 들어 A라는 학생이 대학을 졸업하고 B라는 기업에 입사했을 경우, 그가 대학에 다니던 때나 기업에 입사했을 때나 그의 사고방식이나 가치관이 갑자기 바꾸어 지는 것은 아닐 것입니다. 그러나 개인 A와 B라는 기업의 한 조직원 A는 생각과 판단과 행동에 많은 차이점을 드러내 보입니다. 왜냐하면 B라는 기업 속에서는 A 자신의 생각이나 주장보다 B라는 기업의 이익이나 입장이 앞서게 되어있기 때문입니다.

요즈음 독도가 일본 땅이라고 우기는 일본의 경우도 이와 비슷합니다. 독도가 일본 땅이 아니라는 것을 잘 알고 있고, 또 그렇게 말하고 있는 일본 학자나 일본인들도 많이 있습니다. 그들은 역사적 자료들을 통해 그것이 객관적인 사실이라는 것을 다 알고 있습니다.

그러나 그들의 이러한 주장은 우경화로 기울어진 일본 전체 국민들의 목소리 속에서는 힘을 잃고 맙니다. 집단화된 일본 사회 앞에서 일본인 한 사람 한 사람의 논리나 주장은 함몰되어버릴 수밖에 없습니다. 비록 그것이 진실이라도 말입니다.

이와 같이 조직과 집단 속에서의 개인은 조직과 집단이 갖는 메커니즘의 특성으로 인해 개인의 양심이나 도덕의식은 힘을 잃기 때문에 조직과 집단에 있어서는 개인윤리가 아닌 사회윤리가 적용되어야 합니다.

니버에 의하면 개인윤리에 있어서는 도덕과 정의를 실현하기 위해 도덕적 호소와 설득에 의존할 수 있습니다. 즉 개개인의 양심에 호소함으로써 그들은 좀 더 선하고 정의로운 행동을 할 수도 있고 또한 그렇게 살아갈 수도 있습니다.

그러나 사회윤리에 있어서 도덕과 정의를 실현하기 위해서는 어디까지나 사회적 혹은 정치적 방법에 의존해야 합니다. 정치적으로는 힘을 바탕으로 한 정책이 입안되어야 하고 사회적으로는 구조적인 부조리와 모순을 개선할 수 있는 제도적 방안이 마련되어야 합니다. 뿐만 아니라 이를 실행에 옮길 수 있는 법적인 장치도 강구되어야 합니다. 조직과 집단에 있어서 도덕과 정의가 실현되기 위해서는 정책과 제도의 개선이 필수적입니다.

이러한 사실을 간과한 채 사람이 새로워지면 사회도 변화되리라는 기대는 감상적이고 안일한 생각에 그칠 뿐입니다. 미시적 입장에서 개인의 도덕화만을 부르짖는 사람은, 그래서 도덕적인 사람의 수가 많아지면 이 사회가 정의로운 사회가 될 것이라고 생각하는 사람은 마치 충분한 부를 축적한 사람의 수가 많아지면 그것이 곧 사회 전체의 부를 가져온다고 생각하는 사람과 같습니다.

그러나 현실적으로는 부를 축적한 사람의 수가 많아지면 많아질수록 그와 비례하여 빈곤에 허덕이는 사람의 수도 많아지는 법입니다. 즉 우리의 기대와는 달리 부익부 빈익빈 현상이 결과적으로 초래된다는 사실입니다. 따라서 사회정의 문제는 개인윤리 차원을 넘어 사회윤리 차원에서 다루어지는 것이 바람직합니다.

니버는 사회윤리 차원에서 사회정의를 실현하기 위해 정치적·법적인 장치를 마련하고 제도적인 방안을 확보하는데 가장 중요한 요인이 되는 것은 '힘의 논리'라고 봅니다. 사회적 갈등과 모순, 집단적 이기주의, 구조적인 비리와 부조리 등에 대응하고 이를 견제하기 위해서는 '정의로운 힘justice power'이 필요합니다.

> 집단과 조직과 계급의 이익만을 앞세우는 집단적 이기주의를 막는 길은 힘을 분산하고 그 분산된 힘이 균형을 유지하여 집단과 집단 상호간에 견제가 이루어질 때 비로소 가능하다. 집단 속에서 나타나는 인간의 이기심은 힘의 균형에 의한 강제력에 의해서만 견제될 수 있는 것이다.

예를 들어 고속버스회사의 운영이 비합리적이고 불친절한 경우를 살펴봅시다. 이때 정의와 힘의 관계를 이해하지 못하는 사람은 버스회사 기사나 간부에게 잘못을 항의하거나 호소함으로써 이러한 문제들이 시정될 것으로 생각합니다. 그러나 이러한 설득이나 호소는 극히 제한적인 효과밖에는 발휘하지 못합니다.

이 경우 문제 해결의 첩경은 힘의 논리에 의한 제도적 개선 방안을 내놓는 것입니다. 즉 다른 또 하나의 고속버스 노선을 만드는 것입니다. 그렇게 될 경우 승객들은 한 버스회사가 불친절하거나 마음에 들지 않으면 다른 회사의 버스를 이용하게 될 것이며 이렇게 되면 두 회사는 서로 운영과 서비스에 있어 선의의 경쟁을 하게 될 것입니다. 그리고 그 결과 비합리적인 운영이나 불친절과 같은 문제는 자연히 해결될 것입니다. 이러한 예는 우리 사회에서 독점기업의 횡포를 막기 위해 힘의 분산과 견제의 원리를 적용하는 하나의 좋은 예가 될 수 있습니다.

사회 부정의는 언제나 힘의 불균형에서 생깁니다. 힘이 없는 개인이나 힘이 없는 집단이 권력의 소지자나 힘이 강한 집단에 대해 정의를 호소해 봐야 받아들여지는 경우가 거의 없습니다. 그보다는 불의를 행하는 상대방에게 압력을 가할 수 있는 대등한 힘이 있을 때 비로소 그의 주장과 호소가 받아들여지게 됩니다.

이런 이유로 인해서 니버는 "힘은 힘에 의해 도전되어야 한다Power must be challenged by power."라고 말합니다. 집단과 집단에 있어서나 국가와 국가에 있어서도 모두 힘의 역학적인 긴장관계에 의해서만 비로소 정의가 실현될 수 있는 것입니다.

사회정의를 실현하기 위해 소극적으로 개인의 도덕화에만 의존해서는 안 됩니다. 여기서 한 걸음 더 나아가 보다 적극적이고도 거시적으로 힘의 균형을 바탕으로 하여 사회의 정책과 제도를 개선하고 합리화시켜 나가야 합니다. 사회의 구조적인 악과 불의에 대한 견제는 힘의 균형이 깨어진 상태에서는 이루어질 수 없기 때문입니다. 사회정의란 그 사회가 어느 정도 정의로운 힘을 확보하느냐 여하에 성패가 달려있다고 보는 것이 니버의 사회윤리의 핵심내용입니다.

Chapter 03

행복에 대한 새로운 패러다임 모색하기

Philosophy

행복과
행복의 조건은 다르다

01 알렉산더 대왕과 디오게네스의 행복

옛날 그리스 시대 고린도라는 도시에 한 거지가 살고 있었습니다. 이 거지는 나무로 만든 둥근 술통 속에서 개처럼 혼자 살았습니다.

그런데 그 도시의 사람들은 그를 단순히 거지로만 취급하지 않았습니다. 그 이유는 이 거지에게 때로는 먹을 것을 주기도 하였지만 때로는 그로부터 인생의 훌륭한 지혜와 교훈을 얻기도 했기 때문입니다.

이 거지가 바로 유명한 디오게네스라고 하는 철학자였습니다. 이 사람은 철학자이면서 동시에 거지였습니다. 그의 재산이라고는 잠을 잘 수 있는 둥근 술통 하나, 옷 한 벌, 물을 떠먹는 쪽박 하나, 그것이 전부였습니다. 그러나 재산이 이것뿐이었지만 그는 늘 만족하고 행복하게 살았습니다. 어느 날 마케도니아 왕국의 임금인 알렉산더 대왕이 디오게네스를 직접 찾아왔습니다. 이 거지 철학자가 아주 지혜롭고 현명한 사람이라는 소문을 하도 많이 들어서 그가 과연 어떤 사람인지 대왕 자신이 한 번 직접 만나보고 싶었기 때문이었습니다.

알렉산더 대왕이 많은 신하들을 거느리고 디오게네스를 방문했을 때 마침 디오게네스는 자기의 이동식 주택인 나무로 만든 술통을 수리하고 있었습니다. 알렉산더 대왕은 한동안 이 광경을 물끄러미 바라보고 있다가 이윽고 디오게네스에게 다가가서 이렇게 말을 걸었습니다.

"여보게 그대는 지금 무엇을 하고 있는가?"

디오게네스는 알렉산더 대왕을 한 번 힐끗 쳐다보고는 퉁명스럽게 대답하였습니다.

"보시다시피 이렇게 집을 수리하고 있지 않소."

이 말에 왕의 호위 군병이 큰 소리로 호통을 치면서 디오게네스의 멱살을 잡았습니다.

"네 이놈, 감히 누구 앞이라고 함부로 말을 지껄이는가?"

그러자 알렉산더 대왕은 자신의 호위 군병을 나무라며 잡은 멱살을 놓아주라고 하고 이렇게 사과했습니다.

"내가 미처 나를 소개하지 않아 이런 불미스러운 일이 일어났구먼. 나는 마케도니아 왕국의 알렉산더 왕일세."

이 말을 듣고서도 디오게네스는 하던 일을 계속하며 태연히 대꾸했습니다.

"저는 고린도의 개로소이다. 원래 이름은 디오게네스라고 하지요."

그의 태연자약한 모습에 알렉산더 대왕은 그저 껄껄 웃을 뿐이었습니다. 그리고 되물었습니다.

"자네는 왜 스스로 개라고 부르는가?"

"개에게는 아무런 욕심이 없지요. 또 개에게는 아무런 가식이나 체면도 없지요. 뿐만 아니라 개야말로 자기가 하고 싶은 대로 하는 가장 자유분방한 존재가 아니겠습니까?"

이 말을 들은 알렉산더 대왕은 천천히 고개를 끄덕였습니다. 그리고는 이렇게 말했습니다.

"여보게 디오게네스, 그대는 소문대로 참으로 현명한 자임이 틀림없어. 그런데 지금 내가 보니 그대의 형편과 처지가 부족한 것들이 많은 것 같은데. 내가 뭘 좀 도와 줄 것이 없겠나? 그대가 원하는 소원이라면 내가 무엇이든지 들어주도록 하겠네."

그러자 디오게네스가 말했습니다.

"한 가지 소원이 있습니다."

"그래, 그것이 무엇인가?"

"지금 대왕께서 서 있는 자리를 한 걸음만 비켜 서 주십시오. 대왕의 그림자가 따뜻한 햇볕을 가로막고 있습니다."

이 말을 듣고 알렉산더 대왕은 숨을 깊이 내쉬며 주위 사람들에게 이렇게 말했습니다.

"만일 내가 알렉산더가 아니었더라면 나는 디오게네스가 되었을 것이다."

알렉산더 대왕과 철학자 디오게네스 중에 누가 더 행복한 삶을 살았을 것 같습니까? 행복이란 과연 무엇입니까? 어떤 사람이 행복한 사람이라고 생각하십니까?

02 행복이란 무엇인가?

모든 사람은 행복하기를 원합니다. 이것은 인간의 본능 중의 하나입니다. 인간은 본능적으로 행복한 삶을 살기를 원합니다. 행복이란 남녀노소, 빈부귀천에 상관없이 모든 사람이 동일하게 바라는 것입니다.

젊은 청년들이 왜 기를 쓰고 좋은 대학에 들어가려 하고, 좋은 직장을 찾습니까? 자신들의 행복을 위해서입니다. 결혼은 왜 합니까? 자신의 행복을 위해서입니다. 왜 넓은 아파트를 구입하고 좋은 차를 삽니까? 자신과 가족의 행복을 위해서입니다.

예로부터 수많은 사람들이 행복이 무엇인지에 대해 여러 가지로 탐구하고 논의해 왔습니다. 그런데 행복을 논할 때 우리가 흔히 범하는 잘못은 행복의 조건과 행복 자체를 혼동하고 있다는 점입니다.

많은 사람들이 쾌락, 부, 명예, 건강, 성공 등을 행복이라고 생각합니다. 그러나 이러한 것들은 행복의 조건은 될 수 있을지언정 행복 자체는 아닙니다. 특히 자본주의 세계관에 젖어 있는 현대인들에게는 돈이야말로 행복의 절대적인 척도라고 생각합니다. 그러나 좀 더 깊이 생각해 볼 때 돈이 인간을 얼마나 행복하게 해 줄 수 있는지에 대해서는 재고再考의 여지가 많습니다.

돈을 가지고 기름진 음식을 사먹을 수 있으나 건강을 살 수는 없습니다.

돈을 가지고 값진 침대를 살 수는 있으나 단잠을 살 수는 없습니다.

돈을 가지고 넓은 주택을 살 수는 있으나 가정의 화목을 살 수는 없습니다.

돈을 가지고 화려한 의복과 좋은 차를 살 수는 있으나 그 의복과 차를 소유한 사람의 인격과 교양은 살 수 없습니다.

　더구나 돈이 있다고 훌륭한 자녀교육이 이루어지는 것도 아니며 돈이 우리의 생명을 연장시켜 주는 것도 아닙니다.

　돈이 가지는 못된 속성 가운데 하나는 돈은 가지면 가질수록 상승효과를 가져온다는 점입니다. 돈이 많은 사람일수록 돈에 대한 애착과 욕심이 더 많음을 볼 수 있습니다. 돈은 사람을 소유욕으로부터 자유롭게 해주지 못합니다. 돈은 많이 가지면 가질수록 그 돈을 소유하고 지배하는 것이 아니라 어느 순간부터 돈의 노예가 되어 버립니다. 이와 같은 사실을 통해 우리가 분명히 알 수 있는 것은 행복이란 무엇을 얼마나 소유하고 획득하느냐에 있는 것이 아니라는 것입니다.

　옛날 한 부자 영감이 많은 하인들을 거느리고 있었는데 하루는 하인들이 일하는 광 옆을 지나가게 되었습니다. 바로 그 때, 광 안에서 일하는 한 하인이 신세타령하는 소리를 듣게 되었습니다. 그래서 부자영감은 걸음을 멈추고 도대체 무엇 때문에 저러나 하고 하인의 신세타령을 들었습니다.

"아이고 내 신세야, 내 신세가 이렇게 처량할 수 있나? 지금 내 형편이 꼭 백냥의 돈이 있어야 하는데 내 팔자에 그 돈을 어디서 구한담? 먹고 죽으려 해도 그놈의 돈이 없으니. 이놈의 팔자, 백 냥만 있으면 지금 죽어도 한이 없겠는데."

이 소리를 듣고 있던 부자 영감이 갑자기 그 하인이 불쌍한 생각이 들었습니다. 자기가 부리고 있는 하인이 돈 백 냥이 없어 저렇게 한탄하고 있는 것이 마음이 아파 그날 일이 끝나고 그 하인을 자기 방에 불렀습니다. "내가 아까 낮에 광 옆을 지나다가 네가 신세타령 하는 소리를 들었다. 백 냥이 그렇게 소원이라니 내가 그 돈을 주마. 가지고 가서 요긴하게 쓰도록 해라."

이렇게 말하고는 금고에서 백 냥을 꺼내 하인에게 주었습니다. 이 하인은 갑자기 주인 영감이 돈 자루를 던져주는 바람에 눈이 휘둥그레져 돈 주머니를 껴안고 이게 꿈인가 생시인가 하고 주인 영감에게 코가 땅에 닿도록 고맙다는 절을 수없이 하고 집으로 돌아왔습니다.

그 다음 날 부자 영감은 어제 백 냥을 받아 간 하인이 오늘은 아무런 불평 없이 열심히 일을 하겠지, 라고 생각하며 무심코 그 광 옆을 지나가는데 어제 자기에게 돈을 받아간 하인의 목소리가 또 들려왔습니다. "이상하다. 이제 불평할 일이 없을 텐데." 하고는 가만히 귀를 기울이고 들어보니 "아이고 내 팔자야, 이 미련한 놈 같으니라고. 내가 어제 왜 백 냥만 있으면 된다고 했지? 이백 냥이라고 했으면 주인 영감님이 이백 냥을 주었을 텐데. 아이고 내 팔자야."

돈은 이런 것입니다. 인간의 욕심도 이런 것입니다. 인간의 욕심은 분수를 모릅니다. 인간의 욕심은 끝이 없습니다. 마치 바닷물을 마시면 마실수록 더 목이 마른 것과 같이 가지면 가질수록 더 많이 갖기를 원하는 것이 인간의 욕심입니다.

이런 인간의 속성을 알았기 때문에 철학자 디오게네스는 모든 욕심을 버리고 거지처럼 살았는지도 모릅니다. 어떤 사람이 미국의 백만장자 록펠러에게 물었습니다.

"선생님, 사람은 얼마를 가지면 만족하게 됩니까?"

"지금 가진 것보다 조금 더 가지게 될 때 만족하게 됩니다."

이 말이 무엇을 의미합니까? 인간은 결코 욕심을 충족시킴으로 행복에 도달할 수 없음을 말해주는 것입니다. 아무리 많이 가져도 지금 가진 것보다 조금 더 가져야 만족하게 된다는 것입니다. 그러니 어떻게 해야 합니까? 욕심을 버려야 합니다. 밑도 끝도 없는 욕심, 과도한 욕심, 불필요한 욕심을 버려야 합니다. 탐욕이 가득한 사람은 결코 행복할 수 없습니다. 디오게네스와 같이 욕심을 지혜롭게 다스릴 줄 알아야 합니다.

뿐만 아니라 돈만 있으면 행복하다는 생각도 버려야 합니다. '돈이 많다는 것과 행복하다는 것은 별개의 것이다.' 이렇게 생각해야 합니다. 소유를 통해서는 결코 참된 행복에 도달할 수 없다는 것을 알아야 합니다. 소유는 행복의 조건일 뿐입니다.

03 소유형의 인간과 존재형의 인간

현대 독일의 정신분석학자이며 사회학자인 에리히 프롬은 그의 주저 『소유냐 존재냐To Have or To Be?』라는 책에서 인간을 '소유형의 인간'과 '존재형의 인간' 두 종류로 구분하였습니다.

소유형의 인간이란 인생의 의미와 목적을 '무엇을 소유하는 데' 두고 사는 사람을 말하며 존재형의 인간이란 인생의 의미와 목적을 '인간답게 존재하는 데' 두고 사는 사람을 말합니다. 존재형의 인간은 인생의 행복이란 가치 있는 것을 소유할 때 얻어지는 것이 아니라 자신의 삶 자체가 가치 있게 될 때 얻어지는 것이라고 생각합니다. 즉 자신이 이 세상에 존재할만한 가치와 의미가 있는 삶을 살아갈 때 비로소 인간은 행복해 질 수 있다는 것입니다.

만일 우리가 소유를 통해 행복해질 수 있다면 경제적인 부를 누리는 자가 곧 행복한 자라고 할 수 있을 것입니다. 그러나 행복이 경제적인 부와 비례하지 않는다는 것은 복지의 천국이라 일컬어지는 북유럽 국가들을 보면 잘 알 수 있습니다. 지상천국을 연상케 하는 아름답고 풍요한 이러한 나라들이 자살율과 이혼율이 세계에서 가장 높고 불면증 환자와 알코올 중독자가 세계에서 가장 많은 나라 중의 하나라고 하는 것은 경제지수와 행복지수가 반드시 비례하는 것이 아님을 말해주고 있습니다.

런던경제 대학교에서는 전 세계 국가들을 상대로 해마다 '국가별 행복지수도'를 조사하고 있습니다. 2009년 조사에서는 행복지수 1위가 코스타리카였습니다. 2위는 도미니카공화국, 그 다음으로 자메이카, 과테말라가 뒤를 이었습니다. 10위권 안에 있는 나라들을 보니 남아메리카에 있는 나라들이 많은 것이 특징이었습니다. 당시 우리나라는 68위, 영국은 74위, 일본은 75위였습니다.

이 결과를 보면 행복은 '소득 수준' 순이 아니라는 것을 알 수 있습니다. 행복지수는 경제지수와 비례하지 않는다는 좋은 예입니다.

어떤 젊은이가 원망이 많았습니다. 나는 왜 이런 가정에 태어났을까? 왜 부잣집에서 태어나지 못했을까? 왜 나에게는 기회가 오지 않을까? 왜 이렇게 나에게는 운이 따라주지 않을까?
이렇게 항상 원망하는 삶을 살고 있었는데 어느 날 좋은 소식을 들었습니다. 저 깊은 산 속에 신령한 노인이 살고 있는데 행복을 나누어 준다는 것입니다. 이 젊은이는 좋은 기회라고 생각하고 그 노인을 찾아 나섰습니다. 높고 험한 산을 고생 고생해서 올라갔더니 과연 신령한 노인이 있었습니다.

노인은 절벽에 서서 무슨 주머니 같은 것을 절벽 아래로 던지고 있었습니다. 그 노인에게 가까이 간 젊은이가 이렇게 물었습니다.

"어르신 지금 뭘 던지고 계십니까?"

"나는 세상 사람들에게 행복을 던져 주고 있다네."

"그렇습니까? 어르신, 그 행복을 저에게도 좀 주십시오."

"저기 많이 쌓여 있으니 가져가거나."

'이게 웬 떡이냐?'라고 생각한 젊은이는 급히 절벽 아래로 달려가서 쌓여 있는 주머니들을 한 아름 안았습니다. 그런데 모든 주머니에는 이름이 붙어있었는데 그 이름들이 하나같이 고난, 아픔, 실패, 갈등 등과 같은 것들이었습니다. '행복에 걸맞는 이름은 없나?' 젊은이는 이러 저리 찾아보았으나 그럴만한 이름은 하나도 없었습니다.

그래서 절벽을 올라와 노인에게 다시 물었습니다.

"아니 어르신, 행복을 준다고 해 놓고 이런 것만 주시면 어떻게 합니까?"

그러자 노인이 이렇게 대답을 했습니다.

"사실은 주머니를 풀면 그 안에 행복이 가득 들어 있다네. 그런데 사람들이 그것을 풀지 못해서 행복을 얻지 못하는 것이라네."

"아니, 그러면 주머니를 어떻게 하면 풀 수 있습니까?"

"주머니를 푸는 방법이 딱 하나 있지."

"그것이 무엇입니까?"

"사람이 감사하는 순간 주머니는 풀려지고 그 속에서 행복을 얻게 되는 것이라네."

　행복은 소유를 통해서가 아니라 감사를 통해 얻어진다는 것입니다. 영국의 현대 철학자 버트란트 러셀도 자신의 『행복론』에서 이와 비슷한 이야기를 하고 있습니다. 그는 행복을 '교만'이나 '겸손'과 연관해서 설명합니다. 행복의 원인은 겸손에 있고 불행의 원인은 교만에 있다는 것입니다.

　사람들이 지금 하고 있는 걱정, 사실 그것도 교만해서 하는 걱정이랍니다. 사람들이 지금 하고 있는 불평, 그것도 교만해서 하는 불평이랍니다. 사람들이 지금 생각하고 있는 불행, 그것도 교만해서 불행한 것이랍니다.

　그래서 교만한 사람은 자기의 실패에 놀라고 겸손한 사람은 자신의 성공에 놀란다고 합니다. 겸손한 사람은 늘 '나는 그런 사람이 못되는데… 내가 어떻게 이렇게 성공할 수 있었을까?' '이건 기적이고 축복이다.' 이렇게 생각하며 자기의 성공에 놀라고 감사한다는 것입니다. 이렇게 자신을 겸손한 자세로 낮춰보면 모든 것이 행복하고 모든 것이 감사의 조건으로 가득 차 있음을 발견할 수 있다는 것이지요.

　아리스토텔레스는 "인간은 자기 자신 때문에 행복하며 행운 때문에 행복한 것은 아니다."라고 했습니다. 많은 사람들은 자신의 불행을 운이 없어 그렇다고 합니다. 그리고 주위에 행복하게 보이는 사람들은 운이 좋아 그렇다고 합니다. 그러나 아리스토텔레스는 사람의 행·불행은 운 때문이 아니라 자기 존재 때문이라고 보았습니다. 칸트도 『실천이성비판』에서 이와 비슷한 말을 했습니다. "도덕은 어떻게 하면 행복해지는가를 가르치는 것이 아니라 어떻게 하면 행복에 알맞는 자가 될 수 있는가를 가르친다."

　행복이란 쾌락과 부와 명예를 소유한 자에게 주어지는 것이 아니라 행복에 알맞는 자, 행복을 누릴만한 자에게 주어진다는 것입니다. 우리는 종종 "나는 행복에 알맞는 자인가?" "나는 행복을 누릴만한 자인가?"라는 물음을 던지고 이에 대한 대답을 얻기 위해 자기성찰을 게을리 하지 않아야 할 것입니다.

빅터 프랭클의
인생의 의미 찾기

01 죽음의 수용소에서

『죽음의 수용소에서』라는 책을 써서 세계적으로 유명하게 된 오스트리아 출신의 빅터 프랭클 박사는 의사인 동시에 정신분석학을 전공한 심리학자였습니다. 그는 제2차 세계대전 중 유대인이라는 이유 하나로 나치스에 의해 아우슈비츠 수용소에 3년 가까이 포로로 잡혀 있다가 끝까지 죽지 않고 살아남은 사람이었습니다.

그 후 프랭클 박사는 자신이 아우슈비츠 수용소에 있을 때의 경험을 토대로 하여 의미치료법Logotherapy을 개발하여 프로이트의 정신분석학 못지않은 큰 반향을 불러일으켰으며 당시 최고의 유명한 정신과 의사가 되었습니다.

그가 포로수용소에 있을 때, 나치대원들에 의해 가스실에서 처형되는 사람들 외에도 하루에 수십 또는 수백 명의 유대인들이 동물의 시체보다 더 처참하게 감방에서 죽어나갔습니다.

그가 수감되어 있었던 아우슈비츠 수용소는 마치 지옥 그 자체와 같았습니다. 수감자들이 받은 음식이라고는 나흘 동안 주먹만한 빵 한 개가 전부였습니다. 살을 에는 듯한 추위였지만 그들이 입고 있는 옷이라고는 그냥 누더기 같은 천들이었습니다.

인간은 고사하고 짐승보다 더 잔혹하게 다루는 나치대원들의 치를 떨게 하는 고함소리, 시시각각 다가오는 죽음에 대한 불안과 공포, 이러한 냉엄한 사실들이 수용소에 있는 그들로 하여금 스스로 생명을 포기하게 하였습니다. 그래서 수많은 사람들이 가스실에 보내지기도 전에 감방에서 죽어나갔던 것입니다.

그런데 이러한 상황에서 프랭클 박사는 아주 신기한 현상을 하나 발견했습니다. 그것은 그렇게 죽어나가는 사람들을 보니까 대부분 비교적 건강하고 똑똑하고 요령이 좋은 사람들이 먼저 죽어나가더라는 것입니다.

반면 건강도 별로 좋지 않고, 어리숙하게 보이고, 시키는 대로 하는 사람들이, 그래서 언뜻 보면 저 사람은 며칠 못 살 것 같다고 생각했던 사람들이 오히려 끝까지 살아남더라는 것입니다. 그는 정신분석학자로서 이러한 사실들에 대해 세심한 관심을 가지고 지켜보았습니다.

뿐만 아니라 프랭클 박사는 또 하나의 아주 중요한 사실을 발견했습니다. 정신의학에 '집행유예망상'이라는 의학용어가 있습니다. 사형선고를 받은 죄수가 처형 직전에 집행유예를 받을지도 모른다는 망상을 갖는다는 것에서 나온 말입니다. 사형수가 마지막 순간까지 갖는 실낱같은 희망을 말하는 것입니다.

그런데 이런 희망이, 정말 실낱같은 희망이 아우슈비츠 수용소에 있는 수감자들을 삶과 죽음으로 갈라놓는 분수령이 된다는 사실을 발견한 것입니다.

이 지옥 같은 수용소 속에서도 살아야겠다는 의지가 있는 사람, 자신은 살아야만 한다는 삶의 의미를 가진 사람들은 끝까지 살아남고 반대로 삶에 대한 의미를 상실한 자, 살고자 하는 의지를 포기한 자들은 그 수용소에서 오래 버티지 못하고 곧 죽어나가더라는 것입니다.

그 한 예로 아우슈비츠 수용소에서 1944년 성탄절부터 1945년 새해를 지난 후 보름 남짓 사이에 수용자들의 사망률이 평소에 볼 수 없었던 추세로 급격히 증가했다는 것입니다. 그 원인이 이전보다 노역이 더 가혹해진 것도 아니고, 식량사정이 더 나빠진 것도 아니며, 그렇다고 날씨가 더 혹독하게 추워지거나 새로운 전염병이 발생했기 때문도 아니었습니다.

그 이유는 대부분의 수감자들이 성탄절이나 새해에는 전쟁이 종결되거나 포로들의 일부가 풀려날 것이라는 막연한 희망을 품고 있었는데 그런 희망이 물거품이 되었기 때문이었습니다.

그래서 이러한 절망감이 그들을 덮쳤고 그것이 실제로 그들의 몸의 저항력을 떨어뜨려 결국 많은 사람들이 사망하기에 이르렀다는 것입니다.

프랭클 박사는 후일 전쟁이 끝난 다음 미국으로 건너가 의사가 된 후 이때의 경험을 살려 자기가 개업한 정신병원에 찾아오는 환자들에게 약을 주거나 주사를 놔주고 입원을 시키는 것과 같은 의료행위를 하기 이전에 환자 스스로 자신의 삶의 의미를 알도록 해서, 즉 환자 스스로 내가 빨리 이 병을 고쳐야 되겠다는 삶의 의지를 갖게 해서 많은 정신질환자를 고쳤다고 합니다. 그는 이런 치료방법을 의미치료법이라 불렀습니다.

프랭클 박사는 의미치료법에서 인간을 '의미를 추구하는 존재'로 규정하고 있습니다. 즉 인간이 의미를 찾고자 하는 마음을 인간의 원초적인 욕구라고 보고 있는 것입니다. 인간은 자신이 추구하는 의미와 가치를 위해 살 수도 또는 죽을 수도 있는 그런 존재라는 것입니다. 그래서 인간은 자신의 삶의 의미를 찾지 못할 때, 또는 자신의 삶의 의미를 상실할 때 삶을 포기한다는 것입니다. 그 때 자살을 하게 된다는 것입니다.

그래서 프랭클 박사에 의하면 현대인들에게 가장 중요한 것이 자신의 '삶의 의미 찾기'입니다. 그는 후일 인간이 추구하는 행복을 삶의 의미와 연관시켜 이렇게 말하고 있습니다.

> 행복은 얻으려고 강요해서 얻어지는 것이 아니다. 사람이 행복하려면 행복해야 할 이유를 가지고 있어야 한다. 그리고 일단 그 이유를 찾으면 인간은 저절로 행복해 진다.

모든 사람은 행복을 얻기 위해 동분서주하고 있습니다. 행복을 위해 대학에 들어가고, 직장을 구하고, 돈을 벌고, 결혼을 하고, 좋은 차와 넓은 아파트를 구입하고… 그러나 프랭클 박사에 의하면 행복이란 이와 같이 행복을 얻기 위해 안달한다고 얻어지는 것이 아닙니다.

그보다는 행복할 수 있는 이유를 제공하면 행복하게 됩니다. 프랭클 박사에 의하면 그 이유가 바로 '삶의 의미'라는 것입니다. 참된 행복은 자신의 삶의 의미를 발견할 때, 그리고 그 의미를 실현해 나갈 때 자연적으로 주어지는 것입니다. 행복의 초점을 바로 여기에 맞추어야 한다는 것입니다.

02 삶의 의미 찾기

상담의 대가 노먼 빈센트 필 박사에게 한 번은 사업에 완전히 실패한 52살 먹은 남자가 찾아왔습니다. 그는 극도의 절망감에 사로잡혀 이렇게 말했습니다.

"선생님, 이제 제 인생은 완전히 끝장났습니다. 사업에 완전히 실패했습니다. 저는 모든 것을 잃어버리고 말았습니다. 이제 남은 것은 죽음밖에 없는 것 같습니다."

"방금 모든 것을 잃어버렸다고 했습니까?"

"그렇습니다. 모든 것을 다 잃어버렸습니다."

그러자 필 박사는 그에게 연필과 종이를 한 장 건네주며 이렇게 물었습니다.

"자, 그럼 당신에게 남아 있는 것을 종이 위에 한번 써 봅시다. 부인은 계십니까?"

"예, 있지요. 저한테는 정말 좋은 아내입니다."

"그럼 종이 위에다 좋은 아내라고 쓰십시오. 자녀들은 있습니까?"

"귀여운 아이들이 셋이나 있지요."

"그럼 종위 위에 귀여운 아이 세 명이라고 쓰십시오. 친구는요?"

"물론 있지요."

"당신의 건강은요?"

"아직 건강합니다."

이렇게 함께 계속 써 내려가다가 필 박사가 물었습니다.

"당신은 아까 모든 것을 다 잃었다고 했습니다. 그러나 사실 당신이 잃은 것은 당신에게 별로 소중하지도 않은 재산만 잃었군요. 당신은 아직도 많은 것을 가지고 있지 않습니까?"

사업에 실패한 이 남자는 무엇인가 한참을 골똘히 생각하더니 필 박사에게 "감사합니다." 하고는 의자를 박차고 나갔다고 합니다.

삶의 의미란 내가 찾고 만들어가는 것입니다. 이 경우 우리는 그 의미를 무슨 대단한 것으로부터 찾으려고 할 필요는 없습니다. 작은 것에서, 가까이 있는 것에서 의미를 찾고 의미를 만들어 가는 것을 배워야 합니다. 지금 나에게 없는 것을 아쉬워하지 말고 지금 있는 것 가운데서 소중함을 발견해야 합니다. 설혹 실패와 그에 따르는 고통이 있더라도 그 가운데서도 분명히 의미를 찾을 수 있을 것입니다. 의미는 내가 부여하고 내가 창출하는 것이니까 말입니다.

사향노루 한 마리가 있었습니다. 사향노루는 언제나 코끝에 밀려오는 향기에 마음이 끌렸습니다. 시간이 흐를수록 그 향기는 점점 더 사향노루를 매혹시켰습니다. 그래서 사향노루는 혼자 중얼거렸습니다.

"도대체 이 향긋한 향기는 어디서 날아오는 걸까? 무슨 일이 있더라도 이 향기가 어디서 오는지 꼭 알아내고야 말겠어!"

그러던 어느 날, 사향노루는 향기가 나는 곳을 찾아 나섰습니다. 산을 넘고 물을 건너고 사막을 가로질러 이 세상 경계선까지 갔습니다. 그러나 사향노루는 그곳에서도 향기가 어디서 나오는 지를 알아내지 못했습니다. 그러다가 하루는 가장 높은 절벽 위로 올라갔습니다. 그러자 그 절벽 아래에서 향기가 올라오는 것 같았습니다. 사향노루는 '저 아래에 가면 향기가 나는 곳을 찾을 수 있을 거야.'라고 생각하고 급한 마음으로 절벽을 내려가다가 그만 벼랑에서 미끄러져버렸습니다.

땅바닥에 냉동이 쳐져서 하늘을 바라보며 누워있는데 그곳에서도 역시 향기가 진동했습니다. 그래서 지나가는 새에게 물었습니다. "새야, 새야! 지금 이 향기가 어디서 나는 향기니?" 그랬더니 새가 하는 말이 "네 코끝에서 나는 향기잖아!"

사실 우리도 이럴 수 있습니다. 인생의 의미를 내 가까이서 찾으려 하지 않고 멀리서, 별난데서 찾으려고 두리번거리고 있지 않은지 모르겠습니다.

03 인생의 의미는 감사하는 삶 속에 있다

인생의 의미를 찾는다는 것은 인생 가운데 담긴 무슨 심오한 의미를 찾아내는 것을 말하는 것이 아닙니다. 하루하루를 살아가는 삶 속에서 인생의 의미를 찾아내고 만들어가는 것입니다.

우리 국민은 유달리 감사에 인색합니다. 마음으로도 그렇고 입술로도 쉽게 감사하다는 말이 나오지 않습니다. 설혹 마음으로 감사하다고 생각해도 말로 잘 표현하지 않습니다.

감사하다는 영어 thank는 생각하다는 think와 어원이 같습니다. 우리가 생각을 깊이 하면 모든 것이 감사하고, 생각이 짧으면 모든 것이

짜증스럽고 불만스럽게 여겨집니다. 아이들이 부모님에게 감사가 없는 것은, 학생들이 선생님에게 감사가 없는 것은 생각이 짧아서입니다. 그런 것을 우리는 철이 없다고 합니다.

지난날들을 곰곰이 생각해 보면, 조금만 깊이 생각해 보면 감사한 일들이 많고, 감사해야 할 사람들도 많습니다. 그리고 과거 힘들었던 일들을 생각해 보면 오늘날 우리의 삶이 너무나 감사합니다. 그런데 그렇게 감사하지 않습니다.

현대인의 인격적인 결함가운데 하나는 감사의 미덕을 잃어버리고 산다는 것입니다. 현대인은 가진 것은 많으나 감사가 없습니다. 소유는 많으나 만족이 없습니다. 매사를 남과 비교하며 상대적 박탈감과 빈곤감으로 인해 불행해 하고 있습니다. 감사가 있는 곳에 행복이 있고 그 가운데서 비로소 인생의 의미를 발견할 수 있는 것입니다.

어떤 기자가 일본의 '마쓰시타 전기산업'의 창업자인 마쓰시타 고노스께가 90세가 되었을 때 이렇게 물었습니다.

"회장님은 어떻게 이렇게 큰 성공을 이루셨습니까?"

그 때 마쓰시타 회장은 평소에 생각하던 대로 이런 대답을 했습니다.

"나는 하늘에 대해 늘 세 가지로 감사하는 일이 있답니다. 첫째는 내가 가난하게 태어났다는 사실이고, 둘째는 내 몸이 허약한 것이고, 셋째는 내가 못 배운 것이랍니다."

기자는 이상하다는 듯이 다시 물었습니다.

"회장님의 말씀대로라면 세상 사람들이 생각하는 불행을 모두 가지고 태어나셨는데 어떻게 그것을 오히려 하늘의 은혜라고 감사하십니까?"

마쓰시타 회장의 대답은 이러했습니다.

"나는 가난 속에 태어났기 때문에 부지런히 일하지 않고는 잘 살 수 없다는 진리를 어려서 깨달았답니다. 또 몸이 약하게 태어났기 때문에 건강의 소중함도 일찍 깨달았습니다. 늘 건강을 지키기 위해서 힘썼기 때문에 아흔이 다 된 이 나이에도 겨울철에 냉수마찰을 한답니다.

그리고 나는 초등학교 4학년을 중퇴한 것이 내 학력의 전부랍니다. 그래서 항상 이 세상 모든 사람들을 나의 스승으로 생각하고 배우는 자세로 살았답니다. 그 결과 지금도 배우는 노력을 계속해서 많은 지식과 상식을 얻었습니다. 이처럼 하늘이 내게 준 환경들이 나를 이만큼이나 성장시켜 주었으니 나는 하늘에 늘 감사한 마음으로 사는 것이지요."

참으로 훌륭한 삶의 태도가 아니겠습니까?

헬렌 켈러가 어느 날 숲 속을 다녀온 친구에게 물었습니다. 무엇을 보았느냐고. 그 친구는 별반 특별한 것이 없었다고 말했습니다. 헬렌 켈러는 친구를 이해할 수가 없었습니다. 두 눈 뜨고, 두 귀 열고도 특별히 본 것도 들은 것도 없다니, 그래서 아무런 할 말 조차 없다니…

비록 보지도 듣지도 말하지도 못했던 헬렌 켈러였지만 그녀는 스스로 만약 자신이 단 사흘만이라도 볼 수 있다면 어떤 것을 보고 느낄 것인지 미리 계획을 세웠습니다. 그리고 이것을 '내가 사흘 동안 볼 수 있다면 Three days to see'이라는 제목으로 1993년 '애틀랜틱 먼스리' 1월호에 발표했습니다.

헬렌 켈러의 글은 당시 경제대공황의 후유증에 허덕이던 미국인들에게 잔잔한 감동을 주었습니다. 우리가 무심코 마주하는 이 세계가 날마다 기적 같은 것임을 일깨워주었기 때문이었습니다. 그래서 '리더스 다이제스트'는 이 글을 20세기 최고의 수필로 꼽았습니다.

> 첫째 날, 나는 친절과 겸손과 우정으로 내 삶을 가치 있게 해준 설리번 선생님을 찾아가 이제껏 손끝으로 만져서만 알던 그녀의 얼굴을 몇 시간이고 물끄러미 바라보면서 그 모습을 내 마음속에 깊이 간직해 두겠다. 그러곤 밖으로 나가 바람에 나풀거리는 아름다운 나뭇잎과 들꽃들 그리고 석양에 빛나는 노을을 보고 싶다.
> 둘째 날, 먼동이 트며 밤이 낮으로 바뀌는 웅장한 기적을 보고나서 서둘러 메트로폴리탄에 있는 박물관을 찾아가 하루 종일 인간이 진화해 온 궤적을 눈으로 확인해 볼 것이다. 그리고 저녁에는 보석 같은 밤하늘의 별들을 바라보면서 하루를 마무리하겠다.
> 마지막 셋째 날에는 사람들이 일하며 살아가는 모습을 보기 위해 아침 일찍 큰길에 나가 출근하는 사람들의 얼굴 표정을 볼 것이다. 그러고 나서 오페라하우스와 영화관에 가 공연들을 보고 싶다. 그리고 어느덧 저녁이 되면 네온사인이 반짝이는 쇼윈도에 진열되어 있는 아름다운 물건들을 보면서 집으로 돌아와 나를 이 사흘 동안만이라도 볼 수 있게 해주신 하나님께 감사의 기도를 드리고 다시 영원히 암흑의 세계로 돌아가겠다.

헬렌 켈러가 그토록 보고자 소망했던 것들을 우리는 날마다 일상 속에서 마주합니다. 하지만 그것이 얼마나 놀라운 기적인지 모릅니다.

아니 잊고 삽니다. 그래서 헬렌 켈러는 이렇게 말했습니다. "내일이면 귀가 안 들릴 사람처럼 새들의 지저귐을 들어보라. 내일이면 냄새를 맡을 수 없는 사람처럼 꽃향기를 맡아보라. 내일이면 더 이상 볼 수 없는 사람처럼 세상을 보라."

내가 오늘 하는 일들이 내일이면 더 이상 할 수 없는 일일지도 모른다고 생각할 때 그것이 얼마나 소중하고 놀라운 일들인지 깨달을 수 있게 된다는 것입니다.

오늘도 우리는 헬렌 켈러가 그토록 갈망했던 것들을 매일 같이 누리고 살아간다는 것을 잊지 말아야 합니다. 인생의 의미는 바로 오늘 내가 경험하는 삶 속에서 찾아야 하는 것입니다.

포스트모더니즘과
현대인 비판

01 텅 빈 우주와 고갈된 자아

　서구 근대사회를 열어갔던 계몽주의자들에게는 역사의 흐름에 대한 낙관주의적인 생각이 깔려 있었습니다. 그들은 현재는 과거보다 좋고 미래는 현재보다 더 좋아질 것이라는 역사진화론적인 사고방식을 가졌습니다.

　그래서 근대인들은 과학의 발달이 인간과 세계의 비밀을 다 밝혀줄 것이고, 이를 통해 인간은 지금까지 그들을 괴롭혀 온 온갖 질병과 가난과 재난으로부터 해방되어 참된 행복을 누릴 수 있을 것이라는 보라 빛 생각에 젖어 있었습니다.

　그러나 그러한 미래에 대한 희망과 믿음은 1,2차 세계대전과 함께 현대로 넘어오면서 산산이 부서져버리고 현대인은 지금까지 인류가 겪지 못했던 더 복잡하고 치명적인 삶의 문제들 앞에서 공포와 절망과 좌절을 맛보지 않을 수 없게 되었습니다. 이러한 현대인들의 절망과 좌절은 결국 모더니즘modernism을 거부하고 새로운 돌파구를 찾게 하였는데 그것이 곧 포스트모더니즘post-modernism입니다.

포스트모더니즘은 오늘날 철학이나 문학, 예술 등과 같은 특정 학문 분야뿐만 아니라 사회 곳곳에서 볼 수 있는 우리 사회의 보편적인 문화현상입니다.

포스트모더니즘의 특징은 여러 가지로 말할 수 있겠으나 쉽게 말한다면 '탈 획일, 탈 형식, 탈 권위, 탈 진리, 탈 절대…'라는 말들로 나타낼 수 있습니다. 지금까지 내려오던 모든 권위와 형식, 절대적인 진리와 가치 등을 모두 부인하고, 해체하고, 벗어나겠다는 것을 말합니다.

오늘날 젊은 세대들은 이전 세대와는 달리 부모님이나 선생님의 권위, 사회나 국가가 갖는 권위를 인정하려 들지 않습니다. 뿐만 아니라 지금까지 내려오던 기존의 모든 전통이나 질서, 가치체계도 부정하려 듭니다.

예를 들어 요즘 젊은 세대들이 부르는 랩이라는 노래는 기존의 전통적인 음악에서 보면 음악이라 보기 힘듭니다. 기성세대가 들으면 우선 가사가 무슨 내용인지 알 수가 없습니다. 입속으로 중얼거리듯 끝없이 쏟아내는 말들을 알아들을 수가 없습니다. 거기에다 박자나 멜로디도 어지러워 이건 음악이라기보다 마치 소음과 같습니다. 이런 것이 바로 기존의 전통적인 음악을 부정하고 나타난 포스터모던적인 새로운 형태의 음악 장르입니다.

뿐만 아니라 포스트모더니즘은 시간과 공간으로부터의 탈출도 시도합니다. 예를 들어 여기서는 전통적인 시간개념, 즉 과거 · 현재 · 미래라는 도식적인 시간의 흐름이 거부되고 과거·현재·미래가 현재 속에 몰입해 있거나 아니면 아예 과거·현재·미래라는 도식이 없는 시간개념으로 나타납니다.

이러한 현상을 잘 말해주고 있는 것이 바로 할리우드가 자랑하는 '이티ET'나 '쥬라기공원' 그리고 '해리포터 시리즈'나 '반지의제왕'과 같은 영화들입니다.

기존의 시간개념으로 보면 이런 영화들은 이해하기 난해한 영화들이지만 포스트모던적인 관점에서 보면 이 시대를 가장 잘 대변해 주는 영화들이라 할 수 있습니다. 이런 영화들 속에서는 일상적인 공간이나 정상적인 흐름의 시간개념이 아닌 전혀 새로운 세계와 시간관이 교차됩니다.

포스트모더니즘의 징조는 일찍이 19세기 말 니체에게서 나타납니다. '망치를 든 철학자'라는 별명에 걸맞게 그는 신의 죽음을 외치면서 기존의 모든 가치를 허물어뜨리려 했습니다. 니체는 2천년 동안 이어져 온 서구의 모든 기독교적인 질서와 전통, 도덕과 윤리, 철학과 사상 등을 모두 파괴하고 그 자리에 새로운 것을 창조하려고 했습니다.

그가 말한 초인Übermensch이란 한 마디로 새로운 가치를 세우려는 창조자를 말합니다. 새로운 것을 세우기 위해서는 기존의 것을 부인하고 파괴해야 합니다. 초인이 "신은 죽었다(Gott ist tot.)"라고 외쳤을 때 그 말은 종래의 기독교적이고 인습적인 모든 것을 거부하고 그 자리에 새로운 질서와 가치를 창조하겠다는 것을 의미했습니다.

이렇게 해서 과연 현대인들은 모더니즘을 거부하고 그 자리에 과거 인류가 상상도 할 수 없었던 엄청난 새로운 것들을 창조했습니다. 그것은 21세기형의 새로운 바벨탑이었습니다. 정보화의 바벨탑, 하이테크놀로지의 바벨탑, 엔터테인먼트의 바벨탑, 세계화의 바벨탑, 글로벌 금융의 바벨탑들을 쌓아 올렸습니다.

그러나 문제는 이러한 포스트모더니즘의 화려한 바벨탑 위에 건설된 오늘날의 세상 역시 우리를 행복하게 해주지 못한다는 점입니다. 새로운 것을 찾기 위해 옛것을 버렸는데, 그리고 그 자리에 가공할 만한 사이버스페이스의 새로운 문명을 건설했는데 그 새로움 속에서 옛것에서 볼 수 있었던 본질적인 가치도, 아름다움도, 미덕도 찾을 수 없다는 것입니다.

요즘 많은 국민들의 시선이 주말이면 '나는 가수다'에 쏠리고 있습니다. 매주 주말이면 대중적인 인기가 있는 7명의 가수들이 5백 명의 청중평가단 앞에서 혼신의 힘을 다해 열창하고, 청중들은 이들의 노래에 때로는 숨죽이며 감동하고 때로는 눈물을 흘리며 열광합니다.

여기에 나오는 대부분의 가수들은 최근 급작스레 인기를 얻은 자들이 아닙니다. 그들은 가수 경력이 족히 십 수 년이 넘어 각자 나름대로 대중적 지지층을 가지고 있는 자들입니다.

이런 7명의 가수들이 두 번에 걸쳐 실력을 견주어 한 명의 꼴찌를 탈락시키고 새로운 가수를 무대 위에 등장시킵니다. 이 프로그램이 이렇게 폭발적인 인기를 얻고 있는 이유는 이들 가수들이 갖는 특유의 매력이나 방송사의 마케팅 전략만은 아닙니다. 오히려 진짜 이유는 한마디로 말해 '진정성'이 아닌가 싶습니다.

요즈음 K팝이라 불리며 국내외에서 인기몰이를 하고 있는 아이돌 그룹에서는 볼 수 없는 가수의 진정성에 대한 매력이 청중과 국민들을 열광시킨 듯합니다. 이들은 무대 위에서 현란한 몸놀림도 없고 아이돌 그룹에서 볼 수 있는 획일된 춤동작도 없습니다. 그러나 이들의 노래 속에는 청중들의 가슴을 울리는 진한 감동이 있고 가수로서의 삶의 스토리가 있습니다. 그래서 그동안 무대 위의 화려함과 흥겨움만 주는 아이돌 가수들에 식상한, 그래서 가요에 무관심하던 층들이 대거 이들의 노래와 가창력에 심취하여 공감을 불러일으켰던 것이 이 프로그램이 성공한 이유가 아닌가 싶습니다.

그렇습니다. 현대사회는 진정성을 잃어버린 사회이고 그래서 그 진정성에 목말라 하는 사회입니다. 오늘날 우리는 매스미디어의 발달과 더불어, 특히 TV의 등장과 함께 내면의 진실성이 아닌 외형의 화려함에 더 많은 관심을 갖습니다. 여기서는 본질이 중요하기보다 어떻게 보이는가가 더 중요합니다. 이미지가 실재와 동일시되는 것입니다.

이런 외향과 외모 지향적인 현상이 인간의 삶과 사고방식 가운데도 잠식되어가고 있습니다. 현대인은 온통 겉치레에 신경 쓰느라 내면의 세계를 들여다볼 여유가 없습니다. 인간을 둘러싼 주위 환경은 우리의 관심을 잠시도 우리 자신에게 돌리지 못하게 합니다. 우리의 눈은 혼자 벤치에 앉아 있을 때나 버스나 전철 속에 있을 때도 항상 스마트폰 화면에 꽂혀 있습니다. 우리의 귀도 이어폰을 꽂아놓고 촌음의 시간도 놓치지 않고 정보를 입수하는데 집중하고 있습니다. 그래서 우리의 마음은 언제나 외부세계와의 접촉 때문에 스스로 마음의 여유를 가질 시간이 없습니다. 현대인들은 자기성찰의 시간을 잃어버렸습니다.

도대체 현대인들은 자신의 존재기반을 어디에 두고 살아가는 것일까요? 포스트모더니스트들은 우주가 비어 있다고 말해 왔습니다. 그래서 이 우주에는 중심이 없다고 말합니다. 절대적 진리도 존재하지 않습니다. 모든 사람들이 따라야 할 도덕적·사회적 규범 같은 것도 없습니다. 우리를 통제하거나 구속할 어떤 외적인 권위도 질서도 없습니다. 그래서 우리는 실로 '자율성의 시대'에 살고 있다고 외칩니다.

이러한 시대적 상황에 살아가고 있는 현대인은 자신의 존재를 귀속시킬 존재의 집을 잃어버리고 미아처럼 살아갑니다.『윤리 실종』의 저자 데이비드 웰스는 이러한 어두운 현대적 상황과 이 속에서 살아가는 현대인을 가리켜 '텅 빈 우주'와 '고갈된 자아'라는 말로 묘사하고 있습니다.

가수의 생명은 노래를 부르는 것 자체에 있는데 이러한 가수의 본질적 가치를 외면한 채 화려한 무대의 조명과 아름다운 외모, 현란한 춤으로 가수의 생명을 이어갈 수 있다고 생각하는 아이돌 그룹에 식상한 현대인들이 가수의 진정성에 목말라 하는 것처럼, 그래서 '나는 가수다'에 박수를 보내고 열광하는 것처럼, 오늘날 현대인들은 자신이 무엇에 목말라 하고 무엇에 박수를 보내고 열광하고 있는지를 성찰하고 자문해 볼 일입니다.

현대사회와 현대인들을 병들게 하고 있는 또 하나의 현상은 변화의 물결입니다. 흔히 정보사회를 가리켜 '급변하는 사회'라고 부릅니다. 빌 게이츠도『생각의 속도』에서 현대사회를 우리가 미처 시대의 변화를 감지하기도 전에 또 다른 세상이 우리 앞에 전개되리만큼 급변하는 '광속의 시대'라고 부르고 있습니다.

빌 게이츠는 현대인들이 불안공포증에 빠져 있는 것은 시대와 사회는 이렇게 빠른 속도로 변화하고 있지만 우리의 생각의 속도는 이를 따라가지 못하기 때문이라고 했습니다. 인간이 느끼는 모든 불안과 갈등과 혼란은 주위 상황과 우리의 생각이 균형을 잃을 때 발생하는데 현대인들이 변화의 와중에서 허둥대는 것은 모두 이런 이유 때문입니다.

예를 들어 우리가 직접 차를 운전할 때는 차의 속도가 빨라도 그것을 빠르게 느끼지 않습니다. 그것은 운전자의 생각의 속도가 차의 속도와 함께 가기 때문입니다. 그러나 옆에 앉은 사람의 경우 자신의 생각의 속도와 차의 속도가 일치하지 않기 때문에 차가 너무 빨리 달린다는 불안을 느끼게 되는 것입니다.

그렇습니다. 현대인들의 생각의 속도가 사회 변화의 속도를 따라가지 못하는 것은 사실입니다. 그리고 빌 게이츠의 진단대로 그것이 현대인들의 불안의 원인이라는 것이 사실일지도 모릅니다. 그러나 그렇게 되어서는 안 됩니다. 거꾸로 생각의 속도가 변화의 속도를 이끌어 가야 합니다. 왜냐하면 그렇지 않을 때는 우리는 변화의 방향이 어디를 향하고 있으며 변화의 목적이 무엇인지에 대한 대답을 얻을 수 없기 때문입니다.

현대사회의 화두가 변화인 것은 사실입니다. 대학도 기업도, 정치도 경제도 모두 '변해야 산다.'라고 변화를 외치고 있습니다. 그러나 변화의 목적과 방향도 없이 변화만을 외쳐대는 것은 참으로 무서운 말입니다. 목표와 방향이 없는 변화는 칠흑 같은 대해大海에서 조각배가 태풍에 요동치며 어디론가 급히 떠밀려 가고 있는 것과 다를 바가 없습니다.

변화의 소용돌이 속에서 우리가 알아야 할 것은 모든 것이 변화해도 변화의 중심은 변화하지 말아야 하고, 변화를 이끄는 변화의 목표는 변화하지 말아야 한다는 것입니다. 모든 것이 변해도 변하지 말아야 할 것은 변하지 말아야 합니다. 그러나 작금의 우리 사회는 무질서와 무원칙의 변화, 혼란과 혼동의 변화, 투쟁과 갈등으로 치닫는 변화가 휘몰아치고 있습니다. 변화에 변화가 꼬리를 물고, 변화를 위한 변화가 오늘도 우리를 예측 불가능한 세계로 몰아넣고 우리를 불안하게 만들고 있는 것입니다.

일찍이 영국의 역사가 토인비는 "물질문명은 토끼처럼 뛰어 가는데 정신문화는 거북이처럼 그 뒤를 따라간다."라고 걱정스럽게 진단했습니다. 거대하고 화려하게 진보하는 물질문명과 더디고 초라하게 뒤따르는 정신문화의 갭은 현대인들의 정신건강을 병들게 합니다. 독일의 실존주의 철학자 하이데거가 현대인들의 근본적인 기분을 '불안Angst'이라고 한 것이 어쩌면 이러한 사회를 예측하고 말한 것인지도 모르겠습니다.

02 전도된 가치관 : 자기파괴적인 과도한 욕심

2011년 9월 17일 수백 명의 젊은이들이 뉴욕 맨해튼에 있는 한 공원에 모여 들었습니다. 그리고 그들은 이날을 '미국 분노의 날'로 정하고 "월가를 정복하라Occupy Wall Street,"라는 구호를 외치며 데모를 시작했습니다. 그러나 이런 소규모의 데모가 한 달이 못 되어 소셜네트워크서비스(SNS)를 통해 세계 도처에서 수만 명의 성난 군중들이 동시에 모여 한 목소리를 내게 했습니다. 그들의 목소리는 오늘날 모순된 자본주의와 이를 악용하고 있는 탐욕스러운 금융인들과 기업을 향해 창끝을 겨누고 있습니다.

이들의 분노의 원인은 2008년 뉴욕 월가에서 발생한 금융위기로 거슬러 올라갑니다. 미국이나 유럽뿐만 아니라 세계 경제를 이렇게 힘들게 한 월가의 금융위기는 왜 일어난 것일까요? 원인은 '서브프라임 모기지론' 때문입니다. 미국 국민들이 당시 수년 동안 구입한 주택들의 가격이 폭락하여 집값이 반 토막 나버린 것입니다. 그야말로 깡통 주택이 되어버렸습니다. 그래서 은행은 은행대로, 대출받은 소비자는 소비자대로 파산 상태에 이르고 만 것입니다.

그러나 이러한 결과를 야기한 보이지 않는 원인이 있습니다. 그것은 당시 파산한 '리먼브러더스'나 '메릴린치'와 같은 투자은행을 움직이는 검은 손들과 이들의 손에 놀아난 수많은 사람들의 탐욕이라고 보아야 합니다.

이들은 땀 흘려 일하고 일한만큼의 대가를 기대하며 자신의 업무에 충실한 건강한 시민들이 아니라 무언가 단번에 일확천금을 노리는 탐욕에 눈이 어두운 자들이었습니다. 특히 투자은행의 CEO들은 회사가 거덜 나 파산에 직면했는데도 수천만 달러에 이르는 연봉과 이에 버금가는 스톡옵션까지 손에 쥐었습니다. 스탠리 오닐 메릴린치 회장 같은 사람은 금융위기의 책임을 지고 물러나면서도 1억 6천만 달러의 퇴직금을 챙겼습니다. 그래서 우리는 과연 이들이 벌어들이는 수입이 정당한가를 묻게 됩니다.

막스 베버는 『프로테스탄티즘의 윤리와 자본주의정신』에서 서구 자본주의의 핵심개념 중의 하나를 합리성에 두고 있습니다. 베버에 의하면 합리성이란 서구사회의 가장 보편적인 문화적 특성을 말해주는 것으로 오직 서양에서만 합리적인 사고방식과 합리적인 과학, 합리적인 자본주의가 발달했다고 말합니다. 따라서 베버의 말대로라면 오늘날의 자본주의를 평가할 때도 이러한 합리성이 하나의 기준이 되어야 합니다. 그러나 월가의 탐욕에 찬 금융인들에게서 이와 같은 합리성이나 정당성을 찾을 수 없습니다.

도대체 자본주의라는 이름하에 표출되는 한계를 모르는 인간의 탐욕의 끝은 어디인가요? 과연 미국을 비롯한 오늘날의 자본주의 시장의 메커니즘 속에서는 막스 베버가 말했던 합리성은 작동할 수 없는 것일까요? "상위 1% 부유층의 탐욕 때문에 99%의 사람들이 정당한 몫을 받지 못하고 있다."는 성난 군중들의 외침에 대해 시장경제의 효율성을 내세우는 신자유주의자들의 대답이 얼마나 설득력이 있을지 궁금합니다.

인간은 원래가 자신의 욕구를 무한대로 키우고 이를 수단과 방법을 가리지 않고 채우려고 하는 이기적인 존재입니다. 홉스가 말한 '만인 대 만인의 투쟁'이 그때나 지금이나 똑같이 우리 마음 한 가운데 자리 잡고 있습니다. 그러나 우리는 알아야 합니다. 인간의 행복이란 반드시 자신의 욕구충족을 통해 얻어지는 것이 아니라는 것을 말입니다. 탐욕과 투쟁과 쟁취의 결과는 파국이라는 것을 말입니다.

야스퍼스는 인간이 피할 수 없는 한계상황 가운데 하나로 '투쟁 Kampf'을 들었습니다. 마치 인간이 죽음을 피할 수 없듯이 태어나서 죽을 때까지 인간은 서로 경쟁하고 투쟁하며 살아가야만 하는 존재라는 것입니다.

그렇습니다. 어차피 자본주의 사회는 경쟁사회입니다. 그러나 경쟁을 하더라도 승자독식만의 경쟁제일주의나 무한경쟁이라는 경쟁만능주의가 아닌 선의의 경쟁, 공생의 경쟁도 있지 않습니까? 있는 자와 없는 자, 강자와 약자, 배운 자와 못 배운 자가 함께 더불어 살아갈 수 있는 장場을 아예 차단해 버린 듯한 오늘날의 후기자본주의사회가 현대인들의 심성을 이렇게 메말라 버리게 하고 정신건강을 황폐하게 만들고 있습니다.

지금까지 우리는 포스트모더니즘이 추구하는 현대사회가 왜 '텅 빈 우주'이며 그 속에서 살아가는 현대인이 왜 '고갈된 자아'로 살아가는지를 살펴보았습니다. 포스트모던 시대에 나타나는 가치관의 혼동, 외모지상주의와 내면의 진정성 상실, 급변하는 사회에 대처하는 불안감, 자본주의사회에서 피할 수 없는 무한경쟁, 끊임없이 분출하는 인간의 욕망 등이 주범입니다.

오늘날 우리에게 필요한 지혜는 포스트모더니즘이 지향하는 가치와 목표가 무엇이며 현대인들이 불안 속에서 불행하게 살아가는 이유가 무엇인지를 올바로 아는 것입니다.

소크라테스는 세상에 죄악이 있는 이유는 인간이 무지無知하기 때문이라고 했습니다. 인간의 무지 가운데서도 가장 치명적인 무지는 자신에 대한 무지입니다. 인간이 자기 자신에 대해 너무 모르기 때문에 인간 사회 속에서 갖가지 문제들이 일어나고 죄악들이 난무한다고 보았습니다.

포스트모더니즘 시대에도 소크라테스는 우리에게 "네 자신을 알라."라고 가르칩니다. 이 시대가 추구하는 전도된 가치관 속에 담긴 문제점이 무엇인가를 알라는 것입니다.

과학이 인간의 모든 문제를 해결해 줄 수 있다는 과학만능주의가, 경제적 부의 축적이 곧 인간의 행복을 보장해 준다는 물신주의가, 변화의 방향도 목적도 없이 무조건 변해야 산다는 변화제일주의가 잘못되었다는 것을 알라는 것입니다. 특히 현대인의 과도한 욕심이 어떻게 자신을 파괴하고 이 사회를 병들게 하고 있는지, 지금도 소크라테스는 우리에게 올바른 자기성찰의 필요성을 일깨워주고 있습니다.

아리스토텔레스는 행복을 어떻게 보았는가?

01 니코마코스 윤리학에 나오는 행복론

고전 중에 고전이라 부르는 아리스토텔레스의 대표적인 저서 『니코마코스 윤리학』에 나오는 행복에 대해 살펴보기로 하겠습니다.

아리스토텔레스가 말하는 행복은 우리가 흔히 상식적으로 생각하는 행복과는 많은 차이가 있습니다. 그는 행복을 어떤 단계에 도달하거나 무엇을 획득한 것이 아니라 하나의 활동으로 보았습니다. 즉 행복이란 무엇을 성취한 상태, 예컨대 내가 원하는 대학에 합격하고, 좋은 직장에 들어가고, 사업에 성공하고, 정원이 있는 넓은 주택을 구입하고, 그렇게 무엇을 성취해서 얻어지는 것이 아니라는 말입니다.

행복이란 그런 것이 아니라 활동하는 인간의 삶 자체에 있다고 봅니다. 아리스토텔레스는 행복이란 일상적인 삶 속에서 인간이 자신의 '본성대로' 살아가는데 있다고 말합니다.

그렇다면 인간이 자신의 본성대로 살아간다는 것이 무엇을 말하는 것일까요? 그것은 바로 인간이 자신의 본성을 만족시키며 살아가는 것을 말합니다. 그렇겠지요. 예를 들어 새가 하늘을 날아가고, 물고기가 물살을 가르고 헤엄치며, 사자가 먹이를 포식하는 것이 바로 자기 본성을 만족시키는 것이며 그것이 바로 그들의 행복이라고 말할 수 있겠지요.

그렇다면 인간이 자신의 본성을 만족시키는 것은 무엇을 말하는 것일까요? 아리스토텔레스에 의하면 인간의 본성에는 다음과 같은 세 가지 기능이 있습니다.

첫째는 생식기능인데 이것은 무의식적인 신체기능으로서 영양을 취하고 종족을 번식시키는 일종의 식물적 기능을 말합니다. 둘째는 지각知覺기능인데 감각하고 욕구하며 쾌락과 고통을 느끼는 일종의 동물적 기능을 말합니다. 셋째는 이성적 기능으로서 사유하고 반성하는 정신적 기능을 말하는데 이것이야말로 인간을 인간답게 하는 인간의 본래적이고 고유한 기능입니다.

따라서 인간의 본성을 만족시키는 활동이란 곧 이성적 기능을 잘 발휘하는 활동을 의미합니다. 즉 이성에 합치되는 활동이야말로 인성人性에 맞는 활동이며 이것이 곧 행복입니다. 다시 말하면 인간이 자신의 본질적인 기능인 이성을 좇아 이성이 명하는 대로 이성적인 삶을 살아가는 것이 곧 행복입니다.

아리스토텔레스가 말한 이성적인 삶이란 곧 중용中庸을 좇는 삶을 말합니다. 왜냐하면 이성의 기능은 양극단으로 빠지기 쉬운 감정이나 욕망이나 충동을 통제해서 중용을 취하도록 하기 때문입니다. 인간은 누구나 격하기 쉬운 감정과 끊임없는 욕망과 충동을 가지고 있는데 이것들은 흔히 지나침과 모자람의 어느 한 쪽으로 치우치는 경향이 있습니다. 이와 같이 어느 한 쪽으로 치우치는 감정이나 욕망을 제어하여 조화를 찾아 중용을 얻게 하는 힘이 곧 이성입니다.

예를 들어 우리의 감정이 비겁과 만용이라는 양극단으로 치우칠 때 이성은 이를 통제하여 용기라는 중용을 취하게 하고, 인색과 낭비의 중용으로는 절제를, 무례함과 아첨의 경우는 친절을, 비굴함과 교만의 경우는 겸손이라는 중용을 취하게 합니다.

물론 중용을 취한다는 것은 아리스토텔레스의 말과도 같이 원의 중심을 찾는 것처럼 어려운 일입니다. 그러나 우리의 이성이 일상생활 속에서 감정과 욕망을 적절하게 통제하고 조정하여 과욕을 버리고 정도正道를 걸을 때, 그러한 절제 있는 삶을 통해 우리는 중용의 덕을 취할 수 있게 되는 것입니다.

아리스토텔레스가 중용의 덕을 이렇게 강조한 것은 인간이 도덕적인 삶에 이르지 못하게 하는 것도, 행복한 삶을 살아가지 못하게 하는 것도 모두 그 주범이 욕망과 충동이라고 생각했기 때문입니다. 욕망과 충동은 항상 지나침과 모자람의 양극단으로 치우쳐 인간이 정도를 걸어가는 것을 방해하기 때문입니다. 그럼에도 인간이 자신의 욕망과 충동을 잘 제어하지 못하는 이유는 그것이 마치 본능과 같아서 잘 통제가 되지 않기 때문입니다.

덴마크의 실존주의 철학자 키에르케고르가 들려준 욕심 많은 한 야생오리에 관한 이야기입니다.

어느 늦가을, 야생오리들이 한 농장에서 큰 잔치를 벌였습니다. 혹한을 피해 멀리 남쪽으로 날아가기 전에 마음껏 곡식을 먹고 힘을 축적하려는 것이었습니다.

이튿날, 출발할 시간이 되었습니다. 그런데 다른 오리들은 다 출발하는데 한 오리가 그대로 농장에 남아 있었습니다.

'곡식들이 너무 맛있군. 나는 조금 더 먹고 떠날 거야.'

오리는 이런 생각을 하며 홀로 남았습니다. 처음에는 딱 하루만 더 있으려고 했으나 곡식이 너무 맛있어 그만 시간 가는 줄을 몰랐습니다. '조금만 더 있다가 따뜻한 남쪽으로 떠나야지. 조금만 더. 조금만 더…'

오리는 그런 생각을 하며 곡식 먹기에 정신이 없었습니다. 곧 차가운 겨울바람이 불어왔습니다. '이제 떠날 때가 되었군. 추위를 견딜 수 없어.'

오리는 그제야 날개를 펼치고 힘껏 날아올랐습니다. 그러나 살이 너무 쪄서 날아오를 수가 없었습니다. 야생오리는 하는 수 없이 평생 집오리로 살아갈 수밖에 없었습니다.

인간의 욕심도 바로 이와 같은 것이 아닐까요? 조금만 더, 조금만 더, 하다가 결국 문제가 일어나고 탈이 생기는 것입니다. 그래서 장자 莊子도 "바르게 살아가려면 한 발자국 앞에서 멎는 게 옳다."라고 했습니다. 욕심을 다 채우려 하지 말고 약간 모자라고 아쉬운 듯한 상태에서 멈추는 마음으로 살아가라는 말입니다. 그러나 한 발자국 앞에서 멈추는 것이 쉽지가 않습니다. 우리의 욕망과 충동이 이를 허락하지 않기 때문입니다. 결국 한 발자국을 더 내디딤으로써 그만 벼랑 아래로 떨어져 추락하고 마는 것이 우리의 현실입니다. 어느 시인도 이렇게 말했습니다.

> 비워라. 비움이 곧 채움이다. 버림의 지혜를 익혀라. 새는 둥지를 버려야 하늘로 날아오를 수 있다. 꽃은 스스로를 버려야 열매를 얻을 수 있다. 강물은 스스로를 버려야 바다에 닿을 수 있다. 나를 버리면 세상은 전부 내 것이 된다. 구름이 무한히 자유로운 것은 자신을 무한한 허공에 다 내버렸기 때문이다. 오직 버릴 줄 아는 자만이 진정한 자유를 누릴 수 있다.

　이와 같이 많은 사람들이 자신을 비우고, 욕망을 버리고, 분수에 맞게, 절제하며 살라고 말합니다. 그것이 곧 자유요 행복이라고 말합니다. 그러나 문제는 그게 말같이 쉽지 않다는 데 있습니다. 마음은 그렇게 해야 되겠다고 생각하지만 몸이 생각대로 움직여주지 않고 삶이 뜻대로 따라주지 않기 때문입니다.

　아리스토텔레스의 위대함이 바로 여기에 있습니다. 그는 인간의 욕심과 욕망을 어떻게 다스리고 통제할 수 있는가에 대한 훌륭한 대답을 주고 있습니다. 그의 대답은 인간의 본성에 대한 정확한 이해에 근거하고 있습니다.

　아리스토텔레스는 인간이 행복을 추구하는데 있어서 이성의 역할을 특히 강조하고 있습니다. 그것은 행복은 이성의 기능을 잘 수행함으로써만이 얻을 수 있다고 생각했기 때문입니다. 즉 인간의 본질적인 기능인 이성을 통해 중용의 길을 찾고 그 길을 따르는 것이 곧 행복에 이르는 길이라고 본 것입니다.

그래서 우리는 모든 일에 이성의 힘을 통해 감정과 욕망을 잘 조정하여 중용을 취해야 합니다. 중용의 길을 걸어야 하고 중용의 삶을 살아야 합니다. 행복은 그러한 삶의 결과 자연스럽게 주어진다는 것이 아리스토텔레스의 행복론의 요지입니다.

물론 아리스토텔레스도 중용의 덕이 이성의 기능에 의해 단숨에 얻어지는 것은 아니라는 것을 잘 알고 있습니다. 그것은 오랜 기간 동안의 도덕적 훈련을 통해 비로소 얻어지는 것입니다. 아리스토텔레스에 의하면 도덕적 덕은 본성적으로 주어지는 것이 아니며 그렇다고 교육에 의해 형성되는 것도 아닙니다.

우리는 흔히 덕스러운 사람을 가리켜 그는 태어날 때부터 유덕有德한 성품을 가진 자라고 생각하기도 하지만 반드시 그런 것은 아닙니다. 인간은 본성적으로는 선하지도 악하지도 않습니다. 인간이 선하고 악한 것은, 그리고 덕이 있고 없는 것은 태어난 이후의 일입니다. 뿐만 아니라 덕이란 덕이 무엇인가에 대한 교육에 의해 형성되는 것도 아닙니다. '비겁과 만용의 중용은 용기'라는 것에 대한 교육이 곧 중용의 덕으로 이어지는 것은 아닙니다.

덕이란 인간의 행위와 실천을 통한 올바른 습관에 의해 얻어지는 것입니다. 만일 우리가 겸손의 덕을 갖기를 원한다면 겸손한 행위를 하나하나 반복해서 실천에 옮겨야 합니다. 그러한 겸손의 행위가 습관이 될 때까지 지속된다면 자연히 우리는 겸손의 덕을 소유하는 자가 될 수 있습니다. 즉 태어날 때부터 겸손의 덕을 갖춘 사람이 따로 있는 것도 아니며 교육을 통해 겸손한 자가 되는 것도 아닙니다. 겸손한 행위가 몸에 스며들 때까지 반복해 나갈 때, 비로소 우리는 겸손한 사람이 될 수 있는 것입니다.

그래서 아리스토텔레스는 "한 마리의 제비가 왔다고 봄이 되는 것은 아니며 하루의 실천으로서 유덕한 사람이 되는 것은 아니다."라고 말하고 있습니다. 도덕적 덕이란 오랜 시간에 걸친 도덕적 훈련의 소산입니다. 인간은 단시일 내에 덕스러운 자가 될 수 있는 것도 아니며 한 순간에 행복해 질 수 있는 것도 아닙니다. 덕스러운 인격을 소유하며 중용의 덕을 통해 행복을 누리기 위해서는 어쩌면 일생이라는 긴 시간이 요구된다고 할 수도 있을 것입니다.

02 일상성 속에서 행복을 찾으라

아리스토텔레스의 이러한 입장은 덴마크의 실존주의 철학자 키에르케고르가 말한 행복과 그 의미가 매우 비슷합니다.

키에르케고르가 그의 실존철학에서 강조한 것은 어떤 이론이나 사상이 아닌 구체적인 행위나 실존적인 삶입니다. 그는 머리로 사고하는 것이 아니라 행동으로 실천하는 것을 강조하였는데 이때 중요한 것이 하루하루의 삶, 즉 일상성입니다. 그는 마치 아리스토텔레스가 행복을 오랜 시간에 걸친 도덕적 훈련의 소산이라고 본 것과 같이 일상적인 삶 속에서의 '반복적인' 실천의 중요성을 강조합니다.

키에르케고르는 실존을 세 단계로 나누어 미적실존, 윤리적실존, 종교적실존으로 구분하였습니다. 미적실존이란 육체적 쾌락을 좇아 자신의 욕망대로 방탕한 삶을 살아가는 인간의 모습을 말합니다. 반면 윤리적실존은 진지하고도 성실한 삶을 추구하며 도덕적인 삶을 살고자 하는 실존의 모습을 말합니다. 종교적실존이란 신 앞에 단독자로 홀로 서서 영원한 진리를 대면하고 영원한 생명을 추구하는 실존의 참된 모습을 말합니다.

이 가운데 키에르케고르는 윤리적실존을 통해 일상성과 반복적 실천이 어떤 가치와 의미를 가지며 우리를 어떻게 행복의 길로 인도하는지를 밝히고 있습니다. 그는 윤리적실존이 갖는 여러 가지 특성들을 성실, 겸손, 진지함, 양심, 의무, 반복 등으로 표현합니다. 그리고 이런 특성들 가운데 특별히 '반복'에 주목합니다. 그는 반복이 갖는 의미를 이렇게 말합니다.

> 반복되는 일상 속에는 과거에 대한 후회도 미래에 대한 불안도 없다. 거기에는 순간의 복된 확실성이 있다. 미래에 대한 희망은 풀을 먹인 번득거리는 새 의복이다. 그러나 그것은 아직 입어보지 않았기에 몸에 잘 맞을는지 아무도 모른다. 과거에 대한 회상은 벗어 내어던진 의복이다. 그것은 아무리 아름다워도 이제는 작아져서 아무래도 몸에 어울리지 않는다.
>
> 그러나 반복은 몸에 딱 맞는 의복이다. 희망은 두 손 사이로 새어나간 귀여운 아가씨다. 회상은 아무래도 어울리지 않는 노부인이다. 반복은 언제까지나 싫증나지 않는 애처이다.

우리는 키에르케고르가 반복에 대해 왜 이러한 가치를 부여했는지를 깊이 음미해 볼 필요가 있습니다. 우리의 삶은 무엇인가 새로운 것을 찾기 위해 애쓰고 노력합니다. 그러나 인생은 새로운 것만의 연속이 아닙니다. 새로움이란 매일 반복되는 일상성이 전제될 때에만 나타날 수 있는 것입니다.

일상적인 우리의 삶이 때로는 단조롭고 무의미한 것 같지만 일상적인 삶이야말로 새로운 것, 가치 있는 것이 나타나는 토대와 근원이 되는 것입니다. 그러므로 반복되는 일상성에 대한 성실한 태도는 윤리적 실존을 살아가는 자에게는 매우 소중한 가치가 됩니다.

희망은 우리를 유혹하는 과일이나 우리를 배부르게 하지는 않는다. 그러나 반복은 축복으로서 배를 채워주는 그날그날의 빵이다.

하루하루의 일상생활이 특별한 일들의 연속이기를 바라는 사람은 마치 과일로 그날의 배를 채우려는 사람과 같습니다. 과일이란 배가 부르고 난 다음에 필요한 눈요기에 지나지 않습니다. 그러니 그것으로 배를 채울 수는 없는 것이지요.

반복되는 일상성의 가치를 인정하지 않는 사람은 언제나 허기진 배를 움켜잡고 별난 음식만을 찾아 나서는 사람과 다를 것이 없습니다. 반복을 승인하는 자, 반복 속에 참된 가치를 발견하는 자, 반복을 즐길 수 있는 자야말로 용기있는 자요 행복한 자입니다.

성경은 우리에게 "해 아래 새로운 것이란 없다."라고 가르칩니다. 우리는 자신도 모르게 무엇인가 새로운 것을 바라고 찾지만 사실 해아래 새로운 것이란 없습니다. 만일 우리가 매일 반복되는 일상성에 가치를 부여하고 일상성을 소중하게 생각한다면 굳이 새로운 것을 찾기 위해 주위를 기웃거릴 필요가 없을 것입니다.

그렇습니다. 우리에게 오늘 하루도 어제와 같은 평범한 하루가 될지 모릅니다. 이번 한 주간이 지난주와 같은 평범한 한 주간이 될지도 모릅니다. 그러나 우리는 매일같이 반복되는 일상성을 가치 있고 소중하게 생각해야 합니다. 왜냐하면 새로운 것이란 바로 충실한 일상 속에서 태동되기 때문입니다.

현대인들에는 행복에 대한 잘못된 공식이 입력되어 있어 행복이 아닌 것을 행복이라고 생각합니다. 그래서 생각지도 않은 행운이 주어지면 그것이 곧 행복이라고 생각합니다. 뿐만 아니라 패스트푸드와 자동판매기에 길들여져 있는 현대인들은 행복도 버튼만 누르면 튀어나오는 캔커피와 같이 원하기만 하면 손쉽게 얻을 수 있는 것으로 생각합니다.

그래서 우선 당장 자신의 욕망이 충족되지 않으면 그것이 곧 불행이라고 생각하고 실망하고 좌절합니다. 현대인들이 행복하지 못한 것은 행복을 일상을 벗어나 무슨 유별난 데서 찾으려는 허황된 마음 때문인지 모르겠습니다. 동시에 행복을 너무 성급하고 쉽게 얻으려는 조급한 마음 때문인지도 모르겠습니다.

행복이란 일생동안 성실하게 일하며 땀 흘린 대가로 얻게 되는 재물처럼 일생동안 중용의 덕을 쌓아가는 가운데 얻게 되는 소중한 삶의 자산과 같은 것이라 할 수 있습니다.

Chapter 04

철학적 관점으로 역사 바라보기

Philosophy

역사의 주인은 누구인가?

01 헤겔·니체·토인비 역사관 비교

역사의 주인은 누구인가요? 역사는 대중에 의해서 움직이는가요 아니면 어떤 세계사적인 인물, 예컨대 카이사르나 알렉산더나 나폴레옹과 같은 영웅들에 의해 움직이는가요? 아니면 마르크스나 엥겔스가 말한 대로 생산력과 생산관계의 변화라고 하는 경제적·물질적 조건에 의해 움직이는건가요?

신의 죽음을 외치고 초인사상을 주창한 니체는 그의 군주도덕론에서 새로운 역사는 초인에 의해 창출된다고 보았습니다. 초인은 기존의 인습적인 모든 것을 무너뜨리고 그 자리에 새로운 질서, 새로운 가치, 새로운 전통을 세우려고 하는 창조적 인간을 말합니다.

니체는 초인과 대중 사이에는 결코 공통선共通善이 존재할 수 없다고 합니다. 인류의 평등 개념을 부인한 것이지요. 니체는 모든 인간은 결코 평등하지 않으며 따라서 모든 인간에게 보편적으로 적용될 수 있는 도덕이나 규범은 있을 수 없다고 봅니다. 니체에 있어서 평등화는 곧 세속화를 의미하며 그것은 곧 퇴폐와 타락을 의미합니다.

> 인류 역사는 결코 평범한 인간, 즉 대중을 탄생시키는 것이 목적이 아니요 위대한 인간, 즉 초인을 출현시킴을 목적으로 한다.
> 지금까지의 인류 역사와 문화는 다수의 비슷한 사람에 의해서가 아니라 소수의 뛰어난 사람에 의해서 창조되고 발전되어 왔다. 평등이라는 개념은 모든 위대한 인간을 범속한 인간으로 끌어내리는 악의 요소가 된다.

이와 같이 니체는 대중과 초인 사이에 분명한 선을 긋고 이 양자 사이의 질적 구별을 통해 초인의 역사적 가치를 부각시키고 있습니다. 역사는 평범한 다수의 인간에 의해서가 아니라 초인에 의해 창출되고 초인에 의해 만들어져 간다는 것이 니체의 역사인식입니다.

20세기 영국의 위대한 역사가 토인비도 역사와 문명의 성장과 발전에 창조적 소수자creative minority가 주도적인 역할을 한다고 확신합니다. 토인비에 의하면 역사와 문명이 성장하고 발전해나가는 키 포인트는 끊임 없이 제기되는 사회적 문제들을 어떻게 대처하고 해결해 나가는가에 있습니다. 토인비는 한 사회가 지니는 다양한 문제들을 해결하기 위해서는 창조성이 요구되는데 이러한 창조성의 견인역할을 하는 원천을 그 사회의 창조적 소수자에 두고 있습니다.

역사상 창조적인 공적을 올린 사람은 대체로 그 사회의 구성원 전체라기보다는 오히려 일부의 소수자였으리라고 생각된다. 이것은 정치에 있어서 뿐만 아니라 예술이나 종교 등 모든 분야에서도 마찬가지이다.

토인비에 의하면 창조적 소수자가 뛰어난 영감inspiration을 통해 창조성을 발휘하여 주도적으로 역사적 도전에 응전합니다. 그러면 대중은 지도자인 창조적 소수자를 '미메시스mimesis' 곧 모방합니다. 다시 말하면 창조적 소수자가 통찰력을 통하여 사회적 문제를 풀어나가면 대중은 그를 추종하는 것입니다.

인류의 대부분은 위대한 지도자의 사상이나 통찰력을 이해할 수 없으며 오직 기계적이고 피상적으로 그것을 모방할 뿐입니다. 창조적 소수자와 비창조적 대중과의 관계는 독창적인 창조성과 자발적인 추종의 관계입니다. 역사는 이러한 창조와 모방이 계속되는 가운데 성장을 지속해 나가는 것입니다.

그러나 역사를 이와는 전혀 다른 시각에서 파악한 철학자가 있는데 그가 곧 독일의 철학자 헤겔입니다.

헤겔은 그의 역사철학 속에서 이 세계를 이념理念의 자기표출自己表出이라고 설명합니다. 이 세계는 이념이 자기를 드러낸 것이요 이념이 자기를 실현시킨 것입니다. 이 세계는 이념의 산물産物입니다.

이념이란 말은 헤겔 철학에 있어서 핵심개념입니다. 헤겔은 이념이란 말 대신에 절대자나 세계정신 또는 신이라는 용어를 쓰기도 합니다.

이 세계가 이념의 자기표출이라는 것은 마치도 로뎅의 작품이 로뎅의 자기표출 또는 로뎅의 예술정신의 자기표출이라는 것과 같은 의미로 이해될 수 있습니다. 괴테의 『파우스트』가 괴테의 자기표출 또는 괴테의 문학정신의 자기표출이라는 것도 같은 의미로 이해될 수 있겠지요.

이를 좀 더 확대 해석하면 우리가 주위에서 볼 수 있는 모든 한국적인 것, 즉 한복, 초가집, 아리랑, 봉산탈춤 등은 한민족 배달정신의 드러남이요 자기표출이라고 볼 수 있는 것과도 같습니다.

이 경우 로댕의 '생각하는 사람', 괴테의『파우스트』, 한복, 초가집, 아리랑, 봉산탈춤 등과 같은 것을 외형적·물질적·가시적可視的인 것이라고 한다면 로댕의 예술정신, 괴테의 문학정신, 한민족의 배달정신과 같은 것은 정신적·본질적·비가시적非可視的인 것이라 할 수 있습니다. 이와 마찬가지로 헤겔이 말한 이 세계와 세계 내의 모든 존재가 전자에 속한 것이라고 한다면 이념은 후자에 속한 것이라고 볼 수 있습니다.

헤겔의 관념론이란 이 세계의 궁극적인 존재는 정신이요, 물질은 정신으로부터 파생된 2차적이요 부차적인 것이라고 보는 입장을 말합니다. 따라서 우리가 물질로서의 세계를 이해하기 위해서는 그 존재근거가 되는 정신에 대한 이해가 선행되어야 하며 또한 정신에 대한 올바른 이해를 통해서 비로소 물질의 세계를 올바로 이해할 수 있는 것입니다.

헤겔은 이 세계를 마치 심오한 사상이 담긴 서적과 같은 것이라고 봅니다. 서적 속에는 수많은 단어와 문장들이 있지만 그 속에는 책을 펴낸 저자의 근본적인 숨은 의도와 목적이 있습니다. 이와 마찬가지로 이 세계도 수많은 존재들로 구성되어 있지만 그 속에는 보이지 않는 이념의 의도와 목적이 숨어 있는 것입니다.

그러므로 우리는 눈에 보이는 단어와 문장들을 읽어 내려가며 저자의 의도와 목적을 찾아내듯 눈에 보이는 수많은 존재들을 통해 이념의 의도와 목적을 찾아내어야만 합니다. 철학의 목적은 세계에 내재內在

하는 숨은 이념을 파악하고, 세계 전체를 지배하는 이념이 무엇인가를 탐구하며, 이념이 어떻게 그 목적을 실현해 나가는가를 추적하는 데 있습니다.

세계를 바라보는 이와 같은 헤겔의 근본입장은 역사를 이해하는 데도 그대로 적용됩니다. 헤겔은 이 세계의 역사를 '이념의 자기실현과정'으로 파악했습니다. 역사의 발전과정은 이념 곧 세계정신이 자기를 실현해나가는 과정입니다. 세계정신은 역사의 전 과정을 통해서 자기를 들어내고 자기목적을 성취시켜 나갑니다.

헤겔에 있어서 역사의 주인은 어떤 뛰어난 영웅도 대중도 아닌 세계정신입니다. 헤겔은 세계정신을 이성 또는 절대이념으로 파악하고 그 본질을 자유라고 하였습니다.

> 정신의 본성은 자유에 있다. 마치 물체의 본성이 무게에 있으며 무게 없는 물체는 있을 수 없는 것처럼 정신의 본질은 자유이며 자유 없는 정신은 정신이라 할 수 없다.

이와 같이 세계정신의 본질을 자유로 파악한 헤겔은 세계사란 곧 '자유의식의 발전과정' 즉 자유의식이 진보해나가는 과정이라 했습니다. 헤겔에 의하면 인류의 역사는 보다 많은 자유를 확보하기 위해 변증법적으로 진보해 나가는 것입니다. 즉 얼마나 많은 사람이 얼마나 많은 자유를 누리는가 하는 것이 역사의 궁극목적이 됩니다.

이와 같은 역사관에 근거하여 헤겔은 세계사의 발전과정을 다음과 같이 세단계로 구분합니다.

첫째 단계는 역사의 유아기로서 고대 중국사회가 여기에 속합니다. 이때는 오직 황제 한 사람만이 자유의식을 소유했습니다. 둘째 단계는 역사의 청년기로서 그리스·로마사회가 여기에 속합니다. 이때는 그리스의 폴리스polis 및 소수의 로마 시민만이 자유의식을 소유했습니다. 셋째 단계는 역사의 장년기로서 게르만사회가 여기에 속합니다. 이때는 만인이 자유의식을 소유했습니다.

이러한 구분은 매우 도식적이기는 하나 어쨌든 역사는 보다 많은 사람이 보다 많은 자유의식을 확보하는 방향으로 발전하고 있다는 것이 헤겔의 주장입니다.

02 역사의 주인은 세계정신이다

헤겔은 역사에서 인간의 역할은 극히 미약한 것으로 봅니다. 많은 사람들이 역사의 주인공은 인간이며 인간의 생각과 행동이 역사를 움직이는 원동력이라고 생각합니다. 그러나 헤겔에 의하면 역사란 인간의 욕망이나 야심에 의해 지배되는 것이 아닙니다. 뿐만 아니라 역사란 어떤 위대한 정치가나 영웅의 의도나 책략에 의해 지배되는 것도 아닙니다.

역사의 무대에서 인간은 저마다 자유롭게 활동한다고 믿지만, 그래서 인간은 스스로 역사를 창출하고 이끌어간다고 생각하지만 사실은 인간은 보이지 않는 세계정신의 목적을 실현하는 대행자에 불과합니다.

역사는 절대자의 섭리에 의해 지배되는 것이요 역사 속에 있는 인간의 활동은 실은 그 배후에 있는 절대자의 의도와 목적을 실현하는데 사용되는 수단적인 역할밖에 못한다.

> 역사를 움직이는 것같이 보이는 세계사적인 인물들은 결코 역사의 중심에 설 수 있는 자들이 아니며 오직 세계정신이 연출하는 드라마에서 배우의 역할을 하고 있을 뿐이다.

물론 인간은 역사의 무대에서 저마다의 의지와 정열을 가지고 자유롭게 활동하고 있는 것은 사실입니다. 알렉산더가 영토를 확장했던 것도, 카이사르가 루비콘 강을 건넌 것도, 나폴레옹이 알프스를 넘어 이탈리아를 침공한 것도 모두 그들의 정치적 야심을 이루기 위해서였습니다. 그래서 이들은 모두 자신이 역사를 주도적으로 이끌어간다고 믿었습니다.

그러나 이러한 인간의 개별적인 행위 속에는 보이지 않는 세계정신의 의도와 목적이 숨어 있음을 알아야 합니다. 다만 자신이 그것을 의식하지 못했을 뿐 인간은 결과적으로 세계정신의 보편적인 목적을 수행하고 있는 것입니다. 세계정신이 역사의 지배자요 주권자이며 인간은 그 대리인에 지나지 않습니다.

역사 속에서 세계사적인 인물의 역할이란 그 시대에 드러난 세계정신, 즉 시대정신Zeitgeist의 의도를 남보다 앞서 간파하고 그 시대정신의 흐름의 물꼬를 터주는 일입니다. 그들의 역할은 마치 도도히 흘러가는 강물 속에서 뗏목을 저어가는 사공의 역할과도 같습니다. 그는 강물을 거슬러서 뗏목의 방향을 바꿀 수는 없습니다. 오직 그 뗏목이 좌초하지 않고 목적지까지 잘 도달할 수 있도록 이리 저리 조정해 나갈 수 있을 뿐입니다.

　세계사적인 인물, 즉 위대한 정치가나 영웅들의 역할도 이와 같습니다. 그들은 결코 시대정신의 흐름을 거역할 수는 없습니다. 그가 할 수 있는 일은 시대정신의 방향을 정확하게 간파하고 시대정신의 의도한 바를 성실하게 수행해 나가는 것입니다.

　헤겔은 절대자가 역사 속에서 인간을 수단으로 삼아 자신의 목적을 성취해 나가는 것을 '이성의 책략'이라는 말로 표현했습니다.

> 이성 곧 절대자는 자기목적을 실현하는 데 있어서 자기를 드러내지 않는다. 절대자 스스로는 역사의 과정 속에 들어가지 않고 배후에 숨어서 인간들의 행동을 수단으로 이용하는 것이다.
> 따라서 인간 개개인의 활동은 자기도 모르는 사이에 절대자의 뜻을 실현하는 도구가 되고 개인은 전체의 희생의 재물이 된다.

　일견一見 역사를 움직여 나가는 것같이 보이는 세계사적인 인물들도 역사의 중심에 설 수 있는 자들이 아닙니다. 그들은 역사의 배후에서 작용하는 절대자의 목적을 실현해 나가다가 끝내는 절대자의 희생의 제물이 되고 맙니다.

　세계사적인 인물들의 운명을 주목할 때 그것은 결코 행복한 것은 아니었고 그들의 전 생애는 힘겨운 수고와 노고뿐이었습니다. 그리고 그들의 목적이 이루어졌을 무렵에는 그들은 열매 없는 껍질처럼 시들어 떨어집니다. 그들은 알렉산더처럼 요절하거나 카이사르처럼 살해되거나 아니면 나폴레옹처럼 고독한 무인도에 유배됩니다.

역사 속에서 인간의 행위가 보편자로서의 이념의 도구적인 역할을 한다고 해서 헤겔이 인간 개개인의 자율성을 부인했던 것은 아닙니다. 인간 한 사람 한 사람을 놓고 볼 때 개개의 인간은 분명히 자신의 신념이나 정열, 또는 자신의 욕망이나 목적에 따라 행동합니다. 그러나 이러한 개별적인 행위 속에는 보이지 않는 세계정신의 의도가 내포되어 있는 것입니다. 단지 인간은 그것을 의식하지 못했을 뿐 결과적으로는 세계정신의 보편적인 목적을 수행하고 있는 것이 되고 맙니다.

예를 들어 나폴레옹은 자신의 정치적인 야심에 의해, 그리고 정복욕에 의해 알프스를 넘어 이탈리아를 침공하고 유럽 여러 나라들을 정복했습니다. 그러나 이와 같은 나폴레옹의 개인적인 행위 속에는 유럽의 절대왕정체제를 종식시키고 근대 시민사회를 탄생시키려는 세계정신의 숨은 의도가 내포되어 있다는 것입니다. 근대 시민사회의 탄생, 그것이 곧 당시의 시대정신이었습니다.

물론 나폴레옹 자신은 근대 시민사회를 탄생시키기 위해 이탈리아를 침공하고 유럽 여러 나라들을 정복한 것은 아니었습니다. 오히려 자신의 황제의 위치를 더욱 확고히 하기 위해 전쟁을 일으켰습니다. 그러나 결과적으로는 자기도 모르게, 그리고 자신의 의도와는 달리 유럽 근대 시민사회를 탄생시킨 하나의 수단적인 역할을 하게 된 것입니다.

그렇다면 개개인이 자신의 의도와 목적에 따라 행동하는데 그것이 어떻게 종국에 가서는 세계정신의 의도와 목적과 부합하게 되는 것일까요? 헤겔은 개인이 추구하는 의도와 목적이 세계정신의 의도와 목적과 같은 방향으로 진행된다고 보았는데 어떻게 이런 현상이 가능할 수 있을까요?

　이것은 논리적으로 설명될 수 없는 역사의 신비입니다. 종교적으로는 이를 신의 섭리攝理라고 할 수 있습니다. 우리는 이러한 역사의 신비를 다음과 같은 사실들을 통해 이해해 볼 수 있습니다.

　꿀을 찾아 이 꽃 저 꽃으로 날아다니는 벌과 나비들의 행태는 분명히 자의적이고 개별적인 것이라 할 수 있습니다. 그러나 벌과 나비들의 이러한 활동은 꽃 수술을 이리 저리 옮기어 결국은 꽃들이 수정되어 열매를 맺게 합니다. 꿀을 따 모으려는 벌과 나비들의 개별적인 활동이 자연의 보다 큰 목적과 일치하게 되는 것입니다.

　또한 어린아이가 배가 고파 젖을 달라고 우는 것은 분명히 어린아이의 개별적이고 자의적인 행동입니다. 그런데 바로 그 때가 엄마가 젖이 불어서 아기에게 젖을 물려야 할 시간과 일치하는 것입니다. 엄마의 젖이 불어 아프겠다는 생각은 아기에게는 전혀 없습니다. 다만 자기가 배가 고파 젖을 달라고 우는 것입니다. 그런데 그것이 결과적으로는 아기에게 젖을 물려야 하는 엄마의 의도와 일치하게 되는 것입니다.

　이것이 곧 자연의 신비요 자연의 섭리입니다. 역사의 신비나 역사의 섭리도 바로 이와 같은 것입니다. 분명히 개인은 개인대로 자신의 의도와 목적을 이루어 나가는데 그것이 종국에 가서는 세계정신의 의도와 목적과 부합하는 것입니다. 헤겔의 위대성은 바로 이와 같은 역사의 신비와 섭리를 통찰한 데 있다고 하겠습니다.

　헤겔은 역사철학에 있어서 중요한 것은 역사를 바라보는 역사가의 철학적 사유이며, 이를 통해 현상적 시야를 넘어 역사의 배후에 숨어 있는 내재적 진실을 찾아내고 형이상학적 실재를 발견하는 것이라고 보았습니다.

　마지막으로 헤겔의 역사철학의 핵심 내용을 다음과 같이 세 가지로 요약해 보겠습니다.

　첫째, 헤겔에 의하면 역사는 비극적이지만 불합리한 것은 아닙니다. 역사는 자유의식의 진보를 향해 변증법적으로 발전해 나갑니다. 그런데 역사의 이러한 변증법적 발전과정 속에는 부정의 단계 즉 모순의 단계가 나타나게 마련입니다. 이러한 단계나 과정을 부분적으로 볼 때는 분명히 모순이요 갈등이요 비극입니다. 그것은 역사의 침체요 퇴보입니다.

　그러나 이러한 부분적인 갈등과 모순이 역사의 전체적인 과정 속에 들어왔을 때는 용해되고 화해됩니다. 왜냐하면 이러한 갈등과 모순을 통해 역사는 보다 높은 단계로 비약하고 발전하기 때문입니다. 이것이 바로 헤겔이 말한 변증법의 요체要諦입니다.

　예를 들어 십자군원정, 프랑스대혁명, 남북전쟁 등과 같은 역사적 사건들을 그 자체적으로 볼 때는 역사의 침체요 퇴보입니다. 그러나 역사의 전 과정을 통해 볼 때 십자군전쟁 없이 천 년 간의 중세 암흑기가 종지부를 찍을 수 있었겠습니까? 프랑스대혁명을 거치지 않고 과연 근대인들이 그들의 자유와 권리를 확보할 수 있었겠습니까? 남북전쟁이라는 피 흘림이 없이 노예해방이 이루어졌겠습니까? 우리가 이렇게 반문해 볼 때 이와 같은 비극적인 역사적 사건들은 모두 역사의 변증법적인 발전과정 속에서 종합綜合에 이르고자 하는 반정립反定立의 단계로 이해될 수 있는 것입니다.

　'진리는 전체다.'라는 헤겔 철학의 기본적인 원리가 역사적 진리에도 그대로 적용된다고 하겠습니다. 역사는 항상 정·반·합이라는 전체적인 틀 속에서 보아야 합니다. 왜냐하면 역사이해의 목적은 나무를 보는 데 있는 것이 아니라 숲을 보는 데 있기 때문입니다.

단편적인 역사지식은 때로는 역사이해의 걸림돌이 됩니다. 역사인식의 초점을 개별적인 사건에만 둘 때 역사의 큰 흐름을 파악할 수 없게 됩니다. 역사는 미시적인 안목으로 보아서는 안 됩니다. 긴 안목을 가지고 거시적으로 역사의 흐름 전체를 통찰할 때 비로소 역사의 참모습을 볼 수 있는 것입니다.

헤겔은 언제나 역사를 거시적으로, 전체적으로 파악하고자 했습니다. 그리고 이런 시각으로 역사를 바라볼 때 역사는 부분적으로는 비극적이지만 전체적으로 볼 때는 불합리한 것은 아니라고 본 것입니다.

둘째, 헤겔은 역사는 주관적으로는 자유이지만 객관적으로는 필연적인 과정을 밟고 있다고 보았습니다.

헤겔은 역사철학의 과제는 현상적으로 나타난 역사적 사건들을 파악하는 것이 아니라 역사의 본질을 파악하는 것이라고 했습니다. 현상적으로 나타난 개별적인 역사적 사건들은 역사의 소재素材에 불과합니다. 역사철학은 이러한 역사의 소재들 가운데서 우연적인 것, 임의적인 것, 비본질적인 것을 배제하고 필연적인 것, 보편적인 것, 본질적인 것을 파악할 수 있어야 합니다.

우리가 역사를 부분적으로 또는 피상적으로 볼 때는 역사가 제멋대로 진행되어가는 것 같지만 전체적으로, 본질적으로 볼 때 역사는 필연적인 과정을 밟고 있는 것입니다.

우리는 흔히 과거의 역사적 사건에 대해 '그때 상황이 조금만 달랐더라면 그와 같은 사건은 일어나지 않았을 텐데…'라고 생각하기도 합니다. 그리고 이러한 경우 흔히 "클레오파트라의 코가 조금만 낮았더라면 역사가 바뀌었을 것이다."라는 말로 비유하기도 합니다. 그러나 역사에 있어서 '만약 ~했더라면'라고 하는 것은 아무런 의미가 없는 역사적 가정에 불과합니다.

우리가 역사를 살펴볼 때 실제로는 클레오파트라의 코가 낮지 않았고, 실제로는 안토니우스가 그녀의 미모에 빠져 그녀와 결혼을 했습니다. 그리고 그녀와의 사랑에 빠져있는 동안 옥타비아누스와의 권력 대결에서 밀려나게 되었고 결국 그도 그녀도 모두 자살하고 말았습니다. 그래서 실제로는 고대 로마의 역사는 과거에 일어났던 그대로 진행되었습니다.

프랑스대혁명도 남북전쟁도 마찬가지입니다. 반드시 일어날 사건들이 일어났을 뿐입니다. 역사가 필연적인 과정을 밟고 있다는 것은 역사를 지배하는 이념의 의도와 목적이 필연적인 것이기 때문입니다. 인간의 자의적인 행위에도 불구하고 역사는 이념이 뜻한 바대로 필연적인 길을 가고 있는 것입니다.

셋째, 헤겔은 역사는 추사고追思考에 의해 파악된다고 보고 있습니다. 이를 헤겔은 "미네르바Minerva의 올빼미는 황혼과 더불어 날개를 펴기 시작한다."라는 말로 표현합니다.

그리스신화에 나오는 지혜의 여신 미네르바가 가장 사랑하는 동물이 올빼미입니다. 올빼미는 햇빛이 찬란한 낮에는 올리브나무 아래에서 잠을 자다가 해가 지는 황혼에 비로소 먹이를 찾아 날개를 펴고 활동을 시작합니다. 역사인식도 이와 같이 역사적 소용돌이가 다 지나고 난 다음 그 사건을 뒤돌아보고 파악해야 하는 것입니다.

헤겔은 우리가 역사를 탐구할 때 너무 성급하게 역사를 속단해서는 안 된다고 봅니다. 어떠한 역사적 사건도 결코 단순한 사건이 아니며 그 속에는 복잡한 인과관계가 얽혀 있고 사건의 드러나지 않은 내막과 비밀이 담겨 있습니다. 뿐만 아니라 모든 역사적 사건 속에는 이념의 숨은 의도와 목적이 내재하고 있으므로 우리는 역사를 너무 앞질러 파악하려고 해서도 안 되며 역사의 흐름 와중에서 역사를 심판해서도 안 됩니다.

역사란 시대정신의 발로發露요 이념의 전개입니다. 인간의 제한된 경험과 지식을 통해 시대정신과 이념의 뜻을 속단해서는 안 되는 것입니다.

예를 들어 우리가 5·18 광주사태에 대한 역사적 의미 부여도 이런 맥락에서 다루어져야 합니다. 아직까지 이 사건이 항쟁인지, 혁명인지, 의거인지 의견이 분분합니다. 이 경우 우리는 너무 성급하게 광주사태의 의미를 규정하려고 해서는 안 됩니다.

언뜻 생각하면 광주사태는 그 사건의 현장에 있었던 생생한 경험자들에 의해 그 사건의 전모가 드러날 것 같지만 그들에 의해서는 하나하나의 개별적이고 현상적인 사건만이 알려질 뿐 사건 배후에 담겨 있는 역사적 의미는 그들에 의해 파악되는 것이 아닙니다.

광주사태는 더 많은 시간이 흐르고, 더 많은 자료가 주어지고, 더 많은 논의가 이루어진 후, 먼 훗날 역사가들의 추사고에 의해 그 역사적 진실이 밝혀질 것입니다.

'무슨 일이 다 끝난 뒤에 인식한다는 것' 이것은 역사인식의 기본조건입니다. 우리는 동시대의 역사적 사건들에 대해 성급하게 역사적 의미를 부여하거나 시시비비의 판단을 내려서는 안 됩니다. 역사는 시간적으로 멀리 떨어져 있을수록 더 잘 조망할 수 있습니다. '현대사는 잠자고 있는 역사다.'라고 말하는 이유도 바로 여기에 있는 것입니다.

역사의
왜곡을 막아라

01 일어난 그대로의 역사를 기록할 수 있는가?

과거에 일어난 역사를 있는 그대로 기록할 수 있을까요? 즉 역사적 사실을 사실 그대로 기록할 수 있을까요? 그래서 역사는 객관적 사실에 대한 정확한 기술記述이라고 말할 수 있을까요?

우리는 앞에서 헤겔의 역사철학을 살펴봤습니다. 헤겔은 역사를 단순히 과거에 일어났던 객관적인 사건에 대한 기술로 보지 않고 역사에 대한 역사가나 철학자의 통찰을 통해 역사의 진정한 의미를 파악하고자 했습니다.

그러나 역사의 아버지라 부르는 독일의 역사학자 랑케는 이러한 헤겔의 역사철학을 통렬히 비판하고 역사를 철학으로부터 분리·독립시키고 사실적이고 실증주의적인 입장에 서서 '본래 있었던 그대로'의 역사를 재현하는 것을 자신의 역사서술의 목적으로 삼았습니다.

랑케는 역사의 기능을 철학의 기능과는 본질적으로 다른 것으로 보고 역사를 어떤 추상적인 사유에 의해 파악하거나 개념적인 구도構圖에 의해 재구성하는 것을 반대하였습니다. 그는 역사는 어디까지나 역사이어야 하며 철학이 되어서는 안 된다고 보고 역사가는 단지 과거에 일어났던 사실에 대한 충실한 확인과 그것이 실제 있었던 그대로 보여 주는 것으로 만족해야 한다고 했습니다.

따라서 랑케가 먼저 극복해야 할 대상은 역사를 철학자의 관념적인 구도를 통하여 파악하고자 했던 칸트나 헤겔과 같은 독일의 낭만주의 역사철학자들의 역사관이었습니다. 그들은 역사란 다분히 형이상학적 사변의 문제라고 생각하고 역사적 사건 자체보다는 그 사건의 과정 속에 담겨 있는 역사의 법칙이나 원리, 또는 그 배후에 숨어있는 역사의 의미나 목적을 발견하는 데에 보다 큰 관심을 가지고 있었습니다.

만일 역사가 단순히 과거에 일어났던 단편적인 사실들의 집합이나 나열이 아니라면, 그리고 제멋대로 움직이고 임의대로 진행되는 우연적인 것이 아니라면 역사 속에는 어떤 합리적인 질서와 법칙이 있을 것이라고 보았습니다. 그리고 동시에 역사 속에는 역사 전체를 관통하는 의미와 목적이 있을 것이라고 가정하고 이런 문제에 대한 철학적인 통찰이 필요하다고 본 것입니다.

헤겔은 역사를 근원적根源的 역사, 반성적反省的 역사, 철학적哲學的 역사로 구분하였습니다. 근원적 역사란 역사가의 아무런 비판적 정신이나 철학적 반성이 가해지지 않은 자료 그대로의 역사를 말합니다. 이에 반해 비판적 역사란 역사적 자료에 대한 역사가의 비판적인 해석이나 설명이 가해진 역사를 말합니다. 그리고 철학적 역사란 역사에 대한 철학적 통찰을 통해 역사를 사상적으로 파악하려고 하는 역사를 말합니다. 이 가운데 헤겔은 철학적 역사만이 참된 역사라고 보았습니다.

헤겔에 의하면 역사를 철학적 시각으로 바라보는 자는 역사적 사건을 수동적으로 또는 연대기적으로 열거만 해서는 안 됩니다. 그는 자신의 이념적 카테고리를 설정하고 그것을 통하여 현존하는 사실들을 바라보아야 합니다. 즉 진정한 역사가는 과거에 일어났던 객관적인 사실들을 있는 그대로 서술하는 수동적인 자세가 아니라 자신의 창조적인 연구 정신에 의해 사장死藏된 과거의 사실들 속에 담겨진 가치와 의미를 찾아내고 역사를 새롭게 창조해 내어야 하는 것입니다.

헤겔이 철학적 사유를 통해 파악하고자 했던 역사의 의미나 목적 또는 역사를 움직이는 원리나 법칙 등은 일반 역사가에게 쉽게 파악되는 것은 아니며 경험적인 연구에 의해 누구에게나 인식되는 것도 아닙니다. 그것은 개별적인 사실에 대한 확인 만으로서는 알 수 없는 초월적이고 선험적先驗的인 문제들입니다.

물론 이러한 문제들에 대한 탐구도 주어진 역사적 자료에서부터 시작되어야 함은 말할 것도 없습니다. 그러나 사실에 대한 진술이나 기록에 대한 확인 작업 만으로서는 결코 이와 같은 문제에 접근할 수 없습니다. 만일 역사가가 개별적인 사건만을 뒤쫓는다면 그 속에 담긴 역사의 실상實相은 언제나 놓쳐 버리게 될 것이기 때문입니다. 그래서 요구되는 것이 곧 전문적인 역사가나 철학자의 직관적인 통찰이나 순수한 철학적 성찰입니다.

역사적 자료에 대한 단순한 확인과 기록만이 참된 역사가 아니라면 역사가는 자료를 통해서 전체로서의 역사를 창출해야만 하는 것입니다. 그것은 곧 역사가의 내면적인 경험에서 이끌어 내는 진실을 말하며 이러한 진실은 역사를 단순히 바라보는 것이 아니라 그것을 관통해 보는 역사가의 철학적 성찰에 의해서만 획득될 수 있는 것입니다.

02 역사가의 관점을 버리고 사실로 돌아가라

이와 같은 사변 일변도의 헤겔의 역사철학에 반기를 든 역사가가 랑케입니다. 랑케는 역사의 독립성과 객관성을 확보하기 위하여 역사에 가해지는 철학적 성찰을 단호히 거부하였습니다. 역사에 있어서의 진실은 사실 자체가 지니는 진실이며 역사에 있어서 의미가 있다면 사실 자체가 지니는 의미일 뿐입니다. 그것은 결코 역사가에 의해 주어지는 것이 아닙니다.

> 역사에 있어서 중요한 것은 충분하게 수집되고 잘 기록되어 있는 사실들이다. 역사는 그 사실들로부터 제 스스로 생겨난 것이기 때문에 이론적인, 특히 철학적인 성찰은 불필요하고 심지어는 해롭기조차 한 것이다. 왜냐하면 그와 같은 성찰은 실증과학에 억측이라는 요소를 개입시키기 때문이다.

랑케는 사건 자체를 역사가와는 완전히 분리된, 그래서 독자적으로 확고부동한 가치를 지니는 것으로 보았습니다. 인식대상으로서의 역사적 사실은 존재론적인 의미에서나 인식론적 의미에서 인식주체인 역사가와 상호 분리하여 독립적으로 존재하는 것입니다. 따라서 역사가는 역사가의 정신 밖에 독립하여 존재하는 역사적 사실들이 역사가의 주관에 의해 굴절됨 없이 있는 그대로 표출될 수 있도록 해야 합니다.

랑케에 있어서는 사실이 곧 진리요 이에 대한 객관적 인식만이 역사 탐구의 목적이 됩니다. 따라서 역사가는 무엇보다도 역사적 사실들을 객관적으로 입증해 줄 수 있는 사료史料에 충실해야 합니다. 랑케 사학에 있어서 객관성objectivity이란 곧 사실성factuality을 의미하며 그것은 곧 사료에 대한 확고한 믿음과 신뢰에 바탕을 두고 있습니다.

랑케는 사료 속에 담겨 있는 기록의 진실성과 생명력을 확신하고 있었기 때문에 사료에 나타나지 않은 것에 대해서는 어떤 것도 믿으려 하지 않았습니다. 우리가 탐구하고자 하는 역사적 사실들은 사료 속에 실제 있었던 그대로 보존되어 있으므로 역사가가 해야 할 일은 가능한 풍부한 사료를 모으고 이를 마치 거울이 사물을 비추듯이 있는 그대로 비춰주기만 하면 되는 것입니다. 여기에 덧붙여지는 역사가의 주관적인 설명이나 해석들은 오히려 역사의 진실을 왜곡시키고 역사의 객관성을 흐리게 할 뿐입니다.

따라서 랑케는 역사적 사건이 수록되어 있는 당대의 원본들과 관련 자료들을 보다 많이 수집하고 수집된 자료들을 자신의 비판적 방법을 통하여 분류하고 평가하여 이를 토대로 역사를 기술해 나가고자 했습니다. 만일 우리가 이와 같은 원천적이고 신뢰성 있는 자료들을 아무런 편견이나 이해관계 없이 공정하고도 엄격하게 확증해 나간다면 누구나 과학적이고도 객관적인 역사에 도달할 수 있을 것으로 랑케는 확신했습니다.

역사 인식의 객관적 근거가 되는 사료가 주어지고 사료 속에 나타난 진실성을 토대로 하여 역사를 기술할 때 역사가에게 요구되는 것은 무엇보다도 주관성主觀性을 배제하는 일입니다. 진리란 사실 속에 담겨 있는 것이지 역사가의 주관적인 관점을 통해 도달될 수 있는 것은 아니기 때문입니다.

역사는 어디까지나 역사 자체로 기술되어야 하고 역사 자체로 인식되어야 합니다. 만일 우리가 어떤 이론이나 체계의 구도構圖를 통해 역사를 기술하거나 이해하려고 할 때 사료가 담고 있는 역사적 진실은 소멸되고 역사는 허구적인 이념의 구성물로 전락하고 맙니다. 역사는 사실에 선행하는 어떠한 이론이나 관점에 따라 그 색깔이나 윤곽이 달라져서는 안 되며 역사가는 오직 사실의 냉철한 관찰자만 되어야 합니다.

뿐만 아니라 역사가는 역사가 교훈적이고 실용적인 면으로 빠지지 않도록 모든 가치판단으로부터도 초연해야 합니다. 랑케는 그의 주저 『로마·게르만 민족의 제역사』에서

> 역사가는 일반적으로 과거를 판단하는 임무를 가지고 있으며 미래의 이익을 위해 현 세계를 교화教化하고 의미를 부여한다고 하지만 그렇게 높은 의무를 지금 시도할 수는 없다. 역사가는 그저 있던 그대로를 보여주려고 할 뿐이다.

라고 하여 역사의 교훈적이고 실용적인 기능을 부인했습니다. 역사가는 사실을 묘사하기만 할 뿐 그것들에 대한 평가를 내리지 말아야 합니다. 역사란 과거를 심판하는 것도 아니며 현 세대에 교훈을 주는 것도 아닙니다. 만일 역사가가 과거의 심판자가 되려고 하거나 현 세

대의 교사가 되려고 한다면 역사는 그러한 심판자나 교사의 도덕적 가치판단에 따라 어느 일방적인 면만이 조명될 것이고 그렇게 될 때 역사의 학문적인 객관성은 심각한 손상을 입게 될 것입니다.

역사가 주는 진정한 교훈은 사실을 아는데 있습니다. 냉엄하고도 확고부동한 역사적 사실만을 엄격하게 고수하면서 어떤 훈계도 하지 않고, 도덕적인 교훈도 제시하지 않으며, 이야기를 보태지도 않은 채, 다만 역사적 진실만을 말하려고 했던 것이 랑케의 유일한 소망이었습니다.

역사의 객관성을 확보하기 위해 역사가에게 요구되는 또 하나의 중요한 사실은 역사가가 지녀야 할 비당파성非黨派性 문제입니다. 랑케에 있어서는 '역사의 객관성이란 곧 비당파성을 의미한다.'라고 말할 수 있을 만큼 역사가가 견지하는 불편부당不偏不黨한 입장은 객관적 역사 서술을 위해 중요한 요인이 됩니다.

역사가에게 있어서 당파성이란 하나의 자연적인 경향성으로 그 색깔을 제거하는 것은 쉬운 일이 아닙니다. 모든 역사가는 어느 특정한 시대, 특정한 사회에서 태어나 그 시대와 사회의 문화 속에서 성장하게 됩니다. 뿐만 아니라 그는 성장하여 그 시대의 특정한 정치 상황에 직면하게 될 것이며 그러므로 인해 자연스럽게 자신의 성향에 맞는 정치적 입장을 취하게 될 것입니다.

그러나 역사적 사실을 굴절 없이 비춰주기 위해 역사가는 이와 같은 당파적인 입장으로부터 초연해야 합니다. 역사가는 그 시대적인 모든 제약으로부터 벗어나야 하며 특히 어떤 정치적 입장에 가담해서는 안 됩니다. 그는 오직 무색투명한 입장에서 역사적 사실을 대해야만 하며 '순수하고도 비당파적인 진실에의 사랑'을 위해 모든 당파성을 극복해야 합니다. 역사는 그 자체를 넘어서는 어떤 것과도 연관시켜 연구되어서는 안 되며 역사 속에는 역사가의 당파적인 흔적이 남아 있어서는 안 됩니다.

따라서 역사가는 자신의 편향된 관점이나 성향을 억제하는 금욕정신을 가져야 하며 어떠한 당파적인 입김도 역사 서술 속에 스며들지 않도록 무색 중립의 태도를 취해야 합니다. 랑케의 성실한 후계자인 영국의 역사가 액튼경이 역사가가 지녀야 할 두 가지 필수사항으로 정확성正確性과 초연성超然性을 지적한 것도 바로 역사가가 모든 당파성으로부터 초연하여 오직 사실이라는 원자료에만 정확해야 한다는 것을 뜻하는 것입니다. 역사가는 사실에 대해 비당파적이고 어느 편에도 가담하지 않는 관찰자가 될 수 있으며 또 그래야만 한다는 것이 역사의 객관성을 확보하고자 하는 랑케의 확신입니다.

뿐만 아니라 역사의 객관성을 위해 역사가는 어떤 특정한 관심이나 목적 또는 이해관계로부터도 초연해야 합니다. 역사는 역사 그 자체를 위한 탐구가 되어야 하며 그 어떤 다른 목적과 연관되어서도 안 됩니다.

> 나는 우리의 연구가 거의 무목적적인 것에 가까운 것이 되어야 한다고 생각한다. 역사 연구는 수학처럼 순결한 정신으로 추구되기를 원한다.

라는 액튼 경의 말과도 같이 역사가는 어떠한 목적도 염두에 두지 않고 사실을 있는 그대로 기술하는 것으로 임무가 끝나는 것입니다.

만일 역사가가 어떤 목적을 염두에 두고 역사를 기술한다면 역사적 사실은 목적 여하에 따라 얼마든지 변색될 수 있으며 역사의 객관성은 치명적인 손상을 입게 될 수밖에 없을 것입니다.

또한 랑케는 역사가의 '현재적 관점'을 역사 작업에 주입시키는 것도 역사 작업의 원만한 수행을 위해 걸림돌이 된다고 보았습니다. 역사가는 절대적인 무관심의 태도로 오직 사실에 대한 순수한 사랑만을 가지고 자신이 연구하는 대상을 '분노나 정열 없이' 취급해야 합니다.

랑케는 스스로를 아름답고 알려지지 않은 많은 섬들을 찾아낸 콜럼버스처럼 역사 속에 존재했으나 알려지지 않은 것들을 발견하는 사람으로 간주했습니다. 역사가의 즐거움은 과거와 현재를 관찰하는 것이고 그 속에 있는 객관적 진리를 찾아내어 그것이 원래 있었던 그대로 보여주는 데에 있습니다.

역사의 왜곡을 막기 위해 랑케는 역사가의 불편부당한 순결성을 누누이 강조했습니다. 랑케는 역사의 객관성을 확보하기 위해서는 인식 주체가 완전히 객체의 구조 속으로 들어가야 한다고 생각했습니다. 그리고 그것은 바로 역사가 자신의 철저한 자기해소_自己解消_에 의해서만 가능한 것입니다. "나는 자신을 해소하고 단지 사실들이 말하여지기를 원했다."는 랑케의 말은 사실과 사실에 대한 객관적 지식을 통하여 '본래 있었던 그대로'의 역사를 보여 주고자 했던 그의 의도와 목적을 가장 정확하게 드러내 주는 말이라고 볼 수 있을 것입니다.

역사의 의미는
인간이 만들어 가는 것이다

01 역사 기술은 필연적으로 선택적이다

역사학의 아버지라 부르는 독일의 역사가 랑케 이후에 나타난 역사학을 현대역사학이라 말합니다. 현대역사학을 흔히 비판주의 역사학이라 하는데 비판주의 역사가들은 사실 자체가 우리에게 무엇인가를 말해 준다는 랑케의 실증주의 역사관에 대해 비판적인 태도를 취합니다. 그들은 먼저 '역사적 사실이란 무엇인가?'를 묻고 '역사적 사실 historical fact'과 '역사에 있어서의 사실 a fact in history'을 우선 구분합니다.

역사에 있어서의 사실이란 과거에 일어났던 사실임에는 틀림없지만 과거에 일어났던 사실이라고 해서 다 역사적 사실이 되는 것은 아닙니다. 과거의 사실들을 역사적 사실로 규정짓는 것은 역사가이지 사실 자체가 아닙니다. 즉 역사가가 그것을 역사적 사실로서 선택하여 역사적 의미와 가치를 부여하기 전까지는 그것은 역사적 사실로서의 자격조차 갖지 못하는 것입니다. 이런 측면에서 모든 역사구성은 필연적으로 선택적입니다.

현대의 대표적인 비판주의 역사가인 콜링우드는 역사가가 역사적 사실을 선택하는 것은 마치도 풍경화가가 화폭 속에 자연을 그려 넣는 것과 같다고 봅니다. 풍경화가는 가능하면 있는 그대로의 자연을 묘사하려고 할 것입니다. 그러나 그가 아무리 충실히 자연을 묘사한다고 할지라도 눈앞에 있는 그대로의 자연을 묘사할 수는 없고 또한 그렇게 하려고도 하지 않을 것입니다. 그는 항상 선택하고 단순화하고 도식화하며 중요치 않다고 생각되는 것은 빼버리고 본질적인 것이라고 생각되는 것은 그려 넣습니다. 무엇이 화폭에 담겨지느냐에 대한 책임은 자연에 있는 것이 아니라 화가에 있는 것입니다.

이와 마찬가지로 역사가도 과거에 일어났던 모든 사실에 대해 관심을 가지는 것은 아닙니다. 그는 자신의 가치판단이나 역사이론, 혹은 정치 사회적 배경이나 시대적 관심 등에 의해 중요하고 본질적인 것이라고 생각되는 사실들을 선택하여 그것을 역사적 사실로 규정하는 것입니다. 역사가는 무엇이 역사적 사실이고 무엇이 비역사적 사실인가를 가려내어야만 합니다. 만일 이러한 역사가의 선택이 없다면 역사적 사실은 비역사적 사실들의 와중에 묻혀 사장死藏되어 버리고 말 것입니다.

이와 같은 점을 무시하고 랑케와 같은 실증주의 역사가들은 가능한 많은 자료들을 모으려고만 했습니다. 그들은 이러한 풍부한 자료들이 곧 역사적 사실을 구성해 주는 것으로 오해했습니다. 그러나 모든 역사가들에게 공통된 기초적 사실, 즉 사료史料라는 것은 역사가들이 사용하는 원료의 카테고리에 속하는 것이지 역사 그 자체의 카테고리에 속하는 것은 아닙니다. 이 기초적 사실이라는 원료를 발견해서 그것을 가공하여 역사라는 하나의 제품으로 만들기까지는 역사가의 부단한 작업이 뒤따라야만 하는 것입니다.

사실 역사가가 찾아주지 않은, 그래서 역사가의 관심밖에 있는 사실 자체란 우리에게는 영원히 인식되지 않는 물자체物自體와 같은 것이라고도 볼 수 있습니다. 그것은 근본적으로 불가지론不可知論적인 것입니다. 이 불가지론적인 것을 인식 가능하게 하는 것이 역사가의 임무입니다. 그리고 이러한 임무는 바로 역사가가 역사를 기술해 나감에 의해 이루어집니다.

역사가가 여러 가지 자료와 전거典據를 통하여 역사적 사실들을 확증하는 것은 결국은 역사가의 기술에 의해 이루어집니다. 그래서 비판주의 역사가들은 '사건 자체로서의 역사' 보다 '사건에 대한 기술로서의 역사'에 보다 큰 관심을 둡니다. 그들은 역사란 역사가에 의해 만들어지는 것이고 역사를 쓰는 것이 곧 역사를 만드는 것이라고 봅니다.

이와 같이 역사를 쓰는 것 자체가 역사인식의 본질적인 요인으로 간주 될 때에는 역사를 쓰는 역사가의 관점과 해석이 가장 중요한 문제로 대두됩니다. 그것은 기록되는 역사상의 사실들은 기록자의 정신 속에서 해석이라는 매체를 통해 항상 굴절되기 때문입니다. 이런 이유로 인해 랑케를 비롯한 실증주의 역사가들은 역사가의 주관적인 관점이나 해석을 포기하려고 했습니다. 이런 것들은 역사의 객관성을 흐려 놓고 공정한 역사서술의 저해요인이 된다고 생각했기 때문입니다. 그러나 과연 역사가가 아무런 관점이나 가치판단, 또는 해석이나 설명

없이 역사를 기술한다는 것이 가능한 일일까요? 칼 포퍼는 『열린사회와 그 적들』에서

> 만약 우리가 선택적 관점을 회피 할 수 있다면 우리는 객관적 기술에 도달하기는커녕 전혀 관련이 없는 진술들의 단순한 집적集積에만 도달할 수 있을 뿐이다.

라고 하며 관점 없는 역사서술의 불가능함을 강조합니다. 영국의 역사가 E. H. 카아 또한

> 역사란 본질적으로 현재의 눈을 통하여 현재의 문제의 관점 하에서 과거를 보는 데에서 성립된다. 역사가의 주 임무는 기록에 있는 것이 아니라 가치의 재평가에 있다. 왜냐하면 역사가가 가치의 재평가를 하지 않는다면 기록할 만한 가치 있는 것이 무엇인가를 어떻게 알 수 있겠는가?

라고 반문하면서 역사가의 현재적인 관점과 가치평가가 불가피함을 강조합니다. 그리고 한 걸음 더 나아가 "역사는 곧 해석을 의미한다."고 까지 주장합니다.

분명히 역사가는 과거에 일어난 사실들을 수동적으로 충실하게 묘사하는 일에만 만족할 수는 없을 것입니다. 역사가는 과거에 무슨 일이 일어났는가를 찾아낼 뿐만 아니라 그 사실이 '왜' 일어났는가를 설명하기를 원하기 때문입니다. 영국의 역사가 월쉬도

> 역사란 과거에 있었던 사건의 단순한 기록이 아니라 '유의미한 기록'이기 때문에 역사가는 의미 있는 역사를 기록하기 위해 그의 마음을 통하여 과거를 지적으로 재구성하려고 하며, 이렇게 재구성된 역사는 언제나 현재의 역사가와 함수관계에 놓일 수밖에 없다.

라고 말합니다.
이러한 함수관계는 역사가와의 사이에서 뿐만 아니라 역사가가 몸담고 있는 그 시대와 사회와의 사이에 있어서도 역시 마찬가지입니다. 역사를 재구성하는 역사가의 관심이나 목적은 바로 그 시대나 사회의 관심과 목적을 반영하는 것 이상의 것이 아니기 때문입니다. 즉 역사가가 그 시대와 환경과 문화의 소산인 이상 그가 쓰는 역사는 동시대인들이 현재 중요하다고 판단한 것들에 대한 기술이 될 수밖에 없는 것입니다. 그러므로 역사의 내용은 역사를 기술하는 역사가가 어떤 시대, 어떤 사회에 속해 있느냐에 따라 달라질 수가 있을 뿐만 아니라 어떤 의미에서는 달라져야만 하는 것입니다. 그 이유는 각 시대와 각 사회는 그들 나름에 맞는 독특한 관심과 필요성을 가지고 역사로서 재조명되고 재해석되기를 원하기 때문입니다.

실제로 일어났던 것과 똑같은 과거의 역사란 없다. 오직 역사적 해석이 있을 뿐이며 어느 해석도 최종적일 수 없다. 모든 세대는 자기 자신의 해석을 내릴 수 있는 권리를 가질 뿐만 아니라 그럴 의무마저 가지고 있다. 왜냐하면 대답되어야 할 절박한 요구가 있기 때문이다.

그러므로 역사는 언제나 현재의 시각에서 재해석되고 재기술 되어야만 합니다. 역사가 새롭게 다시 쓰여야 한다는 것은 새로운 자료가 발견되었기 때문이라는 이유도 있지만 그보다는 역사를 바라보는 시각이 시대와 함께 변화되어가기 때문이라고 보는 것이 더욱 타당할 것입니다. 역사적 사실에 대한 의미는 그 시대와 더불어 변화하며 그러므로 각 세대는 앞 세대가 쓴 역사를 재해석할 필요가 있다는 것이 비판주의 역사가들이 주장하는 핵심 내용입니다.

02 모든 역사는 사유의 역사다

이와는 조금 다른 각도에서 역사의 현재성을 강조한 사람 중의 하나가 이탈리아의 역사가 크로체입니다. 그는 역사를 '과거에 투영된 현재의 사유思惟'라고 하여 역사를 정신의 산물로 이해하고자 합니다.

역사의 구조 속에 들어오는 모든 것들은 정신의 산물입니다. 정신행위가 없는 기록들은 단지 죽어버린 대상일 뿐입니다. 크로체는 정신행위가 없는 단순한 기록들을 '연대기chronicle'라 부르고 이를 역사와 엄격히 구분합니다. 그는 그의 주저 『역사서술의 이론과 그 역사』에서 '역사는 살아있는 역사이고 연대기는 죽은 역사'이며 '역사는 현재의 역사이고 연대기는 과거의 역사'라고 규정짓습니다.

연대기는 과거에 무엇이 일어났는가를 비교적 상세하게 우리에게 알려주지만 그것이 곧 역사적 지식이 되는 것은 아닙니다. 역사는 그 이상의 것을 요구합니다. 역사는 아무런 사고행위가 없이 다만 기록 속에서만 기억되고 보존되어 있는 연대기적 기술을 요구하는 것은 아닙니다. 역사가 요구하는 것은 인간의 가장 내면적인 경험으로부터 이끌어진 진실입니다. 즉 역사는 확실하고 정확한 것보다는 진실을 요구합니다.

역사에 있어서의 이와 같은 진실성은 결코 역사적 자료나 전거典據만을 통해서는 얻을 수 없는 것입니다. 역사적 자료나 전거는 진실된 역사를 위한 하나의 준비물에 불과할 뿐이요 역사의 창조적인 재생의 과정을 통해서 모두 용해되어 버리고 마는 것입니다. 죽은 역사, 과거의 역사는 현 시대의 정신 하에서 현재의 생生과의 접촉을 통해 비로소 다시 살아나는 것입니다. 그래서 크로체는 "모든 진정한 역사는 현재의 역사"임을 강조합니다.

이와 같이 역사의 현재성을 강조한 크로체에게는 지나가 버린 역사란 공허한 형적形迹이요 말없는 것들에 지나지 않습니다. 사고되지 않은 역사란 존재하지 않은 역사와 다를 바가 없습니다. 역사적 사실이란 사고된 사실입니다. 역사가는 결코 문헌학자도 아니요 골동품 수집가도 아닙니다. 잘 정리된 문서들을 통해 만족하는 박학다식한 문헌학자나 창고에 가득 채워진 골동품들을 진열장에 하나하나 진열해 놓는데 만족하는 골동품 수집가들은 끝내 역사적 사실들 앞에 서서 가공되지 않은 역사적 사실들을 바라보는 것만으로 자랑스러워 합니다.

그러나 역사가는 역사적 사실들의 주위를 바라보는 것이 아니라 그 내면을 바라봅니다. 그리고 그 속에 담겨 있는 역사의 진실을 발견해 내고 그 가운데서 새로운 역사를 창조해 내고자 합니다. 새로운 역사의 창조는 결코 사료나 전거를 통한 기계적인 편집업무를 통해서는 이루어지지 않습니다. 역사가 연대기의 단계를 벗어나 역사 자체의 단계에 도달하기 위해서는 이러한 단순행위가 인간정신의 창조적인 행위에 의해 언제나 새롭게 부활되어야 하는 것입니다.

크로체의 현재주의적인 입장을 더욱 발전시킨 콜링우드는 "모든 역사는 사유의 역사다."라고 하여 관념론적인 역사학을 전개시킵니다. 역사란 바로 '역사에 관한 사유'를 의미하기 때문에 역사는 곧 '사유의 역사'가 되는 것입니다.

그는 먼저 역사적 사건을 자연적 사건과 구별합니다. 자연적 사건은 사건의 내면과 외면이라는 구별이 생기지 않는 단순한 사건, 즉 하나의 현상을 말합니다. 그러나 역사적 사건은 그와 같은 단순한 사건이 아닙니다. 그것은 사건의 현상 배후에 언제나 숨은 내면을 가집니다. 사건의 내면이란 그 사건이 지니는 사상적인 측면을 말합니다. 자연의 과정은 '사건의 과정'이지만 역사의 과정은 '사고의 과정'입니다. 그러므로 역사가의 연구는 사건의 외면을 발견하는 일에서부터 시작하지만 거기서 만족 할 수 없고 언제나 사건의 내면으로 들어가 그 사상을 이해하려고 합니다.

콜링우드에 의하면 사건의 내면에 자리 잡은 사상을 이해한다는 것은 역사가가 그 사상을 재사고再思考하는 것을 의미하며 이는 곧 사건 속에 담긴 사상을 역사가 자신의 마음속에서 재연再演해 보는 것을 말합니다. 예를 들면 BC. 49년 카이사르가 그의 군대를 거느리고 루비콘 강을 건너 로마로 진격한 사건이나 BC. 44년 원로원 계단에서 브루투스에 의해 스물 세군데의 상처를 입고 살해된 사건을 이해하려고 할 때 우리는 이 사건들이 갖는 외면만을 봐서는 안 된다는 것입니다.

즉 많은 군사들과 함께 말을 타고 루비콘 강을 건너는 카이사르의 외형적인 행동이나 원로원 계단에서 카이사르를 살해하는 브루투스의 신체적 움직임이나 변화만을 볼 것이 아니라 그러한 행위를 일으키게 한 카이사르나 브루투스의 내면적인 사상을 이해해야 한다는 것입니다. 그래서 "카이사르는 어떤 야심과 목적을 가지고 그의 부대를 거느리고 루비콘 강을 건넜을까?" 또는 "브루투스는 무슨 생각을 가지고 원로원의 계단에서 카이사르를 살해했을까?" 이렇게 역사가 자신의 풍부한 상상력을 통해 그 때의 상황을 다시 한 번 재연시켜 보는 것입니다. 이와 같이 역사적 사건에 대한 바른 이해는 그 사건을 관통하고 있는 사상적인 맥락을 찾아내는 데 있습니다.

> 역사적 사건이란 결코 단순한 현상도, 응시하기 위한 단순한 광경도 아니다. 그것은 역사가가 그냥 일별一瞥하는 것이 아니라 투시함으로써 그 내면의 사고를 식별해 내는 그와 같은 것이다.

역사적 사건은 마치도 자연과학의 대상들이 자연과학자에 의해 관찰되듯이 그렇게 역사가에 의해 관찰되는 것은 아닙니다. 역사가는 결코 사실의 목격자는 될 수 없습니다. 그가 할 수 있는 일은 자신의 마음속에서 과거의 사건들을 추체험追體驗 해보는 수밖에 없습니다. 마치 자신이 카이사르나 브루투스가 된 것처럼 로마 헌정상의 무질서함을 개탄해 보기도 하고, 황제가 되려는 카이사르의 야욕에 의분을 느끼기도 해 보며, 그래서 내가 그 상황에 처했더라면 그들과 같은 방법을 택하지는 않았을 텐데… 이렇게 과거의 상황 속에 자신을 투영하여 자신이 그 역사의 주인공이 되어 볼 때 비로소 그 역사적 사실이 갖는 내면성 즉 그 사상을 이해하게 되는 것입니다.

역사가가 탐구하는 과거는 현재와 단절된 지나가버린 과거가 아니라 아직도 현재 속에 살아 있는 과거입니다. 미국의 역사가 랜달의 말과도 같이 "모든 과거는 우리들의 과거이고 우리들의 과거는 과거 자체 속에 있는 것이 아니라 현재, 바로 우리들의 현재에 있다."라고 보는 것입니다. 이와 같이 역사를 현재주의적인 입장에서 바라보고 역사에 대한 관념론적인 성찰을 통해 역사를 사상사思想史로 파악한 콜링우드의 역사관은 현대 비판주의 역사학의 대표적인 한 유형으로 보아도 좋을 것입니다.

03 역사는 현재와 과거 사이의 끊임없는 대화이다

한편 영국의 역사가 카아는 이와 같은 콜링우드의 역사관념론적인 입장과 랑케의 실증주의 역사관 사이의 양 극단적인 입장을 극복하고자 했습니다.

카아의 역사관은 랑케의 실증주의 입장에 선다기 보다는 분명히 크로체나 콜링우드의 현재주의 내지 역사관념론적인 입장 편에 섭니다. 그는 실증주의 역사관에 대해서 강한 반발과 거부감을 나타내고 있습니다. 카아는 그의 주저 『역사란 무엇인가』에서 실증주의 역사관을 사실숭배 혹은 문서숭배에 빠져버린 '상식적인 역사관'이라고 매도하기도 합니다.

그렇다고 카아가 크로체나 콜링우드의 극단적인 현재주의 역사관을 옹호하는 것도 아닙니다. 그는 극단적인 실증주의와 현재주의 역사관 모두를 비판하고 이를 극복하고자 합니다.

카아의 입장에서 보면 역사의 토대는 분명히 움직일 수 없는 과거의 사실에 있습니다. 역사적 사실을 설정하는데 있어서 역사가의 해석이 불가결한 요인이기는 하지만 역사가의 현재적인 해석이 다양하게 나타난다고 해서 역사의 기초적 사실이 이 모양 저 모양으로 변화 될 수는 없는 것입니다. 이는 마치 보는 각도가 틀릴 때마다 산의 모양이 다르게 나타난다 하더라도 산 자체의 객관적인 모양에는 아무런 변화가 없는 것과 같습니다.

그러나 역사를 사실의 객관적인 편찬이라고 보고 이에 대한 역사가의 해석은 불필요한 사족蛇足에 불과하다고 보는 랑케적인 실증주의 역사관도 역시 잘못입니다. 왜냐하면 사실은 스스로 말한다고 하지만 오히려 역사가가 그것을 찾아 줄 때에만 자신을 드러내기 때문입니다. 사실은 마치 자루와 같은 것이어서 그 속에 무엇인가를 넣어주기 전에는 스스로 설 수가 없습니다. 따라서 어떤 사실을 선택하고 선택된 사실에 역사적 의미를 부여하여 그것을 역사적 사실로 설 수 있게 하는 것은 전적으로 역사가의 선험적先驗的인 결정에 달려 있는 것입니다.

그러나 역사적 사실을 역사가 자신의 시대와 가치판단에 의해 해석해야 한다는, 그러므로 모든 역사는 현재의 역사라고 하는 크로체적인 현재주의 역사관에도 역시 난점이 있습니다. 이 경우 역사가는 목전의 필요성에 따라 역사적 사실을 프래그머틱하게 해석할 우려가 다분히 있기 때문입니다. 즉 과거의 사실을 현재의 목적에 적합하도록 왜곡시킬 위험이 뒤따르는 것입니다.

이렇게 볼 때 역사의 중심을 과거에 두는 역사관도 그 중심을 현재에 두는 역사관도 모두 정당한 역사 연구가 될 수 없습니다. 즉 과거의 사실에만 집착하여 이에 대한 자료와 전거典據만을 통해 역사를 이해하려는 실증주의 역사관도, 또한 사실에 대한 역사가의 해석만을 강조하여 역사를 현재적인 시각에서만 이해하려는 현재주의 역사관도 모두 올바른 역사 이해가 될 수 없습니다. 역사적 사실과 이를 탐구하려는 역사가는 동등한 위치에 서며 상호 보완적인 가치를 지닙니다.

> 역사가는 사실의 천한 노예도 아니요 억압적인 주인도 아니다. 역사가와 그의 사실과는 평등의 관계에 있는 것이며 말하자면 기브 앤드 테이크의 관계에 있는 것이다.

우리가 역사를 통해 탐구하고 이해하려는 과거는 결코 과거 자체만으로서의 과거도 아니며 그렇다고 현재에 예속된 과거도 아닙니다. 마치 현재가 과거를 통한 현재이듯이 과거도 현재를 통한 과거입니다. 우리는 과거를 통해 현재를 배우듯이 현재를 통해 과거를 배워야 합니다. 그것은 바로 역사란 역사가와 사실 사이의 상호작용의 부단한 과정이며 '현재와 과거 사이의 끊임없는 대화'이기 때문입니다.

토인비의
도전과 응전의 원리

01 인류문명은 어떻게 발생하는가?

20세기 최고의 역사가로 알려진 영국의 역사가 아놀드 토인비는 역사 연구의 기본단위를 국가나 민족이 아니라 보다 포괄적인 문명 civilization으로 보았습니다. 종래의 역사학에서는 역사의 기본모형을 항상 정치적 시각에서 바라본 국가나 민족에 두었으나 토인비는 역사를 단순한 정치사의 한 페이지가 아닌 그 이상으로 보았습니다. 그는 역사 발전의 담지자를 정치·경제·사회·문화 등의 통일체인 사회 전체로 보고 이를 문명이라 규정하였습니다. 그리고 문명이야말로 역사를 구성하는 기본단위가 된다고 생각했습니다.

토인비는 문명의 발전과 쇠망을 '도전과 응전의 원리doctrine of challenge and response'로 설명하고 있습니다. 그는 역사란 자유로운 인간의 창조물이라는 전제 아래 인간의 자유롭고도 창조적인 의지와 행위가 어떻게 역사와 문명을 창조해 나가는가를 도전과 응전의 원리로 설명하고자 했던 것입니다.

토인비의 도전과 응전의 원리는 종교적인 상징성을 지닙니다. 그는 구약성경의 '욥기'와 괴테의 『파우스트』에 나오는 신과 악마와의 조우 遭遇로부터 도전과 응전의 개념을 얻었다고 합니다.

구약성경 욥기에 의하면 욥은 하나님을 향한 순전한 믿음을 지닌 당대의 의인이었습니다. 악마는 욥의 믿음을 시험하기 위해 하나님께 갖가지 재앙을 욥에게 내릴 것을 요구하고 하나님은 이를 허락합니다.

들에서 풀을 뜯던 욥의 가축들이 몰사하고, 집이 무너지고, 자녀들이 목숨을 잃고, 마지막으로 욥 자신도 온 몸에 악창이 번져 극심한 고통에 시달립니다. 이 때 욥의 부인조차 욥에게 하나님을 저주하고 스스로 목숨을 끊으라고 욥을 몰아 부칩니다. 그러나 이러한 고난과 좌절 속에서도 욥은 끝까지 그 시련을 신앙으로 견디어 내고 마침내 악마의 도전에 승리합니다.

『파우스트』에서도 역시 악마 메피스토펠레스가 파우스트를 굴복시키기 위해 신과 내기를 겁니다. 파우스트는 인간은 어떠한 미망의 길을 걷고 있더라도 인간으로서의 노력을 게을리 하지 않는다면 종국에 가서는 구원을 받는다는 것과, 신 또한 노력하는 인간을 구원하기를 원하고 있음을 확신합니다. 그러나 악마 메피스토펠레스도 파우스트가 자신의 유혹에 굴복하고 끝내는 그의 영혼을 잃게 될 것이라고 확신합니다.

노학자 파우스트는 20대의 청년으로 젊어져 메피스토펠레스와 함께 여행을 나서는데 여러 가지 유혹과 도전을 받게 됩니다. 그리고 끝내는 맹인이 되는 시련을 받게 되나 오히려 그의 심안心眼은 더욱 맑아져 마침내 메피스토펠레스의 도전을 이기고 승리하게 됩니다. 욥과 파우스트가 겪는 개인적인 시련은 수없이 많은 인간이 겪는 시련의 표상이 된다고 토인비는 보았습니다.

토인비에 의하면 신이 인간과 접촉할 때 신은 언제나 인간에게 문제를 던지며 인간으로 하여금 이를 해결하도록 강요합니다. 인간의 입장에서 보면 이것은 하나의 도전입니다. 이 경우 인간은 이 문제를 신의 의지에 합당한 방법으로 해결하거나 이를 거부하거나 양자 간에 어느 하나를 선택하게 됩니다. 그리고 이러한 도전을 통해 인간은 적극적으로 그 무엇을 창조하게 됩니다.

그러나 이러한 도전과 응전의 모형은 보다 거시적으로 인류 역사에 있어서도 유사하게 적용됩니다. 예를 들어 근대 이후 서양문명과 동양문명이 접촉한 경우 서양문명은 욥기나 『파우스트』에 나오는 악마의 역할을 하는 것입니다. 즉 서양문명은 동양문명에 도전하는 것입니다. 서양문명은 동양문명이 항복하여 서양의 지배를 받거나 아니면 전통적인 생활양식을 철저히 바꾸거나 이 양자 간에 하나를 선택하도록 강요하는 하나의 도전이 됩니다.

토인비가 그의 문명사관을 통해서 먼저 관심을 갖게 된 것은 인류의 긴 역사 속에서 원시사회로부터 어떻게 문명이 발생하게 되었는가 하는 문제입니다. 토인비는 이 물음에 대해 종래의 많은 역사학자들이 주장했던 정설定說을 뒤집습니다. 그것은 문명의 기원에 대해 종족적 요소와 환경적 요소에 대한 새로운 해석을 의미합니다.

종래 대부분의 역사가들은 인류 문명은 우수한 종족에 의해서, 그리고 인간이 살기에 가장 적절한 기후적·지리적 환경 속에서 발생한다고 주장해왔습니다. 그러나 토인비는 이 두 가지 설명은 자신의 경험적 탐구에 비추어 볼 때 타당하지 않다고 봅니다.

먼저 인종론에 있어서는 자신이 설정한 21개의 문명권 중에서 인종의 공헌도를 관찰해 볼 때 이 중 절반의 문명권이 갖가지 혼합된 인종에 의해발생했다는 것입니다. 그리고 아프리카 흑인종을 제외한 모든 인종이 21개의 문명권의 발생에 있어 두루 주역을 맡았다는 사실을 통해 종래의 인종론을 부인합니다.

환경론 역시 21개의 문명권과 동일한 특이성을 갖춘 다른 지역에서는 그와 유사한 고등문명이 발생하지 않았다는 점에서 종래의 환경론도 문명 발생의 타당한 근거는 되지 못한다고 봅니다.

02 창조적 소수자 creative minority

토인비는 문명의 발생은 쾌적하기보다는 오히려 '악조건의 자연환경' 속에서, 그리고 무엇보다 그 사회의 '창조적 소수자'의 출현과 그들의 역할에서 비롯된다고 봅니다.

예를 들어 고대 중국문명은 적절한 강우량이나 비옥한 땅을 가진 양자강 유역에서가 아니라 홍수가 빈번한 황하유역의 늪지대에서 발생했습니다. 이집트문명 역시 가뭄과 홍수가 번갈아 일어나는 나일강 하류 지대에서 발생했습니다. 이로 인해 고대 이집트인들은 가뭄과 홍수를 극복하기 위하여 치수治水와 관개공사에 매달리게 되었고, 나일강이 범람할 때마다 경계가 없어진 자신의 농지를 되찾기 위해 땅을 측량하는 방법과 기술을 궁리하던 끝에 측량술과 기하학을 고안하게 되었습니다.

뿐만 아니라 그들은 가뭄과 홍수가 일어나는 것이 필경 천체의 움직임과 관련이 있으리라 보고 천체를 관측하던 중 별자리의 움직임과 태양의 위치가 자연현상의 천재지변과 무관하지 않다는 천문학의 발달까지 가져오게 되었습니다.

이와 마찬가지로 미노스문명은 해양이라는 악조건 속에서, 인도문명이나 마야문명은 열대성 삼림이라는 악조건 속에서, 안데스문명은 건조한 고원지대라는 악조건 속에서 각각 발생하였습니다. 이처럼 대부분의 고대문명은 가혹한 자연환경의 도전에 대한 인간의 응전, 즉 이러한 악조건의 생활 터전을 극복하기 위한 인간의 성공적인 응전의 결과로 발생한 것입니다.

토인비가 인간의 삶에 가장 쾌적한 자연환경이 문명 발생지의 필연적 조건이 되지 못한다고 본 것은 그것이 인간으로 하여금 새로운 것을 창조하게 하는 자극적인 도전이 되지 못한다고 보았기 때문입니다. 토인비는 근본적으로 인류의 역사와 문명이 어떤 외적 요인에 의해 생성소멸이 결정되는 것이 아니라 한 집단을 이루는 구성요원의 내적 힘에 의해 결정된다고 보았습니다.

이와 같이 문명이 도전과 응전을 통해 발생했다면 발생한 문명은 어떻게 성장해 가는 것일까요?

토인비는 문명의 성장에 있어서도 일반 역사가들이 주장하는 것과는 대비되는 주장을 합니다. 그는 문명의 성장의 특징이 정치적·군사적 팽창, 영토의 확장, 경제적 발전, 자연환경에 대한 지배력의 증대 등에 있는 것이 아니라고 봅니다. 특히 문명의 성장을 기술의 발전과 동일시해서는 안 됩니다. 기술의 진보와 문명의 진보 사이에는 상호관계가 없습니다.

기술의 진보는 문명의 성장 특징이나 표식이 되기보다는 오히려 문명의 붕괴 징후로 볼 수 있습니다. 왜냐하면 기술의 진보는 인간을 기술의 주인으로부터 기술의 노예로 전락시키며 그로 인해 문명은 질식할 수 있기 때문입니다. 토인비는 문명의 성장 역시 그의 역사 파악의 기본 틀인 도전과 응전의 원리를 통해 설명합니다.

토인비는 성장하는 문명이 자연환경이나 주변 국가의 침략과 같은 외적 도전에 실패하는 일은 없다고 봅니다. 오히려 성장기의 문명은 외적 도전을 자기발전의 계기로 삼아 보다 높은 단계로 비약하게 됩니다. 예를 들어 유럽 여러 나라를 휩쓸었던 나폴레옹의 침략 위협 앞에 놓여있던 영국은 그것을 계기로 더욱 강한 해군력을 만들고 조선술을 발전시켜 해양 대국의 위치를 굳히는 한편 산업혁명이 일어날 전기를 마련했던 것입니다.

이렇게 볼 때 성장하는 문명이 해결해야 할 도전은 그 사회의 내부 문제들입니다. 새로운 상황과 더불어 끊임없이 제기되는 사회적 문제들을 어떻게 대처하고 풀어 나아가는가 하는 것이 곧 문명 성장의 키포인터가 되는 것입니다. 토인비는 한 사회가 지니는 다양한 문제들을 해결하기 위해서는 창조성이 요구되는데 성장기의 문명에 있어서 이러한 창조성의 견인 역할을 하는 원천을 그 사회의 창조적 소수자에 두고 있습니다.

한 사회가 여러 가지 사회적 문제의 도전에 부딪칠 때마다 창조적 소수자는 창조성을 발휘하여 문제 해결의 실마리를 풀어나갑니다. 토인비는 역사와 문명의 성장과 발전에 창조적 소수자가 주도적인 역할을 하고 있다고 확신합니다.

다음으로 문명의 쇠퇴입니다. 토인비에 의하면 문명의 쇠퇴는 일반적으로 말하는 자연환경에 대한 인간의 지배력의 상실이나 기술의 쇠퇴 또는 외부로부터의 군사적 침략 등에 의해 나타나는 것이 아닙니다. 기술의 발달이나 쇠퇴는 문명의 발달이나 쇠퇴와는 상관관계를 갖지 않습니다. 역사적으로 볼 때 기술은 발달하는데 문명은 정체되어 있거나 쇠퇴하고 있는 경우가 있는가 하면 기술은 정체하고 있으나 문명은 발달하고 있는 경우는 얼마든지 있습니다.

뿐만 아니라 외부로부터의 군사적 침략에 의해 문명이 멸망한다는 것도 역사적 사실과는 거리가 있습니다. 그것은 외부의 침략 훨씬 이전에 문명 자체의 내적 도전에 대한 응전의 실패로 인해 이미 쇠퇴의 길을 밟고 있던 문명이 외부의 침략이 하나의 빌미나 도화선이 되어 붕괴되었을 뿐입니다. 외부로부터의 군사적 침략은 문명의 붕괴 원인이 아니라 결과인 것입니다.

문명이 붕괴하는 주된 원인은 이러한 외적 요인에 있는 것이 아니라 창조적 소수자의 창조력 상실에 있습니다. 지금까지 한 사회를 이끌어가던 지도자가 창조력을 상실할 때 대중은 더 이상 그들의 지도자를 따르지 않게 됩니다. 이 경우 리더십을 상실한 창조적 소수자는 힘에 의해 대중을 통치하려는 '지배적 소수자dominant minority'로 전락하고 맙니다.

대중에 대한 매력과 견인력을 상실한, 즉 대중을 이끌어 갈만한 영적인 힘을 상실한 지도자가 권력을 수단으로 대중을 통치하려는 것은 마치 피리 부는 사람이 대중을 매료시키는 피리를 버리고 채찍을 들고 대중을 따라오게 하는 것과 같습니다. 지금까지 자발적으로 창조적 소수자를 추종하던 대중은 추종행위를 철회하고 점차 그들의 지도자로부터 분리되고, 대중의 이탈현상을 막으려는 지도자는 무력으로 대중을 억압하게 됩니다. 이와 같이 창조적 소수자가 지배적 소수자로 변신할 때 이미 사회 곳곳에서는 문명의 쇠퇴현상이 나타나게 됩니다.

토인비는 문명의 몰락 원인을 기술적·물리적·군사적 요소가 너무 비대해지고 이에 반해 정신문화가 쇠퇴해지는 데 있다고 보았습니다. 정신문화의 쇠퇴는 창조적 소수자의 창조성과 영감의 상실에 원인을 두고 있는데 이로 인해 창조적 소수자는 대중으로부터의 매력과 지도력을 상실하게 됩니다. 지도자가 지도력을 상실하게 될 때 그는 권력을 통해 대중을 억압하게 되고 이 경우 대중은 지도자의 권력에 다시 반항하게 되어 지도자와 대중 사이에 통제와 반항의 악순환이 계속됩니다. 이러한 악순환을 통해 지금까지 통일체를 이루어왔던 사회는 분열현상을 보이고 문명은 서서히 쇠퇴의 길로 들어서게 되는 것입니다.

03 토인비의 문명사관이 주는 교훈

토인비가 도전과 응전의 원리로 역사와 문명의 흥망성쇠를 설명할 때 자주 사용한 예화가 있습니다.

런던 시민이 좋아하는 요리 가운데 청어요리가 있는데 그들은 북해에서 잡힌 싱싱한 청어요리를 특히 좋아합니다. 그런데 북해에서 잡은 청어를 런던까지 수송하자면 보통 빨라야 2~3일이 걸리는데 그동안 신선도가 떨어져서 갓 잡은 싱싱한 청어의 맛을 잃어버리고 맙니다.

그런데 이 청어를 수송하는 상인 가운데 한 사람만은 유독 언제나 싱싱하고 팔팔한 청어를 런던 시민에게 공급하여 많은 돈을 벌었습니다. 그래서 주위 사람들이 그에게 묻기를 "당신은 어떻게 해서 북해에서 잡은 청어를 그렇게 싱싱한 채로 런던으로 가져올 수 있습니까?" 이 물음에 그는 이렇게 대답했습니다.

"나는 북해산 청어를 운송할 때 큰 물탱크에 숭어를 몇 마리 집어넣습니다. 그러면 그 숭어가 청어를 잡아먹으려하기 때문에 청어들은 숭어를 피해 이러 저리 도망을 다니게 됩니다. 그 가운데 물론 몇 마리는 잡아먹히게 되지만 숭어 덕분에 대부분의 청어들은 팔팔하게 살아 런던까지 올수 있게 되는 거지요."

북해에서 잡힌 청어가 런던까지 팔팔하게 수송되기 위해서는 숭어의 도전이 필요하다는 말입니다.

토인비가 역사와 문명을 도전에 대한 응전의 원리로 설명하듯 인간 개개인의 삶도 같은 원리로 설명할 수 있습니다. 인간의 삶에도 때로는 숭어의 역할을 해 줄 수 있는 요인이 필요한 때가 있습니다. 우리의 삶이 창조적이고 생동감이 넘치기 위해서는 숭어의 도전이 필요하다는 것입니다.

인생에 있어서 아무런 도전도 시련도 없는 무사안일한 삶을 생각해 보십시오. 그러한 삶이 일견一見 행복하게 보일지 모르나 결코 가치 있는 삶이라 할 수 없을 것입니다. 왜냐하면 그러한 삶은 필경 인간을 나태하고 무기력하게 만들 것이며 결국 일상의 매너리즘에 빠져 활력 없는 무가치한 삶을 살게 할 것이기 때문입니다.

　창공을 나는 새가 심한 공기의 저항을 받게 되자 속으로 이렇게 생각했습니다. "이 공기의 저항이 없으면 얼마나 좋을까? 앞에서 불어오는 바람만 없다면 훨씬 자유롭게 날 수 있을 텐데."

　그러나 이 새는 앞에서 불어오는 바람이 없다면, 그래서 공기의 저항이 전혀 없는 진공 속에서는 단 한 치도 날 수 없다는 사실을 모르고 있는 것입니다. 위대한 철학자 칸트가 『순수이성비판』에서 든 예화입니다.

　그렇습니다. 우리가 살고 있는 현실은 진공상태의 사회가 아닙니다. 거기에는 끊임없이 거센 바람이 불어 닥쳐와 우리의 행로를 어렵고 힘들게 하고 있습니다. 그래서 우리는 마치 바람 없는 진공상태와 같이 아무 문제가 없는 사회에서 좀 편안하게 살기를 원합니다. 그러나 현실 세계에는 그런 사회는 없습니다.

　다만 우리가 앞에서 불어오는 바람의 저항을 지혜롭게만 이용한다면 우리는 자신의 인생항로를 보다 높이, 보다 가치 있는 곳으로 이끌어갈 수 있음을 알아야 합니다.

　장애물 경기를 하는 선수들에게 앞에 놓여있는 수많은 장애물들은 걸려 넘어지라고 있는 것이 아닙니다. 그것은 뛰어 너머라고 있는 것이고, 그 결과 우승의 영광을 얻기 위해 있는 것입니다.

　오늘날 우리 사회가 안고 있는 수많은 문제들과 내 자신 앞에 놓여 있는 수많은 시련과 장애물들에 대해 우리가 창조적으로 응전만 한다면 우리 사회는 물론 우리 자신에게도 자기성장과 도약의 좋은 계기가 될 것입니다.

Chapter
05

철학은 초월자를 어떻게 이해하는가?

Philosophy

철학자들의 신

01 왜 신 존재에 대한 물음인가?

철학의 역사를 통해 살펴볼 때 고대에서 오늘날에 이르기까지 신 문제는 끊임없이 철학자들의 지적호기심을 자극했고 그들의 철학적 탐구의 한 영역을 차지해 왔습니다. 때로는 이 문제가 그들 철학의 중심 주제가 되기도 했고, 때로는 배후적이고 함축적인 주제로 다루어지기도 했으며, 때로는 철학의 영역에서 이 문제를 제거하기 위한 부정적인 담론의 주제로 취급되기도 했으나 어쨌든 인류의 정신사와 함께 신 문제는 지속적으로 철학자들의 관심사가 되어온 것이 사실입니다.

이처럼 철학자들이 신 문제에 끊임없이 관심을 갖게 된 것은 다음과 같은 몇 가지 이유 때문이라고 봅니다.

첫째는 철학의 본질적인 물음에 대한 대답 때문입니다. 즉 신 문제는 철학이 이 세계의 궁극적인 존재가 무엇인가를 탐구하는데 있어서 필연적으로 부딪힐 수밖에 없는 존재론적인 문제입니다. 철학에서 신 개념은 바로 궁극적인 존재, 절대자, 초월자, 제일원리, 최고의 존재 등을 의미하며 이에 대한 탐구는 바로 철학의 본래적이고도 고유한 영역이기 때문입니다.

둘째는 신 문제는 인간의 실천적인 삶 속에서 삶의 의미나 가치와 연관된 문제이기 때문입니다. 신 문제는 형이상학적인 문제인 동시에 인간의 일상사의 문제이기도 합니다. 인간은 일상적인 삶을 통해 의미를 추구하고 가치를 창조하는 가치지향적인 존재입니다. 인간이 가장 심오한 존재의미나 가치를 찾아 나설 때 자연스럽게 신 문제에 부딪히게 되는 것입니다.

셋째는 인간의 절대적 한계와 초월세계에 대한 물음 때문입니다. 인간은 자신의 존재와 세계인식 앞에서 절대적 한계를 경험하면서 이 모든 한계를 넘어서는 존재로 신을 상정하고 싶어 합니다. 이와 같이 '넘어서 있는' 존재에 대한 앎의 욕구가 신 문제를 끊임없이 제기하도록 합니다.

여기서는 신 문제가 오늘에 와서 '사변적 이데올로기의 낡은 도구'로 치부되고 있는 현실과 마주하여 철학이란 테두리 안에서 이 문제를 어떻게 그리고 얼마나 이해할 수 있을지 생각해보려고 합니다.

오늘날 지나칠 정도로 넘쳐나는 수많은 정보들 사이에서 신에 대해 우리는 얼마나 올바른 지식과 정보를 가지고 있는지, 아니면 아예 유한한 존재로서 신 문제를 그저 어두운 미궁 속에 방치해 두거나 미리부터 무의미한 헛수고에 불과하다고 단정해버리는 것은 아닌지, 아니면 그래도 결국 자신의 존재근거와 의미를 찾기 위해 신 문제 주변을 배회하고 있는 것은 아닌지, 이 모든 것을 재고再考하고자 '철학자들의 신'에 대한 역사적 고찰을 시도해 보고자 합니다.

02 고대철학자들은 신을 어떻게 보았는가?

고대인들에게 있어 신에 관한 물음은 자연스러운 것이었고 동시에 매우 중대한 문제였습니다. 그들은 일상적인 삶 속에서 자연의 신비와 경이로움에 부딪칠 때마다 곧잘 신에 대한 물음을 던졌습니다. 번개가 번쩍이고 천둥이 칠 때, 가뭄이나 홍수와 같은 자연재해가 일어날 때, 일식과 월식을 경험하며 밤하늘의 무수한 별들을 쳐다볼 때, 그들은 어떤 초자연적인 힘을 생각하고 그것이 무엇인지에 대한 의문을 가졌을 것입니다.

오랜 기간 동안, 고대인들의 이러한 의문과 그에 대한 대답들은 여러 가지 신화의 형태로 전승되어 왔습니다. 그러다가 BC. 6~7세기 경 그리스의 자연철학자들이 이러한 신비로운 초자연적인 힘을 인간의 이성을 통해 고찰하고 합리적인 설명을 시도했습니다. 즉 그들은 신화에 얽매여 있던 사고의 인습을 탈피하여 자연과 세계를 새로운 안목과 시각으로 바라보고자 했던 것입니다.

소크라테스 이전의 그리스철학자들이 인간 또는 진리가 무엇인지에 관한 탐구 이전에 이 세계의 '신적인 것'이 무엇인지에 대한 형이상학적인 문제를 먼저 탐구했던 이유가 바로 여기에 있습니다. 그들이 알고자 했던 신적인 것이란 아르케arche, 곧 만물이 그것으로부터 유래하는 존재들의 근거와 원천源泉에 관한 것이었습니다.

탈레스는 나름대로 그 해답을 물에서 구했습니다. 이것은 자연적인 사물 이상의 의미를 띱니다. 그에게 물은 '존재론적으로 고려된 존재근거'입니다. 아낙시만드로스는 탈레스의 생각을 뛰어넘어 만물의 시원始原 곧 아르케를 '무한한 것', 즉 무한자無限者에서 찾았습니다. 만물의 시원은 개별적인 어떤 것, 예컨대 물과 같은 것은 아닐 것이며 오히려 그보다 앞서 모든 요소들을 내포해야 할 것이라고 생각했습니다.

비록 그가 무한자라고 말했던 것에 대해 충분히 설명하지는 않았을지라도 그 개념은 중세철학에까지 적지 않은 영향을 미쳐 기독교 교부들도 신을 이해하는 데에 이 개념을 응용하였습니다. 그가 말한 무한한 것은 곧 '설명할 수 없는 것'으로서 어떤 한계를 긋는 규정을 넘어 존재하는 것으로 받아들여졌습니다. 여기서 소위 '부정신학否定神學'의 뿌리가 시작되었다고도 볼 수 있습니다. 이 부정신학은 기독교 신학에 있어 오늘날까지 영향력을 행사하는데, 한 마디로 말해 신과 관련하여 우리는 그가 누구인지 말할 수 없고, 다만 그가 이 세상에 존재하는 '어떤 것이 아닌' 무엇이라고 말할 수 있을 뿐이라는 태도를 가리킵니다.

이후 파르메니데스는 모든 존재하는 것들의 공통적인 존재근거로서 '하나이자 전체'를 제안했습니다. 그 같은 근거만이 다채로운 사물들을 포괄하는 근거가 될 수 있다고 생각한 것입니다. 아낙시메네스 역시 자신이 만물의 존재근거로서 제시한 공기 개념을 가지고 물질적인 존재와 정신적인 존재의 차이를 해소할 수 있으리라고 기대했습니다.

비록 단편적이기는 하지만 철학의 효시를 이루었던 초기 그리스철학자들의 아르케에 대한 사고는 '신적인 것'에 대한 철학적 탐구의 출발점이 되었고 이후 철학자들의 신 문제의 물음에 대한 발단이 되었다는 점에서 의미를 부여해도 좋을 것입니다.

플라톤이나 아리스토텔레스 및 헬레니즘 철학자들은 소크라테스 이전 철학자들보다 훨씬 더 많은, 그리고 보다 세련된 신에 대한 개념들을 전해 주었습니다. 이들의 사유형식은 중세는 물론 현대 기독교에 이르기까지 신을 이해하는데 기여한 바가 매우 큽니다. 다시 말해 초기 기독교 신학은 신에 대해 깨닫고 믿는 바를 재현할 때 그 매개체로 동시대의 철학적 사유형식 및 개념들을 활용하였던 것입니다.

세상의 창조와 직결된 의미에서 플라톤은 데미우르고스Demiourgos를 세상의 창조주로 소개합니다. 그러면서도 이 세상의 창조주이자 만물에 질서를 세운자인 데미우르고스를 형언할 수 없는 존재로 소개합니다.

> 이 모든 것들의 창조주를 발견하는 일은 물론 쉽지 않다. 설령 사람들이 그를 발견했다고 하더라도, 그를 온전히 이해하게끔 철저히 말해내는 일은 불가능하다.

이처럼 철저히 형언할 수 없는 신의 특징은 자기충족의 특별함, 곧 완전한 존재의 초월성에서 유래합니다. 곧 신은 '자기 자신 외에 아무 것도 필요로 하지 않는다.'는 사상은 그리스 문화권의 신상神像에 따른 것입니다.

그로부터 다른 것을 전혀 필요로 하지 않는 존재는 곧 신적인 존재라는 통찰이 계속 이어졌습니다. 뿐만 아니라 이러한 완전성으로부터 '불변성'이라는 특성을 이끌어냅니다. 신은 변하지 않으며 언제나 자기동일성에 머뭅니다. 만일 신이 변화한다면 그것은 완전성을 결缺하게 되는 것이므로 가장 완전한 자로서의 신은 언제나 자기동일성으로 머뭅니다. 그는 신적인 것을 '항존恒存'과 동일시했습니다. 신은 영원히 머무는 자입니다.

플라톤과 마찬가지로 아리스토텔레스의 철학적 사유에 있어서도 '최상의 것' '최고의 것' '변하지 않는 것' '영원한 것'을 신적인 것으로 규정합니다. 특히 아리스토텔레스는 생물학자로서 자연을 관찰하고 만물을 생성과 소멸이라는 운동의 과정 속에 있는 것으로 파악했습니다. 만물은 운동이요, 활동이요 변화입니다. 그는 이러한 운동과 변화를 시작하게 하는 만물에 내재하는 힘, 즉 작용인作用因을 규명하고자 했는데 그것을 '부동不動의 원동자原動者' 혹은 '제일원인第一原因'이라고 했습니다.

철학사를 통해 신에 대한 최초의 논증이라고도 일컫는 그의 논증은 '운동'을 그 출발점으로 삼습니다. 즉 만물이 움직일 때 그 운동은 스스로 일어나는 것이 아니라 다른 어떤 것에 의해 일어납니다. 그러므로 만물의 운동을 가능케 하는 원인이 따로 있어야 합니다. 그런데 이러한 운동의 원인은 무한히 거슬러 올라갈 수는 없습니다.

따라서 운동을 일으키는 제일원인으로서 자기 스스로는 움직이지 않고 다른 모든 것을 움직이게 하는 '제일 운동자'가 있어야 하는데 아리스토텔레스는 이를 부동의 원동자라 했고 신이라 불렀습니다.

물론 이들이 말했던 신은 이 세계를 설명하기 위한 하나의 근본원리로서 최고, 최상의 존재라고 보아야 하기에 종교적인 의미에서의 신과는 거리가 멀다고 하겠습니다. 그러나 그러한 존재에 영원, 불변, 부동不動, 완전, 비물질非物質, 자존自存, 초월, 궁극 등과 같은 속성을 부여했다는 점에서 이후 중세철학의 신학을 정립하는데 적지 않은 영향을 준 것도 사실입니다.

고대 후기 헬레니즘철학에 와서는 신 존재에 대한 물음과 탐구가 더욱 활발해지고 신 개념 또한 더욱 정교하게 다듬어졌습니다. 예를 들어 플로티노스가 말한 '일자—者'는 다양성의 성격이 주어지는 모든 존재자를 넘어섭니다. 그것은 존재자를 넘어설 뿐만 아니라 존재도 넘어섭니다. 또한 일자 자체는 '존재자'가 아니며 '존재'도 아닙니다. '있음'도 아니며, '이것'도 아니고, '어떤 것'도 아닙니다. 또한 이에 상응하게 어떤 형태도 갖지 않습니다. 일자는 정신과 정신의 자기의식도 넘어섭니다.

플로티노스에 의하면 일자를 드러내기 위해서는 그 이전의 그리스 철학자들이 말했던 여러 가지 신적인 것에 대한 규정도 거부되어야 합니다. 플로티노스의 일자는 마치 아낙시만드로스가 말한 무한자를 연상케 합니다. 왜냐하면 그는 마치 아낙시만드로스가 무한자를 설명했을 때처럼 부정적 진술을 통해 일자를 규정했기 때문입니다.

즉 일자는 존재가 아니며, 정신도 아니고, 있음도 아니고, 그래서 무엇이 그것이 아닌지에 대해서만 말할 수 있고, 그것이 무엇인지에 대해서는 말할 수 없기 때문입니다. 그에 대한 이름도 없고, 그에 대해 말해질 수도 없고, 그에 대한 인식도 사유도 존재할 수 없습니다. 플로티노스가 이러한 부정적인 진술을 통해 일자를 설명하고자 했던 이유는 일자는 그에 대해 말해지는 것보다 더 크고, 더 높고, 더 심원한 것이어야 한다고 생각했기 때문입니다.

03 중세철학자들은 신을 어떻게 보았는가?

중세가 시작되기 직전 고대 말기에 나타난 이와 같은 신 존재에 대한 이해는 중세 교부철학敎父哲學자나 스콜라Schola철학자들이 설명하고자 했던 신 개념과 크게 벗어나지 않습니다. '스스로 존재하고, 충만하며, 결코 부족함이 없는 영원한 존재'는 바로 중세 기독교 신학에서 말하고자 했던 신 개념과 거의 일치하기 때문입니다.

중세가 시작되자 초기 교부철학자들은 한편으로는 그리스철학의 신 개념과 차별화하여 그들만의 고유한 신을 이해하고자 하면서도 또 다른 한편 신에 대한 논증과 교리를 확립한데 있어 그리스철학자들이 사용했던 최소한의 철학적 용어를 활용해야만 했는데, 이 같은 태도는 중세의 전통이 되었습니다.

예를 들어 중세 스콜라철학의 완성자라고 일컫는 토마스 아퀴나스는 신 개념에 대한 좀 더 정리된 규칙을 다음과 같이 설명합니다.

> 우리가 신Deus과 관련하여 '그가 누구인지' 알 수는 없고, 다만 '그가 무엇이 아닌지' 알 수 있기 때문에, 우리는 신을 두고 '그가 어떻게 존재하는지'는 모르지만, '그가 어떻게 존재하지 않는지'는 살필 수 있을 것이다. 따라서 가장 먼저 '그가 어떻게 존재하지 않는지' 살필 수 있다면, 그 다음 '그가 어떻게 우리에게 인식되는지'에 대해 생각할 수 있고, 마침내 '그가 어떻게 불리는지'에 대해 알아볼 수 있을 것이다.

이러한 그의 설명 안에서 우리는 이미 고대 아낙시만드로스나 플로티노스에게서 볼 수 있었던 신에 대한 부정신학적인 진술방법과 마주하게 됩니다.

중세 초기 최고의 신학자이자 철학자인 아우구스티누스는 그의 저서 『고백록Confessions』에서 일찍이 플라톤에게서 볼 수 있었던 신의 본질적 특징인 '최고의 선' 개념을 원용하여 다음과 같이 설명합니다.

> 우리는 창조되었기 때문에 존재합니다. 존재하기 이전에 우리는 스스로를 만들어낼 수 없었기에 존재할 수 없었습니다. 그들의 말소리는 자명함 그 자체입니다.
> 그러므로 주님, 당신이 만들어내신 것이오니 그것들이 아름다운 것은 당신이 아름답기 때문이며, 그것이 선한 까닭은 당신이 선하신 까닭입니다. 또한 그것들이 있는 것은 당신이 존재하기 때문입니다. 제 아무리 아름답고, 선하고, 존재하는 것이라도 그것을 만드신 당신께 비기면 그것들은 아름답지도, 선하지도, 존재하지도 않는 것입니다.

그러나 중세 천년 동안 신 존재에 대한 엄밀한 철학적 논증은 수면 아래로 가라앉거나 로마 가톨릭교회의 보호 아래 변신론辯神論적인 양상을 띠고 신학의 가장자리로 밀려나 이렇다 할 성과를 거두지 못했습니다. 교회의 권위와 신앙의 우위를 앞세우는 중세 기독교적인 분위기 아래에서는 신 문제에 대해서 이성적 논증을 앞세워 말하는 것이 무척 거북하였기 때문입니다. 그리스철학에서 볼 수 있었던 다양한 창조적인 탐구보다는 오히려 도그마적인 신학이 제시하는 위로부터의 사유가 신 문제에 대한 철학적 성찰을 공허하게 했다고도 볼 수 있습니다. "신앙은 앞서고, 통찰은 뒤따른다."는 아우구스티누스의 주장이나

"나는 알기 위해서 믿는다."는 안셀무스의 주장에서 볼 수 있듯이 신에 대한 철학적 접근은 언제나 계시를 통한 신앙에 사족을 보태는 정도로 이해되었을 뿐이었습니다. 즉 신에 대한 철학적 사유는 먼저 믿음이 앞선 후에라야 가능하다고 보았던 것입니다.

물론 중세철학자들이 이성적 성찰이 불필요하다거나 이를 무시했던 것은 아니었습니다. 그들도 단순한 신앙보다는 이성에 근거한 신앙이 더 우월하다는 것을 인정했습니다. 그들 역시 신을 인식하기 위한 이성의 중요성을 과소평가하지는 않았지만, 그럼에도 그들에게는 신앙이 모든 이성적 사유에 대한 부동의 토대로 여겨졌습니다. 그들에게 이성의 역할이란 오직 신앙이 요구하는 범주 안에서만, 혹은 신앙에 기여하는 차원에서만 허용되었던 셈입니다.

04 근세철학자들은 신을 어떻게 보았는가?

근세철학적 사고의 특징을 가장 잘 나타내 주는 말은 데카르트의 '코기토 에르고 숨(Cogito ergo sum)' 즉 '나는 생각한다. 그러므로 나는 존재한다.'입니다. 이 말은 바로 자아에 대한 확신을 말하는 것으로 중세의 신 중심적인 모든 사고와 가치의 무게 중심이 인간 중심으로 전환됨을 알리는 말입니다.

이런 철학사적인 전환이 이루어졌음에도 불구하고 데카르트가 살았던 당시 시대적 상황은 아직도 중세의 잔재가 완전히 청산되지 않아 중세와 근대의 과도기적인 분위기였습니다. 데카르트가 그의 대표적인 저서 『성찰』의 첫 번째 주제 내용으로 신의 존재문제를 거론하고 있는 것이 이런 시대적 상황을 잘 말해주고 있습니다.

데카르트는 『성찰』에서 신의 현존재를 증명하려고 여러 가지 방법을 시도합니다. 그는 중세철학의 도그마적인 이론이나 학설은 물론 감각적 지각, 모든 전제와 가설, 영국 경험론에서 말하는 귀납적 방법, 심지어 꿈과 깨어 있음을 구분할 수 없다는 것에 이르기까지 실재성 자체에 대한 극단적인 의심을 시작합니다. 그런데 이러한 철저한 의심 가운데서도 그는 "신이 필연적으로 존재한다고 귀결 짓지 않으면 안 된다."라는 결론에 도달합니다.

데카르트는 신의 존재를 증명하는데 본유관념本有觀念이라는 개념을 도입합니다. 인간에게는 감각적 경험을 통해 얻어지는 외래관념外來觀念 이외에 인간의 마음속에 '저절로 생긴' 관념이 있는데 이를 본유관념이라 불렀습니다. '자아에 대한 관념'이나 '수학의 공리에 대한 관념' 및 '신에 대한 관념' 등이 본유관념에 해당합니다. 이러한 관념은 경험을 통해서는 결코 얻을 수는 없는 관념이지만 의심의 여지없이 우리 마음속에 자리 잡고 있는 관념입니다.

이 가운데 신의 관념은 가장 완전한 존재자에 대한 관념을 말하는데 그 관념 속에는 필연적으로 '존재'까지 포함되어 있습니다. 왜냐하면 실제로 존재하지 않는 신이란 존재를 결缺하고 있기 때문에 가장 완전한 존재자라고 말할 수 없기 때문입니다. 따라서 본유관념을 인정하는 한 신이 존재한다는 것은 자명한 일입니다.

한편 독일의 철학자 라이프니츠는 그의 예정조화설豫定調和說을 통해 신의 존재를 증명하고자 했습니다. 그는 이 세계를 구성하고 있는 궁극적인 실체를 단자(單子, Monade)라고 하였습니다. 그가 말한 단자는 원자와 엄격히 구별됩니다. 원자는 그것이 아무리 미세하더라도 일정한 공간을 유지하며 크기를 갖는 물질적인 것입니다. 그러나 단자는 크기를 갖지 않는 비물질적인 것이며 공간적인 규정을 넘어선 정신적인 실체를 말합니다. 이러한 단자는 다른 모든 실체로부터 독립된 실체로서 마치 물리학에서 말하는 에너지energy와 같은 존재입니다.

라이프니츠는 무수히 많은 단자들로 구성된 이 세계를 '거대한 하나의 정신적인 체계'로 보았습니다. 최고의 정신인 신으로부터 인간의 이성, 감각과 욕망을 수반하는 동물의 의식, 식물의 생명력, 그리고 무엇이라고 이름 붙일 수 없지만 희미한 의식을 가지고 있는 무생물적 영혼에 이르기까지 우주 전체가 정신적 존재로 이루어져 있습니다.

그렇다면 서로 간에 아무런 연관이 없이 독립적으로 존재하는 단자들이 어떻게 서로 규칙적으로 대응하고 조화를 이루어 질서 있는 우주를 형성할 수 있을까요? 그것은 바로 창조자로서의 신의 예정조화豫定調和에 의해 가능합니다. 무한한 힘인 전능한 신에 의해 단자들은 애초부터 전체적으로 질서와 조화를 갖도록 구성되어 있습니다. 만유萬有는 궁극에 있어서 예정조화의 질서에 지배되고, 세계에 일어나는 모든 일들은 이 질서에 적합하게 계획되어 있는 것입니다.

라이프니츠는 신의 예정조화를 종종 관현악단에 비유했습니다. 악기를 연주하는 많은 단원들은 각각 자기만의 악보를 연주하지만 거기에는 작곡자의 보이지 않는 하모니가 음악 전체를 지배하고 있기 때문에 하나의 조화로운 음악을 만들어 낼 수 있는 것입니다. 우주의 조화도 바로 이와 같습니다. 수많은 단자들이 각자 자기법칙에 따라 작용하고 활동하지만 우주의 창조자인 신의 보이지 않는 하모니가 우주 전체를 지배하고 있기 때문에 이 우주는 언제나 질서와 조화를 유지하고 있는 것입니다. 이 우주의 보이지 않는 질서와 조화를 가능케 하는 최고의 존재가 곧 신입니다.

그러나 이성주의자들의 이와 같은 태도와는 달리 경험주의자들에게는 신의 존재가 들어설 여지가 없습니다.

영국의 경험주의 철학자 로크는 데카르트가 전제로 삼았던 본유관념에 대해 문제를 제기합니다. 로크에 의하면 인간의 마음은 태어날 때는 마치 백지와 같은 것이므로 경험에 앞서는 어떠한 관념의 존재도 인정될 수 없습니다. 관념이란 우리의 경험이 실제의 사물을 접하게 될 때에 비로소 형성되는 것입니다. 마치 꿀벌이 이 꽃에서 저 꽃으로 꿀을 얻어 모으듯이 우리의 경험도 부지런히 실제의 사물들을 관찰해야 하고 이로부터 하나하나의 관념들을 쌓아가야 합니다. 경험이야말로 관념을 획득하는데 있어서 유일한 수단이 되며 인식의 최선의 방편이 됩니다.

베이컨이나 로크와 같은 경험주의자들에게는 어떤 논리나 논증보다 사실이 우선합니다. 그들은 사실을 위해서는 논리와 이론을 희생시킵니다. 왜냐하면 논리적으로 참인 것처럼 보이지만 사실과는 거리가 멀고 실제로는 모순에 빠지는 경우가 있기 때문입니다. 경험주의자들은 사실의 세계는 우리의 마음이 이를 올바로 받아들이기만 하면 우리를 속이지 않는다고 보고 사실에 대한 건전한 상식과 소박한 경험적 인식을 소중하게 생각했습니다. 그러므로 경험주의에서는 이성주의자들이 말하는 선험적 혹은 초월적 관념이나 실재들은 뒤로 밀려날 수밖에 없습니다.

이성주의자들의 신 문제에 대한 관심에도 불구하고 근대 이후 나타난 휴머니즘의 부활과 근대과학의 놀라운 발전 및 영국 경험주의 철학사조는 인간의 능력에 대한 새로운 평가와 함께 종래 신 중심적인 모든 사고와 가치체계를 인간 중심으로 바꿔버렸습니다.

인간은 신에 대한 두려움이나 환상을 떨쳐버리고 인간의 자기의식 체계에 탐구의 초점을 맞추게 되었고 그에 따라 신은 절대타자絶對他者로서 철학자의 관심영역에서 멀어지게 되었습니다.

오늘날에도 신에 대한
물음은 유효한가?

01 현대철학자들은 신을 어떻게 보았는가?

19세기 초 프랑스의 사상가 콩트에 의해 시작된 실증주의實證主義는 19세기 후반부터 20세기 초에 걸쳐 철학뿐만 아니라 서양 모든 사상계에 강력한 영향을 미쳤습니다. 실증주의의 역사적 배경은 근대 자연과학의 발달과 이로 인해 일어난 산업혁명의 물결, 그리고 18세기 프랑스를 중심으로 일어났던 계몽주의 사상 및 영국 경험주의 철학 등에서 찾아 볼 수 있습니다.

실증주의자들은 사실과 경험을 존중하고 과학적 지식만을 가장 확실하고 타당한 지식으로 간주합니다. 이들은 자연현상뿐만 아니라 인간과 사회의 모든 현상까지도 관찰이나 실험에 의한 자연과학적인 방법으로 이해하려고 했습니다. 즉 정치나 역사는 물론 철학이나 도덕, 심지어는 신학까지도 과학적 방법론을 통해 설명이 가능하다고 보았습니다. 그러므로 실증주의자들은 과학적 방법을 통하여 확인할 수 없는 어떠한 지식체계도 받아들이지 않았으며 특히 독일 관념론에 나타났던 형이상학적인 요소를 철저하게 배격하였습니다. 그들은 사실에 의해 확증된 것 이상의 어떠한 힘이나 실체의 존재도 인정하기를 거부하였습니다.

이와 같은 실증주의적 사상물결이 영국에서는 다윈이나 스펜서의 진화론으로 나타나고, 독일에서는 마르크스와 엥겔스의 변증법적 유물론으로, 미국에서는 제임스나 듀이의 프래그머티즘Pragmatism으로 나타나 20세기 사상계를 풍미하게 됩니다.

근대에서 현대철학으로 넘어오던 바로 그 시기에 등장했던 독일의 유물론자인 포이어바흐는 신학을 인간학으로 끌어내리고 이성과 신앙의 결별을 가져오게 하는데 결정적인 역할을 한 철학자입니다. 그에 의하면 신은 결국 인간이 자신의 본질을 밖으로 투사投射하여 그것을 독립된 존재자로 생각한 것에 지나지 않습니다.

예를 들어 신이 사랑이라고 생각하는 것은 인간의 본질이 사랑이기 때문이며 신이 실재한다고 생각하는 것은 인간 자신이 실재하기 때문입니다. 신은 단지 인간이 자기가 소원하는 바에 따라 자기의 본질을 이상화理想化시킨 것에 불과합니다. 그러므로 신적인 것은 곧 인간적인 것입니다.

포이어바흐에 의하면 종교는 인류가 무지했던 유년기의 산물에 불과하며 문화와 교양이 진보함에 따라 근절되어야 할 대용품에 불과합니다. 그래서 그에게는 "신학은 곧 인간학이다."라고 할 수 있습니다.

신의 파멸과 죽음을 외친 니체 역시 인본주의 내지 '인간의 왕국'을 건설하고자 했던 점에 있어서 포이어바흐와 크게 다르지 않습니다. 그는 한 미친 사람으로 하여금 청명한 낮에 등불을 켜들고 "나는 신을 찾고 있소."라고 외치게 합니다.

신을 매장하는 무덤 파는 사람들의 떠드는 소리를 아직 우리는 듣지 못한 것인가? 우리는 아직 신의 죽음에서 오는 부패한 냄새를 맡지 못하는 것일까? 신은 죽었다. 그리고 우리가 그를 죽인 것이다.

죽은 신을 대신한 초인超人이란 바로 스스로 자신을 극복해 나가는, 자기초월이라는 모험을 감행하는, 새로운 가치와 의미를 창조해 나가는 디오니소스Dionysos적 인간을 말합니다.

신의 위치와 역할과 권한은 인간에게 넘겨져야 합니다. 초인이란 신으로부터 이런 위치와 역할과 권한을 넘겨받은 절대화된, 신격화된 인간을 의미합니다. 니체에 의하면 신의 존재 여부는 인간에 의해 논리화된 인식구조보다 앞서기 때문에 신의 존재증명은 불가능합니다. 설혹 신이 존재한다 하더라도 신의 존재는 파악될 수 없는 것입니다.

따라서 니체에 있어서의 무신無神은 종래 전통적인 기독교에서 말하는 신에 대한 모든 술어述語의 죽음으로 이해되어야 합니다. 종래 서구사회의 모든 기독교적인 전통과 가치의 의미상실이 곧 신의 죽음으로 나타났기에 이제 절대가치로서의 신 문제는 더 이상 설 곳을 잃고 맙니다.

인간의 자유, 권리, 의무, 책임 등을 내세워 인간이 즉자대자존재卽自對自存在, 곧 신이 되기를 원한다는 사르트르의 입장 역시 신의 자리에 초인을 대체하려고 했던 니체의 주장과 크게 다르지 않아 보입니다.

사르트르에게서 신과 인간의 양립가능성은 없습니다. "실존은 본질에 앞선다."는 사르트르의 입장은 인간을 규정하는 그 이상의 존재가 없음을 말하며 "나는 언제라도 나의 실존으로부터 결정된다."는 의미를 띱니다.

사르트르가 인간을 자유존재로 파악했을 때의 자유는 우리가 일반적으로 생각하는 자유가 아닙니다. "인간은 자유다. 절대적 자유를 누린다." 라고 했을 때 이 자유는 선물이 아니라 차라리 "인간은 자유로 처단되었다."는 의미를 갖습니다.

인간에게 주어진 자유는 어떤 때는 자유이고 어떤 때는 자유가 아닌 그런 식의 자유가 아닙니다. 인간은 자유인가 아닌가에 관해서는 부자유합니다. 이런 상황에서 신 존재를 시인한다는 것은 인간의 자유를 확보하는데 방해물이 됩니다. 만일 신이 존재하게 되면 인간은 자유존재가 될 수 없고 동시에 모든 가치와 의미의 근원이 될 수 없습니다. 따라서 사르트르에게 있어서는 "인간은 존재한다. 그러므로 신은 존재하지 않는다."는 결론이 도출됩니다.

신이란 결국 인간의 자기투사에 불과하다는 포이어바호나 신의 죽음을 외치고 그 자리를 초인으로 대체시켜놓은 니체가 남겨놓은 부정적 그림자는 오늘날에 이르러 결국 이성과 신앙, 철학과 신학의 결별을 가져오게 하고 종교와 신의 문제를 현대인들의 관심에서 멀어지게 만들었습니다. 이제 현대인들은 신에 대한 물음조차 던지지 않으려고 합니다. 현대는 이미 '신의 문제가 극복되어 버린 시대'라고 단정하고 더 이상 신에 대해 무엇을 묻는 것은 시대에 뒤떨어진 일이라고 치부합니다.

이는 현대인들의 사유지평이 어떤 본질적이고 궁극적인 존재영역과는 구별된, 오직 현실세계에 안주하려는 모습과 관련이 깊어 보입니다. 그들은 신 문제와 같은 거대담론 자체를 부담스러워합니다. 삶, 의미, 가치, 진리, 이념 등에 대한 진지한 반성적 사고는 현대인의 기질에 맞지 않는다고 생각합니다. 현대문명에 길들여진 그들은 오직 현실의 즉물적卽物的인 만족과 쾌락을 구하는 데에만 관심을 가질 뿐입니다.

현대인들이 신 문제와 같은 절대적이고도 궁극적인 가치를 외면하고 그들의 사유를 공허하게 몰아가는 원인을 몇 가지로 요약하면 다음과 같습니다.

첫째는 무엇보다 과학기술의 발달과 함께 근대 계몽주의가 꿈꾸던 미래에 대한 지극히 낙관적인 전망 때문으로 여겨집니다. 근대인들은 인류의 미래가 눈부시게 발전하는 과학기술을 통해 인간에게 행복을 보장해주리라고 확신했습니다. 과학이 인간의 모든 문제를 해결해 주리라는 이와 같은 과학에 대한 맹신이 현대인들의 신에 대한 철학적 사유를 무의미하게 만들어 놓은 것입니다.

둘째는 근대 자본주의의 시작과 더불어 만연된 물신주의物神主義 때문입니다. 현대사회는 자본주의 시장경제원리가 지배하는 사회입니다. 각종 문명의 이기利器를 통해 자신의 욕구를 채우며 온갖 물질적 풍요를 누리는 현대인들에게는 오직 경제적인 부富가 가치척도의 유일한 기준이 되었습니다.

셋째는 현대인들의 실용주의적 사고방식 때문입니다. 실용주의 안에서 사유란 행위를 낳기 위한 수단에 불과합니다. 그리고 중요한 것은 그 행위가 가져오는 실질적인 효과입니다. 따라서 실용주의에 있어서는 진리 자체라든가 영원한 진리와 같은 것은 별 의미가 없습니다. 진리가 어떤 가치를 갖는다면 그것은 항상 어떤 이익과 효과를 산출하는 '기능적 가치'일 뿐입니다.

넷째는 현대사회에 만연한 포스트모더니즘 영향 때문입니다. 포스트모더니즘의 가장 큰 특징 가운데 하나는 전통의 해체와 가치의 상대화에 있습니다. 기존의 모든 문화, 종교, 철학, 예술 등을 해체하는 동시에 지금까지 인류가 추구해왔던 가치를 부인하고 절대적인 가치를 배척합니다. 여기서는 다원화된 사회에 다원화된 가치가 있을 뿐이므로 신 문제나 어떤 절대적이고 궁극적인 가치는 논외의 장으로 밀려나고 맙니다.

다섯째는 퇴폐적이고 향락주의적인 전도된 가치관 때문이라고 봅니다. 욕망의 법칙에 따라 살아가는 현대인들은 인간성 황폐화 현상이나 도덕적 타락 현상을 그리 심각하게 받아들이지 않습니다. 특히 오늘날 인터넷과 매스미디어의 강력한 영향력은 도덕적 위기상황을 부채질하고 진리와 선의 가치기준을 무너뜨리며 현대인들을 저급한 향락문화에 빠져들도록 끊임없이 유혹하고 있습니다. 이러한 가치관 아래에서 신의 문제에 대한 관심이나 물음은 함몰될 수밖에 없습니다.

02 왜 오늘날에도 신에 대한 물음이 필요한가?

지금까지 서양철학의 흐름 안에서 신의 존재 문제에 대해 살펴보았습니다. 비록 개략적인 고찰이긴 하지만, 신 문제가 긍정적이든 부정적이든 전체 철학사를 꿰뚫고 많은 철학자들에게 관심의 대상이 되어 왔을 뿐만 아니라, 그것이 시대별 철학사조의 본질적인 것들과 결부되어 있음을 엿볼 수 있었습니다. 그렇다면 현대철학자들이 신 존재 문제를 의도적으로 외면한 것이 철학적인 입장에서 과연 바람직한 것인지, 그리고 오늘날 우리에게도 신 문제에 대한 물음이 유효한지 간단히 정리해보도록 하겠습니다.

앞에서 살펴본 것과 같이 근대가 태동할 무렵 사람들은 과학기술의 발달이 인류 미래의 행복을 보장해 주리라고 확신했지만 현대에 들어와서, 특히 1,2차 세계대전을 겪으면서 이러한 생각들이 얼마나 무모한 생각이었는지, 근대주의에 대한 새로운 반성이 일어나게 되었습니다.

과연 과학이 인류의 미래에 행복을 보장할 수 있는가? 아직도 우리는 과학이 인간의 모든 욕구를 충족시켜줄 수 있다고 믿고 있는가? 과학이 오늘날 인간의 모든 문제들, 특히 인간성 상실, 도덕적 퇴폐, 삶의 무의미, 가치관의 혼돈, 인륜人倫의 부재, 여기서 더 나아가 지구환경의 파괴, 문명 간의 충돌, 핵무기의 공포 등과 같은 문제들을 해결해 줄 수 있다고 생각하는가?

현대 과학기술은 인간의 삶을 도구적 합리성과 효율의 극대화라는 측면에서만 파악할 뿐 인간 존재 자체가 갖는 본질적인 의미와 가치에 대해서는 관심도 없을 뿐더러 아무런 대답도 줄 수 없습니다. 과학은 가치중립적입니다. 특히 신 문제에 있어 과학은 신을 긍정할 수도 부정할 수도 없습니다.

과학은 과학인의 한에서 신의 존재를 증명하는 것이 불가능하다고 말하는 동시에 신의 비존재非存在를 증명하는 것도 역시 불가능하다고 말해야 합니다. 과학주의 패러다임에 길들여진 현대인들 가운데는 신 존재 문제까지 포함하여 인간이 해결하고자 하는 모든 문제를 과학이 해결해줄 것이라 여기며 또 그렇게 바라고 있습니다. 그러나 유신론을 보증해 주도록 과학에 호소하는 것도, 무신론을 공언해 주도록 과학을 압박하는 것도 잘못입니다. 왜냐하면 신 존재 문제는 과학의 몫이 아니기 때문입니다.

신 문제에 있어서 또 하나의 오류는 현대철학이 추구하고자 하는 목적과 방법론에 있습니다. 현대 분석철학자들과 논리실증주의자들은 신 문제가 그들이 내세우는 검증원리에 의해 더 이상 의미 있는 철학적 화두가 되지 못한다는 점을 강조했습니다. 그들에게 있어 유의미성의 기준은 철저하게 경험적 검증가능성에 있기 때문에 경험을 넘어서는 신 문제는 아예 논의거리가 되지 못한 셈입니다.

분석철학자들과 논리실증주의자들에 의하면 철학의 목적은 사유의 논리적 해명에 있습니다. 철학의 모든 문제는 세계관의 문제가 아니라 언어를 명확하게 하는 데 있습니다. 따라서 모든 철학적 문제는 언어적인 문제로 환원될 수 있습니다. 이들에게 철학의 중심 문제는 언어이며 방법론은 철저하게 경험적이고 과학적입니다.

이들은 어떤 진술이 철학적 진술로 인정되기 위해서는 엄정한 논리성을 바탕으로 한 과학적 참과 거짓의 틀로 담아낼 수 있어야 한다고 보았습니다. 이들은 이러한 기준을 통해 철학으로부터 사변적이고 비합리적인 요소들을 추방하려고 했습니다.

이러한 논리실증주의자들의 태도는 철학적인 용어를 분명히 하고 철학에서 공허한 사변을 제거하는 데는 성공했습니다. 그러나 동시에 모든 형이상학적인 또는 세계관적인 문제를 의사문제擬似問題 곧 사이비문제로 간주함으로써 '목욕물과 같이 아이를 함께 버리는 우愚'를 저지른 것처럼 보입니다. 철학의 문제를 '언어'라는 한 특수한 영역에만 국한시키려 하는 것은 철학이 철학임을 포기하는 것과 다를 것이 없습니다.

우리는 신 문제에 대한 담론이 철학적으로 무의미한 것이라고 판단을 내리기 전에 그것이 철학적 담론의 주제가 될 수 없다는 단정 또한 재고해야 할 것 같습니다. 왜냐하면 신 문제에 대한 사고와 통찰을 통해 철학이 추구하는 어떤 궁극적이고 심오한 진리를 확보할 수도 있기 때문입니다.

후설은 현대를 가리켜 '인간의 총체적 위기'의 시대라고 진단하고, 베르그송은 '거대한 육체에 영혼은 한없이 메마르고 허약한 모습을 한 기형적인 인간'과 같은 시대라고 지적합니다. 또한 스페인의 현대철학자 오르테가 가세트 역시 현대를 '미증유의 불행한 세계' 또는 '표류하는 세계'라고 표현합니다.

엄청난 경제적 풍요 속에서, 눈부신 과학기술의 혜택 속에서, 고도의 물질문명의 번영 속에서 현대인들은 왜 이와 같은 메마르고 공허한 마음을 가지고 살아가야 하는 것일까요? 신 존재와 같은 절대적인 존재 근원이나 최고선 또는 최상지最上知와 같은 궁극적인 것을 모두 배척하고 난 다음 우리가 얻는 것은 과연 무엇일까요?

이 같은 의문이 좀처럼 가시지 않을 때 "어쨌든 철학자의 신에 대한 조야粗野한 거부는 하나의 길고 헛된 노력의 끝으로 이해되어야 한다."

는 20세기 독일 철학자 빌헬름 바이셰델의 진단이나 "신에 도달할 수 없다는 것은 우리의 발견이다. 다시 말해 신에 도달할 수 없다는 우리의 실패는 우리의 성공인 것이다."라는 중세철학자 엑하르트의 가르침을 다시 한 번 진지하게 생각해 보아야 할 때인 것 같습니다.

칸트의 도덕적 신과
프래그머티즘의 실용주의적 신

01 칸트의 도덕적 신

서양철학의 역사 속에서 칸트는 마치 하나의 거대한 호수에 비유됩니다. 소크라테스 이후 플라톤의 철학적 경향을 따른 이성주의 사조와 아리스토텔레스의 철학적 경향을 따른 경험주의 사조가 2천여 년 간 두 개의 사상적인 물줄기로 이어져 오다가 18세기에 이르러 이 두 물줄기가 칸트라는 거대한 호수 속에 수용된 것입니다. 칸트의 철학을 비판철학이라고 하는 이유도 그가 이 두 개의 철학사조, 특히 데카르트의 이성론과 영국 경험론 모두를 비판적으로 수용했기 때문입니다.

이런 사상적인 맥락에서 칸트는 신 문제에 대해서도 기존의 철학자들이 말했던 논증들을 비판적인 시각으로 보고 오히려 실천이성의 영역인 도덕을 통해 신 문제에 대한 대답을 찾고자 했습니다. 그는 종래의 전통적인 신 존재증명이 가능하지 않음을 다음과 같이 비판합니다.

그의 비판은 인식능력 자체에 대한 비판에서 비롯합니다. 칸트에 의하면 인식이란 감성과 오성悟性의 결합에서 성립하므로 감성적 직관이 주어지지 않는 것에 대해서는 인식가능성을 말할 수 없습니다. 따라서 경험을 초월한 초감성계超感性界는 상상할 수는 있으나 인식될 수는 없습니다. 그러므로 칸트의 입장에서는 초감성계의 신에 대한 인식과 증명은 애초에 불가능합니다. 신에 대한 증명은 영원히 도달할 수 없는 하나의 목표에 불과할 뿐입니다.

칸트는 초감성계의 영역에 대한 인식을 위해 이성을 사변적으로 사용하는 모든 시도는 공허하며, 형이상학 안에서 신의 존재증명을 위한 모든 시도는 전적으로 실패라고 단언했습니다. 이러한 칸트의 인식론적 입장은 물자체物自體에 대한 인식 거부와 맞물려 종교적 대상으로서의 신을 이념의 산물로 격하시켰습니다.

그러나 그가 『순수이성비판』에서 밝힌 신에 대한 논증의 거부가 바로 신 문제에 대한 최종적인 대답은 아닙니다. 그는 다만 인간의 이성으로는 신 존재에 대해 긍정도 부정도 할 수 없음을 강조한 것뿐이었습니다.

칸트는 인간에게 이론이성 영역만이 아니라 실천이성 영역이 있음을 상기시키고, 이 실천이성의 영역 안에서 신의 존재문제를 해결하려고 합니다. 그래서 도덕률, 최고선, 자유, 행복, 목적왕국 등과 같은 도덕철학의 문제를 통해 비록 우회적이기는 하지만, 이론이성에서 넘어설 수 없었던 신의 존재문제를 새롭게 살펴나가고자 했습니다. 곧 도덕적 삶의 주체로서 인간에게는 영혼의 불멸성과 신의 존재문제가 중요하게 대두된다고 본 것입니다.

인간은 누구나 현실적인 삶을 통해 행복하게 살기를 원합니다. 그것은 유한한 모든 인간의 필연적 요구입니다. 그리고 우리의 도덕적 인식은 이러한 행복이 선하고 덕스러운 사람에게 돌아가야 한다는 것을 압니다. 그러나 현실적인 삶은 불완전하고 모순에 차 있어 선하고 덕스러운 사람에게 행복을 보장해 주지 못합니다. 현실의 도덕적 질서는 우리의 바람과는 달리 전도顚倒되어 있는 수가 많습니다.

칸트는 철저하게 현실주의자요 도덕주의자였습니다. 그는 인간의 존엄성과 가치를 가장 고귀하게 생각하고 현실적인 삶 속에서 인간의 목적과 행복을 추구하려고 했던 현실 지향적인 도덕철학자였습니다.

그러나 인생에 대한 그의 깊은 철학적 통찰과 일생동안의 경건하고 성실했던 자신의 삶을 통해서 얻은 결론은 인간의 현실적인 삶은 너무나 불완전하고 모순에 차 있다는 것입니다. 그래서 이러한 현실적인 삶을 통해서는 누구도 완전한 행복을 누릴 수가 없다는 것입니다. 그럼에도 불구하고 우리는 행복은 선한 사람에게 주어져야 하고 불행은 악인에게 돌아가야 한다는 확고한 바람을 가지고 있습니다.

이와 같은 강렬한 그의 도덕적 신념은 그의 도덕철학을 종교의 영역으로 이끌어 갑니다. 즉 선하고 도덕적인 사람이 현실 세계에서 끝내 불행한 삶을 살아가고 그것으로 그의 인생이 모두 끝나버리고 만다면 도대체 도덕과 도덕법칙은 무엇이며 인간의 존엄성과 가치는 어디서 찾을 것인가, 라는 문제가 일어나게 됩니다. 따라서 그러한 사람은 내세에서라도 반드시 행복이 보상되어야만 합니다. 그러기 위해서는 인간의 영혼은 소멸하지 않고 내세에도 영원히 존재해야만 합니다. 소위 도덕성과 지복至福의 연결은 칸트에 의해 최고의 선으로 특징지어집니다.

칸트는 도덕의 권위가 손상되지 않기 위해서는, 그리고 선한 자에게 마땅히 돌아가야 할 행복이 보장되기 위해서는 인간의 영혼이 불멸해야 한다는 것을 강력히 요청要請하고 있는 것입니다. 칸트에게 있어서 내세는 반드시 존재해야만 하는 것입니다. 신의 존재도 같은 맥락에서 이해될 수 있습니다.

칸트는 인간의 영혼이 불멸하다고 해서 선한 사람에게 반드시 행복이 돌아간다는 보장은 없다고 생각했습니다. 이 세상에서 착하고 덕스러웠으나 불행했던 영혼이 내세에서도 그렇지 않으리라는 보장이 없다는 것입니다. 그것을 보장하기 위해서는, 즉 이 세상에서 선하고 덕스러운 사람에게 내세의 행복을 보장해 주기 위해서는 도덕적 질서의 부여자로서 신이 존재해야만 합니다. 이것이 바로 '신의 존재에 대한 도덕적 증명'입니다.

칸트에게 있어 신의 존재를 전제前提하는 것은 도덕적으로 필연적입니다. 그리고 이러한 전제란 바로 실천이성의 요청을 가리킵니다. 그런 의미에서 칸트에게 종교는 '순수한 이성적 종교'이고, 그의 신학은 '철학적 신학'이며, 그의 신앙은 '도덕적 신앙'입니다. 이와 같이 그의 종교는 도덕으로부터 이끌어낸 종교라고 말할 수 있겠습니다.

칸트는 "도덕은 반드시 종교로 인도한다."라고 하며 도덕이 도덕으로서의 가치를 갖기 위해서는 종교의 영역으로 넘어가야 한다고 보았습니다.

그러나 결국 종교를 '철학적 도덕의 한 부분'으로 특징지으려했던 칸트의 이 같은 태도는 이후 전통적인 기독교로부터 종교를 도덕으로 환원시켰다는 비난과 함께 종교의 합리적인 토대와 기독교 신앙의 유산을 파괴했다는 비난을 면치 못했습니다. 왜냐하면 종교적 신앙은 결코 도덕적 신앙으로 대체될 수 없으며 기독교 신은 그가 말한 도덕적 신과는 동일한 신이 될 수 없기 때문입니다.

인간이 강력히 요청한다고 해서 영혼이 불멸하고 신이 존재하는 것은 아닙니다. 만일 그렇다면 그것은 기독교 신과는 존재론적으로 차원이 전혀 다른 문제가 됩니다. 기독교의 본질적인 내용은 먼저 신이 존재하고 내세가 존재하기 때문에 그 신과 내세를 믿는 것입니다. 그리고 그 때 인간은 도덕적이 될 수 있고 행복을 누릴 수 있게 되는 것입니다. 종교가 도덕의 근거이지 도덕이 종교의 근거가 되는 것은 아닙니다. 기독교의 입장에서 보면 칸트의 도덕적 신은 인간의 필요와 요청에 따라 만들어진 인위적인 신 이상 아무 것도 아닙니다.

02 프래그머티즘의 실용주의적 신

한편 미국을 대표하는 철학인 실용주의, 곧 프래그머티즘은 신의 존재에 대해 색다른 입장을 취하고 있습니다. 프래그머티즘에서는 진리의 기준을 유용성有用性과 검증성檢證性에 두고 있습니다. 유용성이란 인간의 실제 생활에 있어서의 효과를 말하며 검증성이란 인간의 경험에 의한 확인 가능성 여부를 말합니다.

이러한 기준에 따른다면 모든 지식이나 이론은 우리의 실제적인 행동이나 생활에 이익을 가져오거나 유용한 영향을 끼칠 때, 또는 만족스러운 결과를 야기할 때 참이요 진리가 되는 것입니다. 그래서 윌리엄 제임스는 진리에 대하여 "그것은 참이기 때문에 유용하며 유용하기 때문에 참이다."라고 했습니다.

뿐만 아니라 모든 진리는 우리의 경험을 통해 검증 가능해야 합니다. 검증할 수 있는 것만이 참이고 그렇지 않은 것은 거짓입니다. 예를 들어 어린아이가 불을 처음 보았을 때, 실제로 불 가까이 손을 갖다 대본 후 '불은 뜨겁다.'는 지식을 가지게 되는데 이러한 지식이야 말로 검증 가능한 가장 확실한 지식이 되는 것입니다.

이런 기준에서 볼 때 실용주의자들은 철학에서 주장하는 모든 형이상학적 지식을 허구적인 것으로 부인합니다. 왜냐하면 그러한 지식은 검증 가능한 객관적 지식이 아니기 때문입니다. 예를 들어 플라톤의 이데아idea 사상이나 칸트가 말한 물자체物自體 또는 헤겔의 세계정신世界精神과 같은 개념은 우리가 경험을 통해 검증할 수 없는 것이므로 무의미하고 공허한 것으로 간주합니다.

그렇다면 이런 기준으로 볼 때 종교적 진리와 가치는 어떻게 인정할 수 있을까요? 결론적으로 말하면 프래그머티즘은 종교의 가치와 진리성을 인정합니다. 그 이유는 신에 대한 관념을 비롯한 모든 종교적 진리는 그것이 비록 검증 불가능한 것이라 하더라도 우리의 실제적인 삶에 유익한 영향을 끼치기 때문입니다. 제임스에 의하면

· 신의 존재를 믿는 것이 우리의 삶에 유익한가?
· 신에 대한 믿음은 우리의 행복을 증대시키는가?
· 종교적 신앙이 우리의 삶에 용기와 희망을 주는가?

등과 같은 질문들에 대해 만일 긍정적인 대답을 얻을 수 있다면 신에 대한 믿음은 유용성이라는 측면에서 진리로 받아들여질 권리가 있다고 봅니다.

제임스는 절대적인 신이 존재하고 인간이 그 신과 함께 있다는 의식은 우리의 삶을 고무한다고 보았습니다. 왜냐하면 신에 대한 믿음이나 내세에 대한 확신과 같은 종교적 체험은 인간의 삶을 긍정하고 능동적인 힘을 불어넣어 주기 때문입니다. 뿐만 아니라 그것은 인간의 삶을 도덕적이게 하고 생명의 존엄성을 가지게 하며 좌절과 절망으로부터 벗어나게 하여 우리의 마음에 깊은 평화를 심어줍니다. 따라서 신에 대한 관념을 비롯한 모든 종교적 진리는 그것이 비록 검증 불가능한 것이라 하더라도 우리의 실제적인 삶에 유익한 영향을 끼치기 때문에 그 진리성이 인정되는 것입니다.

　종교에 대한 이러한 프래그머티즘의 태도는 언뜻 보면 신에 대한 믿음과 신앙을 인정하는 것 같으나 사실은 종교를 왜곡하고 있다고 비판받고 있습니다. 왜냐하면 종교는 제임스의 말과 같이 기능적 가치 functional value만 갖는 것이 아니라 본질적 가치 intrinsic value를 갖기 때문입니다. 즉 종교적 진리는 그것이 어떤 효과를 산출하기 때문에 진리라기보다 그 자체가 진리이기 때문에 진리로서의 효과를 산출하는 것입니다.

　만일 우리가 종교에서 기능적 가치만을 추구한다면 '행복하기 위해서 신을 믿는다.'라고 하는 것이 옳을 것입니다. 그러나 이러한 주장은 종교의 관점으로 본다면 앞뒤가 전도顚倒된 것입니다. 왜냐하면 신앙을 가진 자에게는 신을 믿고 그래서 행복한 것이지 행복하기 위해서 신을 믿는 것은 아니기 때문입니다. 신앙인에게는 신앙이 목적이고 그에 따른 유익은 부수적인 결과일 뿐입니다.

　오늘날 우리는 지나치게 공리주의적인 사고에 길들여져 있어 모든 것이 나의 유익에 어떤 결과를 가져다주는가에만 관심이 있습니다. 그러나 기독교의 가르침은 오히려 이와는 반대입니다. "너희 중에 누구든지 크고자 하는 자는 너희를 섬기는 자가 되고, 너희 중에 누구든지 으뜸이 되고자 하는 자는 너희 종이 되어야 하리라." 이것이 성경의 가르침입니다. 오른편 뺨을 치면 왼편도 돌려대는 것, 오리를 가자면 십리를 동행하는 것, 속옷을 달라면 겉옷까지 가지게 하는 것, 이것이 성경의 가르침입니다. 이런 가르침은 나에게 어떤 유익을 주는 것과는 오히려 거리가 먼 것입니다.

신앙은 때로는 현실적인 삶에서 유익이 아니라 손해를 가져올 수도 있습니다. 이웃을 위한 대가없는 사랑과 봉사와 희생, 이것이 신앙의 본질입니다. 신의 뜻을 따르기 위한 자기부인, 이것이 신앙이 추구하는 가치입니다. 의義와 진리를 위해 자기 십자가를 지는 것, 이것이 기독교가 요구하는 최고의 덕목입니다.

눈앞의 유익과 만족만을 추구하는 자는 결코 신앙의 길을 갈 수 없습니다. 그런 자는 결코 신 앞에 설 수 없습니다. 물질의 탐욕에 눈이 먼 자는 결코 신의 나라를 소유할 수 없습니다.

종교를 유용성이라는 잣대로만 재단하려고 하는 실용주의적 진리관은 언뜻 보면 수긍이 가는 것 같으나 사실은 종교의 본질, 특히 기독교의 본질에 대한 참된 이해가 결여된 피상적인 진리관이라 하겠습니다.

범신론汎神論이란 무엇인가?

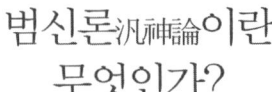

01 자연은 곧 신이요 신은 곧 자연이다

　스피노자는 1632년 네델란드의 암스테르담에서 부유한 유태계 상인의 아들로 태어나 1677년에 오랫동안 앓아왔던 폐병으로 44세의 젊은 나이로 세상을 떠났습니다. 그는 결혼을 하지 않고 가끔 담배를 피우며 포도주를 즐겨 마셨습니다. 그는 평소 건강이 좋지 않았으나 이웃과 친구들을 만나 오랫동안 담소를 나누기를 좋아했고 시간이 있으면 그림을 그리며 여유 있는 생활을 즐겼습니다. 스피노자는 사회생활을 긍정하는 낙천주의자였습니다. "비록 내일 세계가 종말을 고한다 할지라도 나는 오늘 한 그루의 사과나무를 심겠다."는 말 속에서 그의 낙천적인 성품을 읽을 수 있습니다. 그는 고대 소크라테스와 더불어 근세에 가장 뛰어난 철인哲人 중의 한 사람으로 후대의 많은 사람들로부터 존경을 받고 있습니다.

스피노자는 진리탐구에 대한 열정이 누구보다도 강하였습니다. 특히 그는 일생을 통하여 자신의 모든 삶을 바칠 만한 그러한 지고至高의 진리가 무엇인가를 찾기 위해 고심하였습니다.

경험이 말해주는 바와 같이 일상생활에서 나타나는 모든 사실들은 허망한 것뿐이라는 것을 깨닫고 나서부터 드디어 나는 다음과 같은 것을 구명究明하기를 결심하였다. 내가 만약 그 한 가지만을 찾아내어 획득할 수만 있다면 더 없이 큰 기쁨을 영구히 누릴 수도 있을 바로 그러한 것이 과연 있을 수 있는가 하는 것이다.

끊임없는 철학적 사색을 통하여 결국 스피노자는 그와 같은 진리를 발견하였는데 그것이 곧 '신에 대한 지적사랑'입니다. 신에 대한 지적사랑이란 이 우주의 궁극적인 실체인 신에 대한 지적인식知的認識을 말합니다. 인간이 우주의 근저根柢에 놓여 있는 신성神性, 즉 우주의 필연적인 원리를 정관靜觀하고 자신의 모든 의지와 행동의 원인이 바로 이 신적 필연성 속에 있음을 깨닫는 것이 곧 신에 대한 지적사랑입니다. 이를 통해 인간은 비로소 자기중심적인 욕망과 번뇌에서 벗어나고 모든 부자유한 상태에서 해방되어 참된 행복을 누릴 수 있는 것입니다.

흔히 스피노자를 '신에 취한 무신론자'라고 부릅니다. 그는 신을 종교적인 믿음의 대상으로 바라본 것은 아니었으나 그의 철학적 혜안慧眼을 통하여 이 세계 속에 내재內在하는 신성을 통찰하고 이를 무한한 애착을 가지고 사랑할 수 있었던 것입니다. 그에게 있어서 신은 인간과 세계를 초월하여 존재하는 것이 아니라 이 세계와 자연 속에 내재해 있습니다. 영원불변하는 자연의 질서와 법칙 속에서 신성을 볼 수 있었으니 그것이 곧 신입니다. 신이 따로 있고 자연이 따로 있는 것이 아니라 신 속에 자연이 있고 자연 속에 신이 있습니다. 자연과 신은 하나라고 하는 그의 사상이 곧 범신론Pantheism입니다.

형이상학적 탐구의 대상이 되는 실체實體, substance란 우리가 흔히 생각하는 하나의 물체를 말하는 것이 아닙니다. 실체란 존재하는 모든 것의 근저에 있으면서 모든 것을 통일하고 포괄하는 어떤 궁극적인 존재를 말합니다. 데카르트는 실체를 '그것이 존재하기 위하여 다른 아무 것도 필요로 하지 않는 것'이라고 정의를 내렸고 스피노자는 실체란 '그 자신에 있어 존재하고 그 자신에 있어 이해되는 것'이라고 했습니다. 즉 형이상학이 밝히고자 하는 실체란 단순한 하나의 대상적 존재가 아니라 이 세계와 존재하는 모든 것의 궁극적인 근거와 본질이 되는 순수존재純粹存在를 말한다고 볼 수 있습니다.

스피노자에 의하면 실체는 다음과 같은 몇 가지 특성을 가지는데, 첫째는 무한성無限性이요, 둘째는 자기원인성自己原因性이며 셋째는 유일성唯一性입니다. 실체는 타他에 의하여 제한되지 않는 무한자이며 동시에 타에 의존하지 않으며 그 존재이유를 자기 자신 안에 갖는 자기원인입니다. 또한 실체는 어떤 부분적인 존재가 아니라 모든 것을 포괄하는 전체이기에 유일합니다.

스피노자는 이와 같은 특성을 가진 실체를 신이라고 불렀습니다. 그러나 스피노자의 신은 기독교에서 말하는 전통적인 신과는 거리가 멉니다. 그가 말한 신은 초월적인 신이 아니며 이 세계의 창조자도 아닙니다. 또한 그의 신은 인격적인 신도 아닙니다. 지성도 의지도 사랑도

신의 속성에 속하지 않습니다. 신과 인간과의 관계는 신과 다른 사물들과의 관계와 다를 것이 없습니다.

공중의 새나 바다의 물고기가 신의 모습을 따라 만들어진 것이 아니듯이 인간도 신의 형상을 따라 만들어진 것이 아닙니다. 그의 신은 특별히 인간에게만 관계하는 신은 아닙니다. 그렇다면 스피노자가 말하는 신이란 무엇을 말하는 것일까요?

스피노자의 신은 '하나의 광막한 대자연의 체계'를 말합니다. 그의 신은 이 세계와 자연을 초월하여 존재하는 것이 아니라 세계와 자연 속에 내재하고 있습니다. 스피노자에 있어서 신과 자연을 분리시키는 것은 잘못입니다. 신이 곧 자연이요 자연이 곧 신입니다. 신은 존재하는 모든 것이요 존재하는 모든 것은 신입니다.

물론 존재하는 모든 것이 신이라고 해서 유한한 존재들의 총화總和가 곧 신이라는 뜻은 아닙니다. 자연 속의 무수히 많은 존재들, 즉 돌과 풀과 나무, 산과 강과 바다, 해와 달과 별… 이러한 존재들의 전체를 신이라고 불러서는 안 됩니다. 이러한 모든 존재들은 신의 표현이요 신의 모습에 불과합니다. 즉 이러한 존재들은 실체가 아니라 실체의 양태樣態이며 우주 자체가 아니라 우주의 얼굴에 불과합니다.

자연 속에 있는 모든 개별적인 존재들은 유한하고 무상無常한 것이어서 이것들을 아무리 모은다고 해도 그것이 곧 영원하고 절대적인 것으로 변하지는 않습니다. 스피노자가 말한 신은 자연이라기보다는 자연의 질서요, 세계라기보다는 세계의 원리이며, 우주라기보다는 우주의 이법理法이라고 보는 편이 옳을 것입니다.

스피노자는 자연의 모습을 두 가지 측면으로 파악하였는데, 하나는 끊임없이 변화하는 자연이요 다른 하나는 일정불변하는 자연입니다. 자연 안의 모든 존재들은 잠시 생겼다가 없어지며 시시각각 변화하는 존재들입니다. 그것은 스스로 존재하지 못하는 피동적인 존재요 생산된 존재들입니다. 인간을 비롯한 자연 안의 모든 유한한 존재들이 여기에 속합니다. 스피노자는 이러한 자연을 '소산적 자연所産的 自然'이라 불렀습니다.

한편 자연 가운데는 이와는 달리 일정불변하는 자연이 있습니다. 자연의 질서, 세계의 원리, 우주의 이법은 어느 때 어느 곳에서나 변화하지 않습니다. 그것은 스스로 존재할 뿐만 아니라 모든 유한한 자연을 생산하는 창조적인 원동력이 됩니다. 스피노자는 이와 같은 창조적인 자연을 가리켜 '능산적 자연能産的 自然'이라 불렀습니다. 생산된 자연이 소산적 자연이라면 생산하는 자연을 능산적 자연이라 할 수 있는데 스피노자의 신은 바로 이 능산적 자연에 붙여질 수 있는 이름이라 하겠습니다.

스피노자에 의하면 무한한 실체인 신은 무수히 많은 속성을 갖습니다. 그러나 그 가운데서 인간은 오직 두 가지 속성만을 인식할 수 있는데 그것이 곧 사유思惟와 연장延長입니다. 스피노자의 신은 마치 하나의 동전이 양면兩面을 갖는 것과 같이 사유와 연장, 두 측면을 동시에 가진 존재입니다. 그의 신은 한편으로는 정신의 특성인 사유를, 다른 한편으로는 물질의 특성인 공간, 즉 연장이라는 특성을 갖습니다.

우리가 실체를 내면적으로 파악할 때 그것은 사유의 측면으로 나타나고 외면적으로 파악할 때 연장의 모습으로 나타납니다. 이는 마치 육체와 정신으로 이루어져 있는 인간이 내면적으로 파악될 때는 사유의 측면으로, 외면적으로 파악될 때는 연장, 곧 육체의 모습으로 나타나는 것과 같습니다. 그리고 인간의 육체와 정신이 어디까지 육체이고 어디까지 정신인지 명확히 구분할 수 없듯이 자연도 연장과 사유라는 두 측면으로 이루어져 있으나 이를 명확하게 구분할 수 있는 선을 그을 수 없는 것입니다.

스피노자는 이러한 자연의 양면적인 모습을 '신성神性은 자연의 내재성內在性이요 자연은 신성의 외재성外在性'이라는 말로 표현했습니다. 자연은 신성을 그 속에 가지고 있으며 반대로 신은 자연이라는 외형을 가진다는 것을 뜻하는 말입니다. '우주는 신의 몸이요 신은 우주의 정신'이라는 말은 바로 스피노자의 범신론의 정곡을 찔러주는 말이기도 합니다.

02 결정론決定論적 세계관

스피노자에 의하면 이 세계의 유일한 실체인 신은 타자他者에 의존하지 않으며 외적인 제약을 받지 않는 자기원인입니다. 이런 의미에서 신은 곧 자유라고 할 수 있습니다. 그러나 이 자유는 신이 모든 것을 자기 임의대로 할 수 있다는 의미의 자유는 아닙니다. 신의 자유는 결코 무질서한 자유가 아니라 자기 자신의 필연성에 따라 자기법칙을 좇아서 움직이는 필연적인 자유입니다. 그러므로 신에 있어서는 자유와 필연이 일치합니다.

아리스토텔레스에 의하면 이 세계는 자기 스스로 목적을 가집니다. 세계내의 모든 존재는 목적론적인 체계 아래에 놓여 있으며 모든 운동은 보다 높은 단계의 목적을 지향하여 일어납니다. 그러나 스피노자는 세계에 대한 이와 같은 목적론적 해석을 거부합니다. 이 세계에는 자체적으로 존재하는 목적도, 초월자에 의해 부여된 목적도 없습니다.

만물은 신의 작용에 의하여 필연적으로 생성되며 모든 운동은 신의 법칙에 따라 기계적으로 일어날 뿐입니다. 신과 만물과의 관계는 원인과 결과의 관계와 같습니다. 만물은 신의 본질로부터 필연적인 귀결로서 생긴 것이며 창조에 의해 생긴 것이 아닙니다. 이는 마치 삼각형의 본질로부터 내각의 합이 2직각이라는 것이 필연적으로 귀결되는 것과 같습니다.

스피노자는 자연현상뿐만 아니라 인간의 정신현상도 기계적 법칙의 지배를 받는다고 보았습니다. 스피노자에 의하면 인간의 의지도 인과적 필연성의 지배를 받기 때문에 자유가 개입될 여지가 없습니다. 인간의 의지를 자유라고 보는 것은 인간이 자기 행위의 원인에 대해 무지하기 때문입니다. 즉 자기의 행동과 의지의 참된 원인이 자기 자신에게 있는 것이 아니라 신의 필연적인 법칙 가운데 놓여 있다는 것을 모르기 때문입니다. 인간이 자유롭다고 생각하는 것은 마치 날아가는 돌이 스스로 자유롭다고 생각하는 것과 같습니다. 그러나 날아가는 돌이 중력의 법칙에 따라 지구의 중심을 향하여 필연적으로 낙하하는 것과 같이 인간의 모든 행위도 자연의 필연적인 법칙에 따라 불가피하게 일어나는 것입니다.

만약 어떤 사람이 길을 가다가 지붕에서 떨어지는 돌에 맞아 죽었다면 혹자는 그것을 우연한 사건으로 볼 것이고 혹자는 신의 뜻으로 돌리기도 할 것입니다. 그렇지 않으면 돌이 떨어지는 바로 그 시간에 그 지붕 밑을 지나가다가 떨어진 돌에 맞아 죽는다는 것은 생각하기 어려운 일이기 때문입니다. 그러나 스피노자의 입장에서 보면 그 사람이 바로 그 시간에 지붕 밑을 지나가게 된 것은 필연적인 이유가 있어서입니다. 예컨대 그는 바로 그 시간에 친구의 초대를 받았기 때문이요 돌이 떨어진 것도 바로 그 시간에 강풍이 불어왔기 때문입니다.

우리는 다시 왜 그 사람이 그 시간에 친구의 초대를 받았으며 왜 그 시간에 강풍이 불어왔는가, 라고 묻는다면 거기에도 역시 필연적인 원인이 있음을 발견하게 될 것입니다. 따라서 일어나는 모든 일들은 필연적인 원인에 의해 이미 결정되어 있으며 인간이 자유롭다고 하는 것은 그와 같은 결정적인 원인을 인식하고 있지 못하기 때문입니다.

그렇다면 인간은 필연적인 법칙과 원인에만 매여 있는 전혀 부자유스러운 존재일까요? 스피노자에 의하면 인간이 자유로워 질 수 있는 것은 자신의 자유의지를 배격하고 만물의 근저根柢에 놓여 있는 필연적인 법칙을 인식하여 이 법칙에 따라 행동할 때에만 가능합니다. 마치 운동경기에서 선수가 규칙을 몰라 규칙을 어길 때에는 제재와 구속을 받으나 규칙을 알고 규칙에 따라 움직이는 선수에게는 나름대로의 자유가 있는 것과 같습니다. 요컨대 신의 법칙을 올바로 파악하여 그 법칙에 순응하여 살아갈 때 인간은 자유로워 질 수 있는 것입니다.

예를 들어 우리가 죽음으로부터 자유로워 질 수 있는 것은 죽음이 피할 수 없는 자연의 법칙이라는 것을 깨닫고 이에 순응할 때만 가능한 일입니다. 모든 사건이 자연의 법칙을 따라 불가피하게 일어난다는 것을 아는 사람은 그렇지 못한 사람보다 그 사건을 대하는 태도가 훨씬 더 자유로워 질 수 있는 것입니다.

스피노자는 이 우주에는 전체로서의 하나의 실체만이 있으므로 모든 개체들은 하나의 실체의 여러 부분들에 불과한 것으로 보았습니다. 이것은 인간에 있어서도 마찬가지여서 개개의 인간은 엄밀하게 볼 때 독립된 존재가 아니라 보다 큰 전체의 한 부분을 이룰 뿐입니다. 인간 한 사람 한 사람을 독립된 존재로 보는 것은 마치 나뭇잎 하나하나를 독립된 존재로 보는 것과 다를 것이 없습니다.

하나하나의 나뭇잎이 나무에서 떨어져 독립된 존재로는 아무런 의미도 없는 것처럼, 그리고 나뭇잎 하나하나가 가지와 줄기와 뿌리에까지 이어지고 확대되어야 하는 것처럼, 개별적인 인간도 자신의 외연外延을 우주 전체와 신에 이르기까지 확대시켜야 하고 자신의 자아를 우주 전체와 하나가 되게 해야 합니다.

인간이 경험하는 모든 불행의 원인은 전체의 진상眞相을 모르고 부분을 마치 전체인 것처럼 생각하여 부분의 보존과 유익만을 꾀하는 어리석은 자기욕심에 있습니다. 미움과 원망, 시기와 질투, 속임과 다툼 등 모든 불화와 고통의 원인은 전체를 보지 못하고 부분에만 집착하는 편협한 이기심 때문입니다. 이는 마치 한 나무에 달린 여러 잎들이 서로 좋은 자리를 다투는 것과 다를 것이 없으며 왼 손과 오른 손이 서로 많이 가지려고 싸우는 것과 다를 것이 없습니다.

인간이 이와 같은 모든 불행과 고통으로부터 벗어나기 위해서는 우주 전체를 지배하는 신의 법칙을 통찰하고 자신의 삶의 법칙을 이와 일치시켜 나가야만 합니다. 냉철한 이성적 사고에 의해 '신에 대한 지적사랑'에 이르러서야 비로소 인간은 자기중심적인 욕망에서 벗어나고 모든 부자유한 상태에서 해방되어 참된 자유함을 누릴 수 있다는 것이 스피노자의 결정론적 세계관의 핵심 내용입니다.

Chapter
06

현대사회도 도덕과 윤리를 필요로 하는가?

Philosophy

옳고 그름의
기준은 무엇인가?

01 도덕법칙은 반드시 지켜야 하나?

윤리학ethics이란 일반적으로 인간의 도덕적 판단이나 행위에 대한 옳고 그름의 기준이나 원리를 탐구하는 철학의 한 분야를 말합니다. 인간은 일상생활을 통해 여러 가지 옳고 그름을 판단해야 하며 어떤 행동을 해야 할 것인가를 선택해야 합니다. 예를 들어

"어떤 행위는 도덕적 행위이며 어떤 행위는 비도덕적 행위인가?"

"어떤 행위는 옳은 행위이며 어떤 행위는 그른 행위인가?"

"어떤 행위는 가치 있고 바람직한 행위이며 어떤 행위는 처벌과 비난을 받는 행위인가?"

여기서 한 걸음 더 나아가

"인간이 추구해야 할 최고선最高善은 무엇인가?"

"인간이 마땅히 따라야 할 도덕적 의무는 무엇인가?"

"인간이 지켜야 할 도덕법칙은 무엇인가?"

일상생활을 통해 부딪치는 이와 같은 도덕적 문제들에 대응하기 위해 우리는 도덕적 판단의 기준이나 인간의 행위를 가늠해 줄 수 있는 원리를 필요로 합니다. 윤리학은 바로 이러한 원리를 얻기 위한 도덕의 본질에 관한 철학적 탐구를 말하는데 이를 도덕철학moral philosophy 이라고도 합니다.

그러므로 윤리학이란 인간이 어떻게 선하고 바람직한 삶을 살아갈 수 있는가, 라는 가치의 세계를 탐구 대상으로 삼는 학문이라 하겠습니다. 그런데 우리가 가치의 세계를 탐구할 때 나타나는 어려운 문제 가운데 하나는 모든 사람의 가치판단 기준이 조금씩 다르다는 점입니다. 특히 누구에게나 의심의 여지없이 분명하게 옳고 그름이 구별되지 않는 문제의 경우 우리의 가치판단은 혼란스러울 수밖에 없는데 이 때 요구되는 것이 분명한 도덕적 기준이나 원리라 하겠습니다.

예를 들어 '약속은 반드시 지켜야 한다.' 라든가 '거짓말은 해서는 안 된다.'와 같은 사실에 대해서는 모든 사람들이 쉽게 의견 일치를 볼 것입니다. 그러나 일상생활 가운데는 우리의 심사숙고를 요구하는 도덕적 문제들도 많이 있습니다.

가령 고속도로에서 제한 속도를 초과하여 과속으로 운전하는 것을 부도덕한 행위라고 할 수 있는가, 와 같은 문제입니다. 아마 이 문제에 대해서는 사람마다 의견이 다를 것입니다. 어떤 사람들은

"이런 문제까지 도덕적 시비是非를 가린다는 것은 난센스다. 만일 이러한 행위들이 법에 저촉된다면 규정에 따라 벌금을 내면 그만이지 도덕적으로 옳고 그름을 따질 필요는 없다."

라고 주장할 것입니다. 그러나 이와 다른 가치판단을 가진 사람에게는 이런 행위는 매우 비도덕적이요 파렴치한 짓으로 보입니다.

"곤경에 처한 생명을 구하는 일이 도덕적 행위라면 남에게 생명의 위협을 주는 과속 행위도 당연히 비도덕적 행위라고 보아야 하지 않겠는가?"

라고 주장하는 사람도 있을 것입니다. 그러나 이와 같이 일상생활에서 일어나고 있는 문제들보다 윤리적으로 훨씬 더 복잡하고 깊이 생각해야 할 문제들도 많이 있습니다. 예를 들어

"유익한 거짓말은 해도 괜찮은가?"

"자식에게 유전질환을 물려줄지 모를 산모의 임신중절은 도덕적으로 정당한가?"

"시한부 인생을 살아가는 환자가 고통을 이겨내지 못해 안락사를 요구했을 때 의사는 어떤 결정을 내려야 하는가?"

이러한 문제들에 대해 누구나 공감할 수 있는 도덕적 판단을 내린다는 것은 쉬운 일이 아닙니다. 왜냐하면 이러한 문제들은 매우 특수한 상황과 연관된 문제이며 단순히 도덕의 문제에만 국한된 것이 아니라 의료 및 법적인 문제와도 연관되어 있기 때문입니다.

UCLA 의과대학의 한 교수가 졸업을 앞둔 학생들에게 마지막 수업을 마친 후 다음과 같은 질문을 던졌습니다.

"여러분, 다음과 같은 경우 여러분이라면 어떻게 하겠습니까? 아버지는 매독 보균자이며 어머니는 폐결핵 환자인데 여기서 태어난 첫째 아이는 부모의 악성 질병으로 인해 장님이 되고, 둘째 아이는 태어나자마자 곧 죽었으며, 셋째 아이는 귀머거리가 되어버렸습니다. 그런

어머니에게 넷째 아이가 임신되었습니다. 이 경우 여러분은 어떻게 하겠습니까?"

교수의 이와 같은 질문에 학생들은 모두 이구동성으로 임신중절을 해야 한다고 대답했습니다. 이 때 그 교수는 준엄하게 다음과 같이 말했습니다.

"여러분은 방금 위대한 악성 베토벤을 죽였습니다. 바로 이런 상황에서 네 번째로 태어난 아이가 베토벤입니다. 여러분들은 앞으로 졸업 후 의사생활을 할 때 순간순간 내리는 판단이 얼마나 어려운 것임을 알아야 합니다. 그것은 여러분의 말 한 마디가 한 생명보다 더 가치가 있을 수는 없기 때문입니다."

이러한 예는 우리가 가치판단을 내린다는 것이 때로는 얼마나 어렵고도 중요한 일인가를 말해줍니다. 우리는 어떤 실제적인 상황에서 옳고 그른 것을 분명하게 구별할 수 있어야 하며 그에 따라 구체적인 행위를 해야 하고 그 행위에 대해 도덕적 책임을 져야합니다. 이 경우 우리에게 필요한 것은 왜 그렇게 해야 하는지에 대한 원리와 기준을 제시하는 일입니다.

예를 들어 '약속은 지켜야 한다.' 라든가 '거짓말을 해서는 안 된다.' 라고 말할 경우 우리는 왜 약속은 반드시 지켜야 하는지, 왜 거짓말을 해서는 안 되는지에 대해 의문을 가질 수 있습니다.

이러한 의문에 대해 두 가지의 대답이 가능합니다. 하나는 그렇게 해야만 하는 도덕법칙이 주어졌기 때문이라고 말하는 것과 다른 하나는 그렇게 하는 것이 우리 모두에게 유익한 결과를 가져오기 때문이라고 말하는 것입니다.

전자를 주장하는 사람들은 인간은 누구나 선천적으로 선악을 판단할 수 있는 선한 양심 또는 도덕의식을 가지고 있다고 생각합니다. 그리고 이를 통해 선과 악, 옳고 그름을 직각적으로 파악할 수 있다고 봅니다.

즉 우리 마음속에 있는 선한 양심이나 도덕의식은 옳고 그름이나 선과 악을 판단할 수 있는 능력을 말하며 이를 근거로 만들어진 도덕법칙은 보편적 타당성과 당위성을 갖고 있기에 우리는 반드시 도덕법칙을 따라야 하는 것입니다

이런 주장을 하는 사람들은 행위의 결과는 그렇게 중요한 것이 아니라고 봅니다. 선이란 결과가 좋기 때문에 좋은 것이 아니라 그 자체에 있어 좋은 것입니다. 즉 선이란 그것이 지니는 내재적內在的 가치로 인해 그 자체적으로 진리성을 가집니다. 좋다는 최종적인 이유가 그 자체 내에 있습니다. 따라서 그 행위가 옳으면 옳다는 이유 때문에 반드시 그렇게 해야 하는 것입니다. 칸트를 비롯한 '법칙주의 윤리설'을 주장하는 사람들이 이런 입장에 섭니다.

그러나 이와 같은 주장에는 몇 가지 난점이 있습니다. 과연 양심이라는 것이 선천적으로 존재하는가, 라는 문제와 비록 양심이 주어졌더라도 양심의 명령을 따를 수 있는 의지의 자유가 인간에게 있는가, 라는 문제입니다. 뿐만 아니라 비록 도덕법칙이 주어졌더라도 보다 유익한 결과가 기대된다면 때로는 도덕법칙이 양보되어도 무방하지 않겠는가, 등과 같은 문제입니다.

한편 이와는 다르게 행위의 선과 악, 옳고 그름을 행위의 결과를 보고 판단하려고 하는 사람들이 있습니다. 좋은 결과를 가져오는 행위는

옳고 결과가 좋지 못한 행위는 잘못된 행위라고 보는 것입니다. 즉 도덕적 행위의 옳고 그름이나 선과 악의 문제는 그 행위가 어떤 결과를 산출하는가에 달려 있다는 것입니다.

예를 들어 가난한 사람을 도와주지 않는 것이 나쁘다는 것은 그 행위의 결과로 인해 가난한 사람이 고통과 불행을 당하는 결과를 가져오기 때문입니다. 여기서는 행위의 유익하고 좋은 결과가 중요시되기 때문에 도덕법칙을 반드시 지켜야 한다는 것은 상황에 따라 예외로 받아들여질 수 있다고 봅니다.

그러나 이러한 입장 역시 여러 가지 난점을 가지고 있습니다.

"만일 최선의 결과를 위해 도덕법칙을 준수하는 데에 예외가 있을 수 있다면 어떠한 경우가 그러한 예외에 속하는가?"

"목적과 결과를 위해 도덕법칙을 지키는 것을 부차적인 문제로 생각 한다면 수단과 방법은 도외시되고 그야말로 목적지상주의, 결과만능주의가 판을 치게 되지 않겠는가?"

"선한 동기가 선한 결과로 나타나지 않는 경우도 많은데 이 때 선한 동기가 가지는 도덕적 가치는 어떻게 평가 될 것인가?"

"도덕법칙을 어기는 것이 법칙을 따르는 것보다 보다 많은 사람들에게 보다 많은 행복을 가져온다면, 그리고 이러한 이유로 인해 우리가 지켜야할 도덕법칙들에 대해 지나치게 많은 예외를 허용한다면 도덕의 존립가치는 어떻게 되겠는가?" 등과 같은 문제들입니다. 공리주의 또는 프래그머티즘 윤리관이 이런 주장을 대표하고 있습니다.

02 상대주의 윤리관의 한계

　도덕의 절대성을 최초로 부인한 자들이 고대 그리스의 소피스트들입니다. 기원 전 5세기 경, 소크라테스가 살았던 당시 아테네는 그리스의 여러 도시국가 가운데 가장 번창하여 정치·경제·문화·철학·종교 등 모든 분야에서 지중해 연안의 중심 도시였습니다. 많은 사람들은 지식을 배우기 위해 또는 경제적인 부를 얻거나 정치적인 출세를 위해 아테네로 몰려들었습니다.

　특히 이때는 역사상 가장 훌륭한 통치자 가운데 한 사람인 페리클레스가 나타나 귀족정치를 종식시키고 인류 역사 가운데 처음으로 민주정치를 시도하였습니다. 모든 시민들은 활기와 의욕이 넘치고, 정치를 비롯한 모든 분야에서 누구나 능력만 있으면 입신출세 할 수 있는 사회적 분위기였습니다.

　이와 같은 시대적 상황에서 아테네 시민들에게 지식과 덕을 가르치는 일군의 직업적 교사가 있었는데 이들을 소피스트Sophist라 부릅니다. 소피스트란 원래 '지자知者'란 뜻으로 이들은 주로 사회적 또는 정치적으로 출세하려는 사람들에게 보수를 받고 처세술, 수사학, 웅변술 등과 같은 지식을 가르쳤습니다. 이들은 후세에 와서 궤변론자라는 불명예스러운 낙인이 찍혔으나 원래는 지식욕이 왕성한 당대 최고의 사상가들이었습니다.

　이러한 소피스트 가운데 한 사람인 프로타고라스는 '인간은 만물의 척도'라고 하여 진리의 보편성을 부정하고 상대주의적인 입장을 주장하였습니다.

> 진리는 너에게는 그것이 너에게 나타난 그대로요 나에게는 그것이 나에게 나타난 그대로이다. 진리의 척도는 사물에 있는 것이 아니다. 모든 것이 사람에 따라 보이는 그대로이다.

소피스트들이 진리를 이와 같이 주관적인 것으로 본 이유는 인간의 감각을 인식과 진리의 유일한 수단이요 기준으로 보았기 때문입니다. 그들은 감각기관을 통해 경험할 수 있는 것들만이 실제적이라고 보았습니다. 따라서 감각이 달라지면 감각의 내용 또한 달라질 수밖에 없다고 생각하였습니다. 그런데 인간 한 사람 한 사람은 모두 감각이 다르기에 한 사물을 경험하더라도 각각 상반되는 견해를 가질 수밖에 없다고 보았습니다. 예를 들어 동일한 미풍도 한 사람에게는 차갑게 느껴질 수 있고 다른 사람에게는 따뜻하게 느껴질 수도 있는 것입니다.

이와 같이 모든 사람이 서로 다른 방식으로 사물들을 지각한다면 누구의 감각이 옳고 누구의 감각이 그른가를 검증할 기준이 없게 됩니다. 따라서 이와 같은 입장에서는 진리의 보편적 가치는 부인되고 모든 사람이 일반적으로 받아들일 수 있는 절대적 진리란 승인될 수 없게 됩니다. 모든 것을 결정하는 진리의 잣대는 바로 인간 한 사람 한 사람 각자라는 점에서 '인간은 만물의 척도'입니다.

소피스트들의 이와 같은 진리관은 그들의 윤리관에도 그대로 적용됩니다. 그들은 선악에 관한 도덕의 문제도 상대적인 것으로 파악하려고 했습니다. 그들에게는 인간이 따라야 할 보편적이고도 절대적인 도덕의 기준은 없습니다.

나에게 선한 것이 때로는 너에게는 악이 될 수 있고 반대로 나에게 악한 것이 때로는 너에게는 선이 될 수 있다.

따라서 도덕에 있어서도 객관적인 기준이 없으며 오직 그때그때 각자에게 주어지는 주관적 의견opinion이 있을 뿐입니다. 아크로폴리스 광장에 모인 한 무리의 젊은이들에게 소피스트는 다음과 같이 주장합니다.

모든 것은 바로 자신이 어떻게 느끼느냐에 따라 달라지는 것입니다. 자, 예를 들어봅시다. 여기에 큰 돌이 하나 있습니다. 이 돌을 보고 사람들은 어떤 생각을 하겠습니까?
이 돌에 대한 사람들의 느낌은 모두 다를 것입니다. 어떤 사람들은 이 돌을 보고 석상石像을 만들 생각을 할 것이고 어떤 사람은 집을 지을 때 주춧돌로 사용하면 좋겠다고 생각할 것입니다. 그리고 또 어떤 사람은 이 돌로 개울을 건너는 징검다리를 놓으면 될 것이라고 생각할 것이고 또 어떤 사람은 이 돌을 마당 가운데 놓고 의자 대신 사용하면 좋겠다고 생각할 것입니다.
사람들은 이처럼 같은 사물일지라도 자신의 입장과 느낌에 따라 다르게 받아들이고 있습니다. 이 같은 각각의 다른 느낌이 바로 우리의 행동과 생각을 지배하게 됩니다. 따라서 각 개인의 느낌은 아주 소중하고 중요한 것입니다.
이러한 느낌은 진리에 대해서도 마찬가지입니다. 모든 사람은 제각기 나름대로 진리에 대한 견해가 있습니다. 그리고 그 견해에 따라 자신의 행동을 결정하게 됩니다. 이 말은 곧 모두에게 적용되는 절대적인 진리는 없다는 말과 동일합니다. 진리는 바로 각 개인의 잣대에 의해서 결정된다는 뜻입니다. 선과 악의 문제 역시 예외가 될 수 없습니다.

이러한 소피스트의 상대주의 윤리관은 많은 문제점이 있는 것이 사실입니다. 왜냐하면 모든 사람이 각자 자기가 생각하고 판단하는 것이 옳다고 생각하면 누구도 자기의 잘못을 시인하지 않을 것이고 그렇게 되면 사회의 보편적인 도덕이나 규범은 인정할 수 없기 때문입니다.
평소 소피스트에 대해 비판적 시각을 가졌던 소크라테스는 이러한 주장에 대해 다음과 같이 반박합니다.

소크라테스 : 만약 당신의 말대로 저 돌로 제우스 신상을 만들어 놓는다면 그것을 신이라고 말하겠습니까? 아니면 돌이라고 말하겠습니까?
소피스트 : 돌이라고 생각하는 사람은 돌이라고 말할 것이고 신이라고 생각하는 사람은 신이라고 대답하겠지요.
소크라테스 : 그래요? 그렇다면 저 돌로 만든 신상을 신으로 생각하는 사람이 있다고 할 때 저 돌은 더 이상 돌이 아닙니까? 그렇지는 않습니다. 저것으로 무엇을 만들든지 저것은 언제나 돌입니다. 설사 여기에 모인 모든 사람이 저 돌을 신으로 생각한다고 해도 저돌은 여전히 돌일 뿐입니다.
따라서 사람의 생각에 따라 사물이 달라진다고 말하는 것은 옳지않습니다. 사물은 사람의 생각에 관계없이 사물 자체의 고유한 성질을 그대로 유지하고 있는 것입니다. 만약 저 돌이 사람의 생각에 따라 개도 되

고 말도 될 수 있다고 생각한다면 그것은 저 돌의 성질에 대해 전혀 모르고 있기 때문일 것입니다.

돌로 무엇을 만들든지 여전히 그것이 돌이듯이 진리도 마찬가지입니다. 진리도 그 자체로서의 고유한 성질을 가지는 것입니다. 인간의 느낌에 따라 변하는 것은 결코 진리가 아닙니다. 우리들의 느낌에 관계없이 진리는 영원히 변하지 않습니다. 이 변치 않는 진리에 따라 행동할 때 우리는 가치 있는 삶을 살 수 있습니다.

소크라테스는 당시 소피스트가 주장했던 진리와 도덕의 상대성에 대해 그러한 주장이 얼마나 위험한 것인가를 잘 알고 있었습니다. 그는 진리와 도덕이 개개인의 주관적인 감각이나 판단에 따라 달라져서는 안 된다고 보고 모든 사람이 따라야 할 절대적 가치와 진리, 보편적인 도덕과 윤리가 반드시 확립되어야 한다고 생각했습니다.

상대주의 윤리관은 자칫하면 모든 행위를 정당화시켜 줄 위험을 내포하고 있습니다. 소피스트의 주장과 같이 도덕의 기준이 개개의 인간에 있다면, 그래서 저마다 자신의 도덕적 판단에 따른 자신의 행위가 옳다고 주장한다면 모든 사람이 따라야 할 도덕과 윤리는 성립할 수 없게 됩니다.

상대주의 윤리관은 언뜻 보면 논리적으로 잘못이 없는 것처럼 보입니다. 내가 옳다고 여기면 옳고 나에게 잘못되었다고 판단되면 잘못이라고 믿는 데에 무슨 잘못이 있겠는가, 라고 반문할 수도 있습니다. 그러나 너와 내가 같이 승인하고 우리 모두가 함께 인정할 수 있는 가치 체계가 존재하지 않는다면 도덕과 윤리는 무용지물無用之物이 되어버릴 것입니다. 도덕과 윤리가 무용지물이 되어버린 사회가 어떤 모습이 될 것인지는 소크라테스뿐만 아니라 우리 모두가 충분히 짐작하고도 남을 것입니다.

상대주의 윤리관이 나름대로의 근거와 이유를 가지고 있는 것은 사실이지만 동시에 이러한 주장이 얼마나 독단적인 요소와 논리적인 모순을 내포하고 있는가에 대해서도 우리는 충분한 주의를 기울여야 할 것입니다.

인간은
이기적인 존재인가?

01 이기적 본성은 비난 받아야 하는가?

　프로이트를 비롯한 많은 심리학자들은 인간을 본성적으로 자신의 만족과 유익만을 추구하는 이기적 존재로 규정하고 있습니다. 프로이트는 인간의 성격을 이드id, 에고ego, 슈퍼에고superego로 구분하고 인간이 태어날 때의 원초적인 상태는 이드, 곧 원자아에 의해 지배된다고 보았습니다.

　이드는 쾌락을 추구하고 고통을 피하는 쾌락의 원리를 따릅니다. 여기에는 선악을 판단하는 도덕감도 논리적인 사고도 작용하지 않습니다. 이드는 오직 본능적 욕구만을 충족시키려고 합니다. 이드는 철저하게 자기중심적이며 이기적입니다. 인간이 이성적으로 자신의 욕망과 충동을 억제하고 선과 악을 구분하며 논리적 사고를 통해 현실을 판단하고 이에 적응해 나가는 것은 에고, 즉 자아가 형성되고 난 이후의 일입니다.

　영국의 철학자 홉스도 이와 비슷한 입장을 취합니다. 홉스에 의하면 인간은 본래 이기적 동물입니다. 인간의 심층은 동물적인 욕구와 원시적인 충동으로 가득 차있는 그야말로 욕망과 증오의 원시림입니다.

홉스는 인간의 본래적 성품 가운데는 서로 다른 사람을 헤치려는 선문명성先文明性이 있다고 보고 만일 인간을 통제하는 법과 국가가 없는 상태에서는 인간은 이리와 다를 바 없다고 하였습니다. 그가 말한 '만인 대 만인의 투쟁'이란 이기적 본성으로 가득 차 있는 인간이 자연의 상태에서는 짐승과 다를 바 없이 자신의 욕망을 채우기 위해 서로가 서로에게 적이 되어 싸우는 인간의 극단적인 이기성을 나타내는 말이라 하겠습니다.

우리가 이와 같은 프로이트나 홉스의 입장에 전적으로 동감하지 않더라도 우리는 일상적인 경험을 통해 인간이 이기적인 존재라는 것에 대해 별다른 이의를 달지 않을 것입니다. 모든 사람은 자신의 건강을 가장 소중하게 생각하고 자신의 성공에 대해 가장 큰 관심을 가지며 자신의행복을 최우선으로 생각합니다. 이런 사실은 지극히 자연스러운 일이고 당연한 일이기도 합니다.

인간의 본성이 이기적이라는 것을 말해주는 재미있는 이야기 하나를 소개합니다.

도널드와 미키는 아주 친한 친구 사이였습니다. 어느날 그들은 산 속의 호숫가에서 낚시를 하다가 먹이를 찾아 근처를 돌아다니던 커다란 회색 곰과 마주치게 되었습니다. 그들이 곰을 본 순간 곰도 그들을 발견한 듯 험상궂은 표정으로 천천히 다가오기 시작했습니다.
"우리를 잡아먹을까?" 도널드가 말했습니다. "글쎄, 곰이 가끔 사람을 잡아먹기도 한다지. 한두 명씩 따로 떨어져 있던 낚시꾼이나 자기를 놀라게 한 사람을 덮친 적도 있어. 곰은 단거리라면 시간당 30마일의 속도로 달릴 수 있으니 지금 우리가 곰을 앞지를 방도는 없을 것 같아.

그나마 불행 중 다행인 것은 곰은 죽은 시체는 먹지 않는다는 사실이야. 그러니 지금 우리가 할 수 있는 최선의 방어책은 죽은 듯이 가만히 누워 있는 것뿐이지. 그러면 곰이 그냥 지나가 버릴지도 몰라."라고 미키가 대답했습니다.

이 말을 듣고 도널드가 갑자기 자기 배낭에서 운동화를 꺼내 신기 시작했습니다. "너 뭐하는 거야?" 미키가 물었습니다. "네가 지금 사람이 곰보다 빨리 달릴 수는 없다고 했잖아." 신발을 다 신은 도널드는 일어나 몸을 돌려 달아날 준비를 하면서 이렇게 대답했습니다. "미키, 굳이 내가 곰보다 빨리 뛰어야 할 필요까지는 없어. 너만 앞지를 수 있으면 된다고."

인간의 이기적 본성을 적나라하게 보여주는 이야기입니다.

이와 같이 인간이 이기적 존재임은 틀림없지만 인간의 이기심을 무조건 부정적으로만 볼 일은 아닙니다. 만일 우리가 이기심 또는 이기적인 행동이 도덕적으로 바람직하지 못하다거나 또는 나쁜 것이라고 하여 이를 죄악시한다면 어떻게 될까요? 그래서 이기심을 버리라고 한다면 그것이 과연 바람직하며 또한 현실적으로 가능한 일일까요? 이기심이 없는 개인의 삶, 또는 그런 사회는 과연 어떤 모습으로 나타날까요? 모든 사람들이 이기심을 버리고 이타적인 행동만을 하는 그러한 세상은 지금보다 더 풍요롭고 살기 좋은 세상이 될 수 있을까요?

결론적으로 말해 인간이 이기심을 버린다는 것은 가능하지도 않을 뿐만 아니라 그것이 반드시 바람직스러운 것도 아님을 알아야 합니다.

도덕적으로 볼 때 이기심 자체는 선도 아니며 악도 아닙니다. 그것은 엄연한 경험적 사실로 인정하야 하는 인간의 한 특성일 뿐입니다. 인간은 현실적으로 이기적 존재라는 것과 인간의 행위의 동인動因이 대부분 이기심에 있다는 것을 우리는 경험적 사실로서 인정해야 합니다.

이기심이 소멸된 인간의 삶을 상상해 보십시오. 그러한 인간의 삶은 얼마나 무기력하겠습니까? 사실 인간의 이기심은 삶의 강력한 활력소가 된다는 것을 우리는 인정해야 합니다. 특히 인간의 모든 경제활동은 자신의 이기심을 충족시키기 위한 부산물로 보아야 합니다.

이렇게 볼 때 우리는 인간의 이기심을 무조건 죄악시하고 이를 부정하려고 해서는 안 될 것입니다. 그러나 우리가 분명히 해야 할 것은 이기심이 도덕적으로 바람직하다든가 또는 도덕적으로 정당화될 수 있는 것은 아니라는 것입니다. 현대사회의 모든 부정과 부패, 불평등과 부정의의 문제가 인간의 이기심에 그 원인을 두고 있다고 볼 때, 우리의 이기심은 어떤 형태로든 극복되어야만 할 것입니다.

이기심을 극복하는 방법 가운데 하나는 '자아'에 대한 올바른 개념설정을 통하여 편협한 이기주의를 벗어나는 일입니다. 우리가 말하는 '나' 즉 자아란 무엇을 말하는 것일까요? 흔히 우리는 자아를 우리의 오척단신의 육체에 국한되어 있는 것으로 생각하는데 이는 잘못된 생각입니다. 자아의 외연外延은 한정되어 있는 것이 아닙니다. 자아란 고정된 알맹이와 같은 실체實體가 아니라는 말입니다. 자아란 오히려 여러 갈래로 얽혀 있는 그물의 마디와 같은 '관계적 존재'입니다. 그것은 부단히 외연의 폭을 넓혀 가며 변화합니다. 자아는 가족이나 친척, 친구나 이웃, 또는 동족이나 인류에까지 그 외연의 폭이 확장될 수 있습니다.

02 이기주의에서 이타주의로

　이기주의자와 이타주의자와의 구분은 자아의 범위, 그 외연의 폭이 얼마나 좁고 넓은가에 따라 구분됩니다. 편협하고 극단적인 이기주의자는 자아의 범위가 자기 자신에게만 국한된 자를 말합니다. 그러한 사람은 언제나 나의 욕심과 이익, 나의 생각과 주장만을 내세웁니다. 나만 배부르면 남이야 어떠하든 상관 않습니다. 나만 행복하면 주위에서 누가 어떤 고통과 아픔을 당하든 관심이 없습니다. 그는 오직 나만의 안일과 이익에만 집착합니다.

　그러나 자아의 외연이 조금 넓어진 경우가 있습니다. 예컨대 자식을 지극히 사랑하는 부모가 자기가 먹고 싶은 것을 먹지 않고 자식에게 먹이며 자기가 먹은 것 이상으로 흐뭇해합니다. 이 경우 그 부모에게 있어 자식은 남이 아닙니다. 오히려 자식이 나보다 더 소중한 존재가 될 수 있습니다. 이 경우 자식은 부모에게 있어 나와 전혀 무관한 남이 아니라 '또 하나의 나(Ich noch einmal)'가 됩니다.

　자식의 경우도 마찬가지입니다. 자신을 그렇게 사랑해주는 부모가 중병에 걸려 고통 속에 있을 때, 그 자식은 부모의 고통을 함께 나눕니다. 부모가 기뻐할 때 함께 기뻐하고 부모가 슬퍼할 때 함께 슬퍼합니다. 이때 부모는 단순한 남이 아니라 '또 하나의 나'가 됩니다.

　우리가 이처럼 자아의 외연을 넓혀 나갈 때 나의 친구가, 나의 친척이, 나의 이웃이, 내 주위의 모든 사람이 '또 하나의 나' 또는 '낯선 나(das fremde Ich)'가 될 수 있습니다. 나라고 하기에는 좀 낯설지만 그렇다고 그런 사람들이 나와 전혀 무관한 남은 아닌 것입니다. 이렇게 될 때 '낯선 나' 또는 '또 하나의 나'에게 베푸는 사랑과 관심은 전혀 남에게 베푸는 것이 아니라 나에게 베푸는 것과도 같습니다.

이타주의란 바로 이러한 경우를 말합니다. 자기 자신과는 전혀 상관이 없는 타인에게 사랑을 베풀고 그들의 이익과 행복을 위해 행동한다는 것은 힘든 일입니다. 그러나 나의 외연을 점차 확대해 나갈 때 그들이 전혀 남이 아닌 것을 깨닫게 됩니다. 나의 도움과 나의 사랑을 절실히 필요로 하는 사람에게 그들이 '또 다른 나' 즉 '낯선 나'라는 생각으로 그들을 도울 때, 그것은 곧 이타주의가 되는 동시에 이기주의가 되는 것입니다.

이렇게 볼 때 이기주의를 극복하기 위해서는 어떻게 자아에 대한 외연을 넓혀 나가는가, 하는 것이 문제가 됩니다. 근대의 철인이라 부르는 스피노자는 인간 한 사람 한 사람과 그들의 개별적이고도 독자적인 삶을 큰 나무에 붙어 있는 나뭇잎에 비유했습니다. 우리는 나뭇잎 하나하나를 독립된 존재로 보지 않습니다. 왜냐하면 하나하나의 나뭇잎이 나무에서 떨어져서는 독립된 존재로 생존할 수도 없거니와 아무런 의미도 존재가치도 없기 때문입니다. 나뭇잎 하나하나는 나무에 붙어있는 한 나뭇잎이 될 수 있습니다.

이와 마찬가지로 개개의 인간도 엄밀하게 볼 때 독립된 존재가 아니라는 것입니다. 그것은 우주라는 보다 큰 전체의 한 부분을 이루며 인류라고 하는 거대한 공동체의 한 일원이 될 때 비로소 인간으로서의 존재가치를 가지는 것입니다. 따라서 인간의 삶은 그들의 삶을 가능케 해주는 사회와 주위의 모든 사람들과의 상호관계를 떠나서는 가능하지도 않을 뿐더러 아무런 의미도 찾을 수 없게 됩니다. 그런데 우리는 이러한 사실을 곧 잘 망각하고 이 우주와 사회공동체가 마치 나만을 위해 존재하는 듯이 생각합니다.

만일 큰 나무에 붙어있는 나뭇잎들 하나하나가 좀 더 좋은 자리를 차지하기 위해 서로 다투고 있다면 어떻게 될까요? 어떤 나뭇잎은 햇볕이 잘 들지 않는다고, 어떤 나뭇잎은 바람이 잘 통하지 않는다고, 어떤 나뭇잎은 너무 외진 곳에 붙어 있다고 서로 불평한다면, 그리고 보다 좋은 자리를 차지하기 위해 서로 다툰다면 나무의 입장에서 보면 얼마나 우스꽝스러운 일이겠습니까?

스피노자는 인간이 자신의 이기적인 욕심만을 채우기 위해 급급하는 모습이 마치 나뭇잎이 서로 좋은 자리를 차지하려고 다투는 것과 다를 것이 없다고 보았습니다. 우주적인 시각을 가지고 전체를 보지 못하고 부분에만 집착하여 나만 편하고, 나만 배부르고, 나만 행복하면 그만이라는 편협한 이기주의자들의 모습이 바로 이와 같다는 것입니다.

우리 주위에서 일어나는 모든 미움과 원망, 시기와 질투, 속임과 다툼 등 모든 불화와 고통의 원인이 바로 이러한 편협한 이기심에 있다는 것을 우리는 인정해야 합니다.

나뭇잎 하나하나가 가지와 줄기와 뿌리에까지 이어지고 확대되어야 하는 것처럼 개별적인 인간도 자신의 외연을 우주적인 자아에까지 확대해 나가야 합니다. 자아의 외연을 모든 사람, 일체만물에까지 뻗어나갈 때 비로소 편협한 이기심으로부터 벗어날 수 있는 것입니다.

옛날 중국 형荊 나라의 한 대부大夫가 가문 대대로 내려오는 활을 잃어버렸습니다. 그는 이 활을 찾기 위해 동분서주하며 백방으로 수소문해 보았으나 찾지 못하고 발을 구르며 안타까워하고 있었습니다. 이런 사실을 보고 공자의 제자가 활을 잃은 대부의 형편을 자초지종 공자에게 얘기했습니다. 그 때 공자는 다음과 같이 대답했습니다.

"그는 대부가 아니다. 그는 소인배다. 형 나라에서 잃어버린 활이라면 형 나라 어딘가에 있을 터인데 그것을 찾지 못하여 그렇게 안타까워한단 말인가?"

이렇게 그 대부를 나무랐습니다. 이 말을 들은 노자의 제자가 노자에게 이 사실을 말했습니다. 노자는 이 말을 듣고 탄식했습니다. "공자야말로 대부답지 못하다. 이 우주 안에서 잃어버린 활, 우주 어딘가에 있을 것인데 어찌 형 나라에만 국한한단 말인가?"

내가 소유하고 있는 것이나 우주가 소유하고 있는 것이나 다를 바가 없다고 하는 노자의 초탈한 생각이야말로 자아의 외연을 우주에까지 넓혀나가야 한다는 스피노자의 생각과 다를 바 없는 것이라 하겠습니다.

우리는 남이 나보다 더 많이 가진 것을 보고 참지 못하고, 남이 나보다 더 잘되고, 남이 나보다 더 행복한 것을 보고 이를 견디지 못합니다. 그래서 어떻게 해서라도 내가 더 많이 가지고, 더 잘되고, 더 행복해지려고 발버둥 칩니다. 인간세계의 모든 다툼과 고통의 원인이 바로 여기에 있는 것입니다.

그러나 만일 우리가 그 남이라는 것이 나와 전혀 무관한 남이 아니라 '낯선 나' 또는 '또 하나의 나'라고 한다면 그들의 소유와 행복에 대해서 그렇게 시기하고 질투할 일이 아니지 않겠습니까?

인간이 분명히 이기적인 존재인 것은 사실이지만 인간의 본성 가운데는 남을 이해하고 배려하는 마음도 함께 공존하고 있는 것도 사실입니다. 한 캠퍼스 커플에 관한 재미있는 이야기입니다.

이들이 대학을 다닐 때 여학생이 친구로부터 한 남학생을 소개받았습니다. 그런데 만나보니까 별로 잘생기지도 않았고 키도 작아 관심이 없었습니다.

그런데 알고 보니 그 남학생은 오래전부터 그 여학생에게 관심이 많았습니다. 그래서 한 번 만난 다음부터 그 여학생이 도서관에서 공부하면 책상 위에 초콜릿을 두고 가기도 하고, 시간만 나면 커피 한 잔 하자면서 치근댔습니다. 그런데 여학생은 그 남학생이 자기를 귀찮게 할수록 더 마음에 들지 않았습니다. 그래서 전혀 말도 하지 않고 무시하다가 하도 귀찮게 굴어서 도서관 자리를 1층에서 6층으로 옮겨버렸습니다. 그런데 그 남학생은 그곳까지 쫓아와서 귀찮게 구는 것입니다.

그러던 어느 날, 그 여학생이 날씨도 으스스하고 커피 생각이 나서 도서관 6층 복도에 있는 자동판매기로 갔는데 마침 고장이었습니다. 커피 생각이 간절했지만 또 하나의 자판기는 1층에 있어 거기까지 내려가기가 귀찮아서 자판기 주위에서 머뭇거리다가 아쉬운 마음으로 다시 열람실로 돌아가려고 했습니다.

그런데 그 순간 누군가 계단을 후다닥 뛰어 올라 오는 것입니다. 누군가 하고 뒤를 돌아보니 그 남학생이 급히 뛰어올라왔습니다. '쟤가 또 수작 하는구나.' 라고 생각했는데 그 남학생의 양손에 커피가 들려있었습니다. 자신이 정말 마시고 싶어 했던 커피 두 잔이… 좀 더 자세히 보니까 커피를 조금 흘렸는지 손에도 커피가 묻어 있는 것 같았습니다. 남학생이 숨을 헐떡이면서 자기에게 커피를 한 잔만 주는 것이 아니라 두 잔을 다 주면서 이렇게 말했습니다.

"미안, 커피가 식을까봐 급하게 뛰어오다가 많이 흘려버렸어. 그렇지만 두 잔을 합하면 한 잔 몫은 될 거야. 자 마셔."

여학생이 이 얘기를 듣는 순간 두 가지를 못했습니다. 첫째는 그 남학생을 더 이상 미워하지 못하겠고, 둘째는 그 두 잔을 한 잔으로 차마 합치지 못하였습니다. 그래서 두 사람은 각각 반잔짜리 커피를 마셨고, 커피를 마시면서 그 때 처음으로 이런저런 이야기를 나눴고, 그날부터 사귀기 시작해서 결국은 결혼까지 했다고 합니다.

이 여학생이 남학생을 그토록 싫어했지만 그래도 마음속에는 그 남학생에 대한 이해와 배려하는 마음이 있었던 것입니다. 그리고 그러한 마음이 작동하는 순간 남학생은 남이 아닌 '또 하나의 나'가 된 것입니다. 그 남학생의 진심을 알고 난 여학생에게 남학생은 더 이상 남이 아니었을 겁니다.

우리는 '나'라고 하는 사고의 지평을 조금씩 넓혀가야 합니다. 우리의 사고의 폭을 단순히 내가 좋아하는 사람으로부터 점차 우주적인 영역으로까지 확대해야 합니다. 부분에만 집착하지 말고 나의 외연을 가족에게로, 친구에게로, 이웃에게로 넓혀 나가야 합니다. 그리고 급기야는 온 인류와 우주에 이르도록 자아의 외연을 확대해야 합니다.

노벨 평화상을 수상한 테레사 수녀가 이웃에 사흘 동안 굶은 사람이 있다는 소문을 듣고 밥 한 그릇을 들고 그 사람을 찾아갔습니다.

테레사 수녀로부터 한 그릇의 밥을 받은 그 사람은 절반을 다른 그릇에 담았습니다. 혼자 먹어도 모자랄 양의 밥을 절반이나 덜어내는 것을 보고 테레사 수녀는 이상히 여겨 이유를 물었습니다. 그랬더니 그 사람은 자기 이웃에 자기보다 더 오랫동안 굶은 사람이 있다고 말했습니다.

테레사 수녀와 그로부터 밥 한 그릇을 받아 이를 다시 절반으로 나누어 이웃에게 전해준 그 사람에게는 주위의 모든 사람들이 결코 나와 무관한 남이 아니었을 것입니다. 비록 얼굴을 처음 대하는 사람일지라도 그들은 '낯선 나'요 '또 하나의 나'였던 것입니다.

자아의 외연을 확대한다는 것이, 또는 우주적인 삶을 살아야 한다는 것이 무슨 엄청나게 심오한 철학적인 말이 아닙니다. 테레사 수녀와 그의 도움을 받고 그 도움을 다시 이웃과 함께 나누고자 했던 그런 사람의 삶의 태도가 곧 우주적인 삶의 태도라 하겠습니다.

이기주의와 이타주의는 별개의 것이 아닙니다. 우리가 자아의 폭을 조금씩 넓혀나갈 때 편협한 이기주의는 숭고한 이타주의로 승화될 수 있는 것입니다.

금욕주의와 쾌락주의에 대한
바른 이해

01 스토아학파의 금욕주의

　서양철학의 역사 가운데 BC. 3세기에서부터 AD. 2세기 사이에 그리스에는 대조적인 두 개의 철학 사조가 나타나는데 하나는 금욕주의라 부르는 스토아학파이고 다른 하나는 쾌락주의라 부르는 에피쿠로스학파입니다. 우리는 흔히 이 두 개의 철학 사조를 전혀 성격이 다른 철학이라고 생각하는데 어떤 공통점과 차이점이 있는지를 살펴보기로 하겠습니다.

　스토아학파는 근본적으로 자연주의적이고 금욕주의적인 입장을 취합니다. 자연을 좇는 삶을 통하여 인간의 모든 욕망과 번뇌로부터 벗어나고자 하는 것이 이 학파에 속한 자들의 목표입니다. 스토아학파의 금욕주의 사상은 견유학파大儒學派라고 부르는 퀴니코스Kynikos학파로부터 받은 영향이 큽니다.

퀴니코스학파는 소크라테스가 죽고 난 다음 그의 사상을 계승하기 위하여 생긴 소小 소크라테스학파 가운데 하나로 소크라테스의 제자 안티스테네스와 디오게네스 등에 의해 발전된 학파입니다. 퀴니코스란 그리스어 개라는 단어에서 나온 말인데 이 학파의 사람들이 인간적인 욕심을 버리고 현실을 초월하여 사는 모습이 마치 개들의 자유분방한 모습과 같다고 하여 이런 이름이 붙여지게 되었습니다.

이 학파에 속한 디오게네스는 마음대로 굴리고 다닐 수 있는 나무통 속에서 마치 개와도 다름없는 적나라한 삶을 살았습니다. 그가 소유한 것이라고는 옷 한 벌과 물을 떠 마시는 바가지 하나뿐이었습니다. 그러나 한 번은 어떤 농부의 아들이 손으로 물을 퍼 마시는 것을 보고 나무바가지마저 버렸다고 합니다.

디오게네스는 대낮에 맨발로 등불을 켜고 다니며 양심적인 사람을 찾기도 하였습니다. 그는 인위적인 것을 철저히 거부하고 자연으로 돌아갈 것을 외쳤습니다. 그에게는 재산이나 명예는 물론 음식이나 옷, 결혼이나 예절, 사회의 관습이나 풍습 등이 아무런 의미가 없었을 뿐만 아니라 오히려 자신의 자유분방한 생활을 구속하는 거추장스러운 것들에 지나지 않는다고 생각했습니다.

견유학파에 속한 사람들은 쾌락을 악한 것이라고 보고 금욕적인 삶을 미덕으로 삼았으며 또한 고행苦行 중에 도덕적인 힘이 생긴다고 하여 고통을 선으로 보았습니다. 그러므로 도덕적인 삶이란 금욕적인 생활을 통하여 쾌락의 유혹과 욕망의 굴레로부터 벗어나서 마음의 참된 자유를 누리는 삶을 말합니다. 그들이 말하는 현자賢者란 인간의 삶 속에 나타나는 외적인 모든 속박을 끊어버리고 어떠한 처지에서든지 부족함을 느끼지 않고 모든 욕망으로부터 해방되어 초탈한 삶을 살아가는 자입니다.

견유학파의 이와 같은 입장을 이어받은 스토아학파 역시 금욕적인 삶을 존중하고 인위적인 것을 버리고 자연으로 돌아갈 것을 권장했습니다. 스토아학파에서는 인간이 도달할 수 있는 최고의 경지를 '아파테이아apatheia'라고 불렀는데 이는 어떠한 외적인 욕망의 대상으로부터도 마음이 흔들리지 않는 부동심不動心의 경지, 또는 내적인 모든 욕망과 정욕으로부터 떠난 이욕상태離慾狀態를 말합니다. 이러한 상태에서는 우리의 마음은 세상의 어떤 것에도 현혹되지 않고 모든 번뇌로부터 해방되어 일체의 세속적인 것으로부터 초연할 수 있습니다.

이러한 아파테이아에 도달하기 위해서는 무엇보다도 금욕적인 생활이 필요합니다. 세상 사람들이 부러워하는 쾌락이나 재물이나 명예와 같은 것들은 모두 버려야 합니다. 왜냐하면 이러한 것들은 마음을 동요케 하는 외적인 속박이 되고 모든 번뇌의 원인이 될 뿐이기 때문입니다. 뿐만 아니라 인간이 참된 자유를 누리기 위해서는 생사의 문제까지도 초탈해야 합니다. 에픽테토스는 "나는 죽음을 피할 수가 없다. 그러나 나는 죽음의 두려움은 피할 수가 있다."라고 하며 죽음의 문제조차도 가벼이 보았습니다.

또한 스토아철학자들은 아파테이아에 도달하기 위해 자연을 좇는 삶을 살 것을 가르쳤습니다. 자연을 좇는 삶이란 자연의 이치와 원리에 따르는 삶을 말하는데 그것은 곧 우리의 삶이 우주의 이법理法, 곧 신의 법칙을 따라 사는 삶을 의미합니다.

스토아철학자들이 즐겨 사용하는 로고스Logos란 말은 인간의 이성을 의미하는 동시에 우주에 내재內在하는 이성을 의미하기도 합니다. 인간은 우주의 한 부분이므로 언제나 우주의 이성을 통찰하고 우주의 이성과 자신의 이성이 합치하도록 노력해야 합니다. 다시 말하면 인간의 이성은 우주의 이성의 목적과 방향을 올바로 파악하고 그것이 우리에게 지시한 바에 순응해야 합니다.

만일 우리가 우주의 이법理法에 무지하거나 이를 거역할 때 우리는 부자유하게 되고 불필요한 고통 속에 놓이게 됩니다. 예를 들어 우리가 나이가 들고 늙어 죽는다는 것은 자연의 원리요 우주의 이법입니다. 그러므로 우리는 이를 안타까워하거나 거역해서는 안 되며 오히려 즐거이 이에 순응해야 합니다.

에픽테토스는 이렇게 충고합니다. "사건들이 너의 의도한 바대로 일어나기를 바라지 마라. 오히려 그것들이 일어나는 대로 진행되기를 바라라." 우리는 주위에서 일어나는 사건들에 대해서 염려하거나 두려워해서는 안 됩니다. 왜냐하면 우리가 원하든 원하지 않든 간에 어쨌든 그 사건들은 일어날 것이기 때문입니다. 인간이 자신의 개별적 의지로 우주의 보편적 의지에 대항하는 것은 부질없는 짓입니다. 다만 일어나는 일들 속에서 그 사건이 일어나지 않으면 안 될 필연성을 깨닫고 그 일에 동참하면 되는 것입니다.

그러므로 우리는 우리가 할 수 있는 일과 할 수 없는 일을 엄격히 구분할 줄 하는 지혜를 가져야 합니다. 할 수 없는 일에 대해서는 왜 할 수 없는가에 대한 필연성을 발견하고 빨리 체념해야 하며 할 수 있는 일에 대해서는 기쁨을 가지고 최선을 다해야 합니다.

우리는 주위에서 일어나는 모든 사건을 통제할 수 없으며 다만 그 사건을 대하는 우리의 마음의 자세만을 조정할 수 있을 뿐입니다. 그런데 우리의 마음은 그대로 둔 채 통제할 수 없는 외부의 사건을 어떻게 해 보려고 하는 것은 얼마나 어리석은 일이겠습니까?

우주의 이법이 무엇인가를 체득한 지혜로운 자는 얼마든지 자신의 삶 속에서 자유를 누릴 수 있습니다. 스토아철학자에 있어서 인간의 자유로운 행위는 우주의 필연적인 법칙과 모순되는 것이 아닙니다. 우주의 필연적인 법칙이 무엇인가를 통찰한 사람이 그 법칙에 즐거이 순응만 한다면 그것이 자신에게 구속이 될 수는 없는 것입니다. 따라서 우주의 이법을 통찰한 합이성적合理性的 행위는 합법칙적合法則的 행위가 될 수 있으며 여기에 자유와 필연의 일치가 나타나게 되는 것입니다.

스토아철학자들이 말한 합이성적인 행위란 이성에 합치되는 행위를 말합니다. 만일 인간이 냉철한 이성적인 판단에 따라 행동한다면 그러한 행동은 결코 신의 법칙, 곧 우주적인 이법에 어긋나지 않은 행위가 된다는 뜻입니다. 그러므로 자유로운 인간의 행동과 필연적이고도 절대적인 신의 법칙이 서로 어긋나거나 충돌하지 않기에 자유와 필연이 일치하게 되는 것입니다.

성경이 말하는 "진리를 알지니 진리가 너희를 자유케 하리라." 라는 의미나 공자가 70세에 깨우쳤다는 '종심소욕 불유구從心所欲 不踰矩' 즉 '내 욕심대로 따르더라도 법을 넘어서지 않는다.'는 경지가 바로 이러한 상태를 말하는 것으로 보아도 무방할 것입니다.

에픽테토스는 이 우주 안에서의 인간의 삶을 하나의 연극에 비유합니다. 이 우주는 연극의 무대이며 인간은 연극에 등장하는 배우입니다. 모든 인간은 무대 위의 배우와 같이 각자 일정한 자기의 배역配役을 갖습니다. 누구도 이 배역을 거역할 수 없으며 또한 포기해서도 안 됩니다. 뿐만 아니라 배우가 무대 위에서 마음대로 대사를 바꾸거나 행동할 수 없듯이 인간도 자신의 배역을 무시하고 자기 마음대로의 삶을 살아가서는 안 됩니다. 왜냐하면 배우의 배역이 연출가에 의해 결정되듯이 인생의 배역도 우주의 이법자理法者인 신이 결정해 준 것이기 때문입니다.

그러므로 자신의 배역이 귀하면 귀한 대로 천하면 천한 대로 묵묵히 따라야만 합니다. 자신의 배역이 희극적인 것이라고 환호하고 비극적인 것이라고 슬퍼해서도 안 되며 주인공의 배역을 맡았다고 좋아하고 잠시 무대 위를 지나가는 말단 배역을 맡았다고 불평해서도 안 됩니다. 왜냐하면 한 두 시간의 연극이 끝나면 그 배역이 아무런 의미가 없는 것과 같이 70~80년이라는 다소 긴 인생의 연극이 끝나고 나면 자신의 배역이 아무런 의미가 없기 때문입니다.

중요한 것은 자신의 배역이 무엇이든 간에 최선을 다해 그것을 감당하는 일입니다. 자신의 배역을 올바로 인지認知하고 자신의 능력과 기량을 최대한 발휘하여 주어진 배역을 성실하게 연출해 내기만 하면 되는 것입니다. 이것이 바로 지혜 있는 자의 삶이요 행복한 자의 삶입니다.

스토아철학자들은 인생의 최고 경지인 아파테이아에 도달하기 위해 냉철한 이성과 강인한 의지를 중요시합니다. 냉철한 이성을 통하여 우주의 이법을 올바로 통찰해야 하며 강인한 의지로 금욕적인 삶을 실천해야하기 때문입니다. 인간이 자신의 무지로 인하여 우주의 이법을 꿰뚫어 보지 못하는 한, 그리고 견인불발堅忍不拔의 의지로 육체의 모든 욕망과 감정을 극복하지 못하는 한 그는 결코 아파테이아의 경지에 도달할 수 없을 것입니다.

02 에피쿠로스학파의 쾌락주의

스토아학파가 대두되었던 시기와 비슷한 때에 에피쿠로스라는 사람이 소아시아 서해안에 있는 사모스 섬에서 출생하여 에피쿠로스학파를 창시합니다. 그는 "나에게 빵과 물만 있다면 행복에 있어 감히 제우스 신과 경쟁하겠다."라고 하며 평소에 질박한 식사와 검소한 생활을 했습니다.

일반적으로 에피쿠로스학파를 가리켜 쾌락주의hedonism의 효시라고 합니다. 쾌락주의란 쾌락이 곧 행복이요 인생의 최고목적이라고 보는 입장을 말합니다. 따라서 쾌락은 좋은 것, 곧 선이요 불쾌는 나쁜 것, 곧 악입니다. 인간은 선천적으로 쾌락을 추구합니다. 인간의 본성은 다른 동물들과 마찬가지로 쾌락을 원하고 고통을 기피합니다. 그러므로 쾌락을 욕구하는 것은 인간의 가장 자연스러운 모습이며 가장 바람직스러운 일이기도 합니다.

에피쿠로스학파의 쾌락주의는 소小 소크라테스학파 중의 하나인 퀴레네Kyrene학파에 뿌리를 두고 있습니다. 퀴레네학파는 쾌락 가운데서 육체적이고도 감각적 쾌락을 중요시하는데 그것도 현재적인 쾌락을 가장 중요하게 생각합니다. 현재 내가 즐길 수 있는 육체적 쾌락을 가장 가치 있고 소중한 것으로 보는 것입니다.

이 학파에 속한 사람들은 인간의 행복을 현재의 순간적인 쾌락의 총계總計라고 봅니다. 따라서 지혜로운 사람은 될 수 있는 대로 육체적 욕망을 만족시켜 줄 수 있는 많은 쾌락을 얻는데 민감해야 합니다. 육체적 감각에서 얻는 쾌락, 부나 명예에서 얻는 쾌락, 음악이나 운동에서 얻는 쾌락, 우정이나 향연에서 얻는 쾌락 등 가능한 최대량의 쾌락을 얻게끔 식견을 발휘할 줄 아는 사람이 곧 현자입니다.

그러나 퀴레네학파를 계승한 에피쿠로스학파는 이와는 입장을 달리합니다. 에피쿠로스학파는 쾌락이 인생의 행복이요 최고의 가치라고 생각은 하지만 쾌락을 선택하는데 있어서는 보다 신중해야 한다고 봅니다. 왜냐하면 쾌락이라고 해서 모두가 똑같은 가치를 지니는 것이 아니기 때문입니다.

퀴레네학파에서 추구하는 육체적 쾌락은 순간적이며 때로는 불쾌감을 가져옵니다. 왜냐하면 그러한 쾌락은 그것을 얻더라도 오랫동안 지속되지 못하며 때로는 불쾌를 수반하기 때문입니다. 정욕을 충족시키기 위한 방탕한 자의 쾌락이나 호화로운 식탁을 펼치고 음주와 향연을 즐기는 자의 쾌락이 그러합니다. 이와 같은 쾌락은 자칫 만족보다는 불만족을 줄 수 있으며 즐거움과 더불어 고통을 수반하기 마련입니다. 따라서 지혜로운 자는 불쾌나 고통이 뒤따르지 않는 쾌락을 추구해야 하며 일시적이 아닌 영속적인 쾌락을 추구해야 합니다.

에피쿠로스는 쾌락을 운동의 쾌락과 정지의 쾌락으로 구분하였습니다. 운동의 쾌락이란 육체적 쾌락을 말하는데 이러한 쾌락은 우리가 경험하고 있는 순간에만 얻을 수 있고 경험이 소멸하면 곧 없어지고 맙니다. 이에 대해 정지의 쾌락이란 우리의 욕망을 만족시키는 자극적인 쾌락이 아니라 어떠한 욕망에도 마음이 흔들리지 않고 언제나 마음의 평정平靜을 가져오게 하는 정신적 쾌락을 말합니다. 에피쿠로스는 평화롭고 잔잔한 정신적 쾌락이야말로 우리가 추구해야 할 진정한 쾌락이라고 보고 이러한 쾌락의 경지를 '아타락시아ataraxia', 곧 평정심平靜心이라고 했습니다.

에피쿠로스에 의하면 우리가 아타락시아에 도달하기 위해서는 가능한 속세를 떠나 세상의 모든 일에 초연한 삶을 살아야 합니다. 그는 지혜란 이 세상과 될 수 있는 대로 오랫동안 장벽을 쌓는데 있다고 보고 "숨어서 살아라. 살면서 남의 눈을 피하라."라고 가르칩니다. 이렇게 할 때 비로소 인간은 마음을 산란케 하는 모든 세상의 욕망을 버릴 수 있으며 마음의 안정을 흐트러뜨리는 세속적인 관심과 흥미로부터 초탈해질 수 있는 것입니다.

에피쿠로스학파 사람들은 행복이란 분모에 욕망을, 분자에 성취를 두었을 때 분자의 값을 늘임으로서가 아니라 분모의 값을 줄임으로서 도달될 수 있다고 봅니다. 일반적으로 사람들은 우리가 욕망하는 것들 가운데 무엇인가 획득하고 성취함으로 행복을 얻을 수 있다고 생각합니다. 즉 분모에 있는 많은 욕망들 가운데서 하나하나 성취하여 분자의 값을 늘일 때 행복해 진다고 행각합니다. 그래서 분모에 있는 열 개의 욕망 가운데 아홉 개를 성취하면 90%의 성취를 이루었다고 행복해 합니다.

그러나 에피쿠로스학파는 이와 반대로 욕망을 하나씩 버림으로써 행복에 도달할 수 있다고 가르칩니다. 즉 분모에 있는 열 개의 욕망을 하나하나 줄여나가라는 말입니다. 인간의 욕망은 끝이 없는 것이므로 욕망을 다 성취한다는 것은 불가능할 뿐만 아니라 욕망을 성취하는 데는 언제나 부수적인 고통이 뒤따르게 마련이기 때문입니다.

그러므로 욕망의 성취를 통해서 행복에 이르기보다는 불필요한 욕망을 하나씩 줄여나감으로 행복에 접근하는 것이 보다 현명한 방법이 된다고 가르칩니다. 예를 들어 음식이나 수면에 대한 욕망은 자연적이고도 필연적인 것이므로 어쩔 수 없겠으나 성性이나 명예에 대한 욕망은 자연적이나 필연적인 것은 아니므로 줄여야 하고 사치나 물질에 대한 욕망은 자연적인 것도 필연적인 것도 아니므로 완전히 버려야 합니다.

이와 같이 볼 때 스토아학파의 부동심이나 에피쿠로스학파의 평정심은 본질적으로 크게 다를 것이 없다는 것을 알 수 있습니다. 인간의 욕망을 제어하고 금욕적이고 자연적인 삶을 통하여 참된 행복에 도달하고자 했던 점에 있어서는 두 학파의 주장은 대동소이합니다. 단지 스토아학파에서는 인간의 이성적인 삶을 존중하고 냉철한 이성의 판단과 이를 실천에 옮기고자 하는 강인한 의지력을 통해 부동심에 도달하고자 했다면 에피쿠로스학파에서는 쾌락을 추구하되 보다 지속적인 쾌락을 얻기 위해 찰나적이고 격한 육체적 쾌락을 버리고 마음의 안정과 평온을 줄 수 있는 정신적 쾌락을 누림으로 평정심에 도달하고자 했던 점이 다르다고 할 수 있습니다.

또한 스토아학파에서는 금욕적인 삶이란 덕을 쌓기 위한 것이며 행복이란 곧 이러한 덕을 통해 얻어진다고 본 반면 에피쿠로스학파에서는 금욕적인 삶이란 쾌락을 얻기 위한 것이며 쾌락 자체가 곧 행복이라고 본 점이 두 학파의 차이점이라고 할 수 있습니다.

이 두 학파는 모두 참된 마음의 평안을 누리기 위해서는 죽음이라는 운명의 올가미도 벗어나야 한다고 가르칩니다. 죽음에 대한 불안이나 공포는 불필요한 근심에 불과한 것입니다. 왜냐하면 우리가 살고 있을 때는 거기에 죽음은 없으며 죽음이 나타났을 때는 우리는 이미 존재하지 않기 때문입니다. 모든 육체적 욕망에서뿐만 아니라 이와 같은 불필요한 근심이나 공포에서 해방될 때만이 비로소 우리는 아파테이아나 아타락시아와 같은 지고至高의 경지에 도달할 수 있고 참된 행복을 누릴 수 있는 것입니다.

인생은 의무다

01 위대한 철인 칸트의 생애 들여다보기

　독일의 철학자 임마누엘 칸트는 2천 5백년의 서양철학 역사 가운데 가장 위대한 철학자로 추앙받고 있습니다. 그는 가난한 마구馬具 제작자의 아들로 11남매 가운데 네번째로 태어났습니다. 어려서는 주로 어머니의 영향 밑에서 자라났는데 그의 어머니는 매우 현명하고 절도 있는 여자로 당시 경건주의에 속한 신앙인이었습니다.

　경건주의란 17세기 말 독일 루터교회의 일파로 경건한 신앙과 엄격한 종교적 실천을 강조하는 종파였습니다. 경전주의자들은 종교적 교리나 교회의 의식보다는 생활 속에서 경건한 삶을 중요시 여기고 금욕적인 도덕생활을 통해 가난과 검소함을 소중하게 생각하였는데 칸트의 어머니도 이러한 삶의 실천자였습니다.

　칸트는 8세 때 경건파에 속하는 라틴학교에 입학하여 대학에 진학

할 때까지 이 학교에 다녔습니다. 이와 같은 가정과 학교생활의 영향으로 칸트의 일생은 경건하고도 성실한 삶으로 일관되었으며 그의 내면 깊은 곳에서는 언제나 종교적인 엄숙성이 자리 잡고 있었습니다. 그러나 그는 소년기 때의 지나치게 엄격한 종교생활에 반발을 느껴 커서는 거의 교회에 나가지 않았습니다. 칸트는 후일 어렸을 때 그의 부모로부터 물려받은 경건주의적인 신앙생활에 대해 다음과 같이 회고하고 있습니다.

> 나는 그 때 종교가 무엇인지 경건이 무엇인지 개념적으로는 결코 알았다고 할 수가 없지만 그러나 나는 부모를 통해서 실제로 그 진수를 볼 수가 있었다.
> 경건주의에 대해서 사람들이 무어라 해도 좋다. 다만 경건한 신앙을 가진 사람들은 존경할 만큼의 탁월한 사람이라는 것은 사실이다. 그들은 인간이 소유하고 있는 최고의 신념을 가지고 있었다. 어떠한 어려움에도 흔들리지 않고 어떠한 격정에도 흐트러지지 않는 마음의 평화와 쾌활을 지니고 있었다.

칸트가 13세가 되었을 때에 어머니가 죽고 16세 때 쾨니히스베르크 대학에 입학하게 됩니다. 그의 대학생활에 대해서는 잘 알려져 있지 않으나 이 시기에 칸트는 많은 양의 학문을 섭렵하였습니다. 특히 그는 자연과학·천문학·수학·철학·신학 등 여러 분야의 학문에 관심을 가졌습니다. 22세 때 대학을 졸업한 후 당시 가난한 학생들과 마찬가지로 칸트는 귀족 지주의 집에서 9년 동안이나 가정교사 생활을 했습니다.

31세 때 칸트는 박사학위를 취득하고 자신의 모교인 쾨니히스베르크 대학의 사강사私講師, 곧 시간강사가 되어 대학에 발을 들여놓았습니다. 그는 쾨니히스베르크 대학에서 15년 동안이나 사강사로 지냈는데 그 동안 두 번이나 정교수 신청을 하였지만 대학당국으로부터 거절당하였습니다. 칸트 같은 위대한 철학자를 대학이 몰라본 것이지요. 칸트도 헤겔과 같이 대기만성형의 사람이었습니다.

대학에서 강의를 시작한 이후 그의 강의는 해학과 위트가 넘쳤고 언제나 부드러운 대화로 이어져 많은 청강생들이 몰렸습니다. 정교수가 된 이후부터는 사회 저명인사나 귀족들을 위한 공개강의도 매일 열어야 할 정도였습니다. 그는 강의시간에 곧잘 학생들에게 "제군들은 나에게 '철학'을 배울 것이 아니라 '철학하는 것'을 배워야 할 것입니다."라는 말을 입버릇처럼 되풀이했다고 합니다.

그가 말한 '철학하는 것'이란 스스로 의문을 던지고 사색하고 고뇌하며 자신의 철학적인 문제를 스스로 해결해 나가는 것을 말합니다. 칸트는 학생들이 자신이 가르치는 철학 지식만을 배울 것이 아니라 철학하는 올바른 방법론을 배워 학생들 자신이 스스로의 철학자가 되기를 바랐던 것입니다.

46세 때 비로소 칸트는 쾨니히스베르크 대학의 논리학과 형이상학을 담당하는 정교수가 되었습니다. 그는 이때부터 다른 모든 저술활동을 멈추고 야심의 대작을 집필하기 위해 10여 년이 넘는 긴 시간을 골몰하게 됩니다. 그리고 57세 때 드디어 세상을 놀라게 하고 철학의 새로운 지평을 열게 한 『순수이성비판純粹理性批判』을 출간하였습니다.

『순수이성비판』이 출간되었을 때 이 책에 대한 칸트의 자부심은 대단하였습니다.

> 이 책에서 나는 주로 완전무결을 목표로 삼았다. 그리고 나는 감히 말하거니와 이 책에서 해결되지 않았거나 적어도 해결의 열쇠가 주어지지 않은 형이상학적 문제는 하나도 없다.

이 책은 내용이 난해하기로 이름 나 있는데 칸트는 원고를 같은 대학 교수인 헤르쯔에게 먼저 보여주었습니다. 그는 이 책을 반쯤 읽고 책을 계속 읽으면 자신의 머리가 돌아버릴 것 같다고 말하며 원고를 칸트에게 다시 돌려주었다고 합니다. 800페이지가 넘는 방대한 분량의 이 책은 헤겔의 『정신현상학』과 더불어 모든 철학서들 가운데 고전 중의 고전으로 인정받고 있습니다. 『순수이성비판』은 다른 두 개의 비판서인 『실천이성비판實踐理性批判』 및 『판단력비판判斷力批判』과 더불어 칸트의 3대 비판서에 속합니다. 칸트는 인간의 정신능력을 사유·의지·감정으로 나누었는데 세 비판서는 곧 이에 대응하는 저서들입니다. 즉 『순수이성비판』은 그의 이론철학의 결정체로서 지식과 인식의 문제를 다루고 있으며 『실천이성비판』은 도덕과 윤리의 문제를, 『판단력비판』은 미학美學의 문제를 다루고 있습니다.

『순수이성비판』이 나오면서부터 칸트의 명성은 독일뿐만 아니라 온 유럽에 전해졌습니다. 그는 이때부터 쉴 사이 없이 대작들을 출간해 내었는데 59세에는 『프롤레고메나』, 61세에는 『도덕형이상학원론』, 64세에는 『실천이성비판』, 66세에는 『판단력비판』, 69세에는 『이성의 한계 내에서의 종교』, 71세에는 『영구평화론』, 74세에는 『인간학』, 78세에는 『자연지리학』 등을 썼습니다. 칸트의 대부분의 주요 저서들은 그의 인생의 황혼기에 쏟아져 나왔는데 이 무렵 그의 두뇌는 놀라울 만큼 정교했고 그의 건강도 저술활동을 하는 데 별다른 지장이 없었습니다. 칸트에게 나이는 정말 하나의 숫자에 불과했습니다.

칸트는 5척 단신에 어려서부터 건강도 별로 좋지 않았습니다. 그러나 그가 80세까지 살면서 건강을 유지하며 강의와 저술에 전념할 수 있었던 것은 오로지 그의 강인한 의지력과 규칙적인 생활습관 때문이었습니다.

그의 하루의 생활은 마치 시계바늘과도 같이 움직였습니다. 저녁 10시 정각에 취침하고 아침 5시면 정확히 기상했습니다. 기상 후 점심식사가 시작되는 오후 1시까지의 8시간은 칸트에게는 황금과 같은 시간이었습니다. 이 시간은 그가 가장 맑은 정신으로 일할 수 있는 시간이었으므로 주로 연구와 집필과 강의로 채워졌습니다. 일반 사람들의 하루 일과의 일들이 칸트에게는 오전 중에 끝나는 셈입니다.

오후 1시부터 3시까지는 점심시간입니다. 이때는 주로 친구나 손님을 초청하여 함께 담론을 나누며 식사를 즐겼습니다. 그가 식사시간을 이렇게 길게 잡은 것은 오전 중에 피곤하고 긴장했던 정신을 풀어주기 위해서였습니다.

점심식사 후 3시 30분이면 지금도 철학자의 길로 이름나 있는 보리수나무가 우거진 산책길로 산책을 나갑니다. 등나무 지팡이를 짚고 회색 연미복 차림을 한 그가 나타나면 주위 사람들은 시계를 3시 30분에 맞출 정도로 그의 시간관념은 철저했습니다. 그는 단지 한 번 산책시간을 어겼는데 그것은 루소의 『에밀』을 읽을 때 너무나 흥미로워 산책 시간을 잊었기 때문이었습니다. 칸트는 항상 똑같은 길을 8번 왔다 갔다 하며 1시간가량 산책을 즐겼는데 사람들과의 대화를 피해 주로 혼자 산책길을 걸었습니다. 산책이 끝난 후 오후와 밤 시간에는 주로 독서와 사색을 하다가 10시 정각에 잠자리에 들었습니다.

칸트는 일생을 독신으로 지냈으나 여성에 대한 편견을 가진 것은 아니었습니다. 젊었을 때는 경제적인 어려움 때문에 결혼을 늦추었고 그 후 두 번 결혼할 기회가 있었으나 너무 심사숙고하는 바람에 기회를 놓치고 말았습니다. 칸트는 자신의 철학을 생활 속에서 그대로 실천한 자였습니다. 철학자들 가운데 칸트만큼 성실하고 진지하게 자신의 삶을 살아간 사람도 드물 것입니다. 그는 단순히 철학이론을 집대성한 철학자가 아니라 철학자의 삶을 살아간 철인哲人이었습니다. 스피노자와 더불어 '근세의 소크라테스'라는 별명이 붙여진 것도 이러한 이유 때문입니다.

그가 『순수이성비판』을 출간하고 난 뒤 예나 대학을 비롯하여 여러 곳에서 그를 초빙하였으나 이를 모두 거절하고 평생 동안 그가 태어나서 자란 쾨니히스베르크를 한 번도 떠난 적이 없었습니다. 그가 죽었을 때는 쾨니히스베르크의 온 시민들이 조문을 위해 그의 집을 찾았고, 도시의 모든 교회들이 조종弔鐘을 울리는 가운데 열린 장례식은 그 행렬이 끝이 보이지 않을 정도로 길게 이어졌습니다.

그는 임종 시 포도주 몇 모금을 입에 댄 후 "Es ist gut.(참 좋군)"이라는 말을 남기고 조용히 80의 생애를 마쳤습니다. 그의 묘비에는 『실천이성비판』에 나오는 "머리 위에는 별빛 반짝이는 창공과 내 마음속에는 도덕률"이라는 문구가 새겨져 있습니다.

02 중요한 것은 결과가 아니라 동기다

칸트는 인간의 이성을 크게 둘로 나누어 이론이성과 실천이성으로 구분합니다. 이론이성이란 직관의 능력, 개념의 능력, 추론의 능력과 같은 인식능력으로서의 이성을 말하는데 『순수이성비판』은 바로 이론이성에 대한 비판을 의미합니다. 실천이성이란 도덕적 실천의지를 규정하는 이성을 말하며 이를 순수의지 또는 이성적 의지라고도 합니다. 실천이성은 이론이성이 해결할 수 없는 이념理念의 세계를 탐구합니다.

칸트는 이론철학에 있어서와 마찬가지로 실천철학에 있어서도 이성의 기능과 역할을 중요시합니다. 그는 인간의 모든 도덕적 불선不善과 악의 출처를 감성에 두었습니다. 인간이 도덕적으로 불선을 행하고 악에 빠지게 되는 것은 감성적 충동과 욕망을 채우려는 동기 때문입니다. 그러므로 감성적 욕망과 충동을 제거하기 위해서는 이성의 힘을 필요로 하게 됩니다. 칸트는 감성의 반도덕적인 충동과 욕망을 인간이 지니는 일종의 경향성傾向性으로 본 반면, 이성의 도덕적 요구는 강제적 명령이요 의무義務라고 보았습니다. 따라서 도덕은 이성의 강제적인 도덕적 명령이 감성적인 경향성을 물리칠 때 비로소 이루어지는 것입니다.

칸트는 『실천이성비판』에서 이 세상 가운데 '절대적으로 선한 것', 즉 '무조건적으로 선한 것'이 무엇인가를 묻습니다. 우리가 일반적으로 선의 가치를 지니고 있다고 생각하는 것들 가운데는 부·명예·건강·재능·성공 등이 있습니다. 이러한 것들은 분명히 좋은 것임에 틀림없습니다. 그러나 이것들은 누가 그것을 소유하느냐에 따라 선한 것일 수도 있지만 악한 것이 될 수도 있습니다. 악인의 출세와 성공, 그의 뛰어난 재능과 소질, 그가 소유하는 재력과 부 등은 결코 선의 가치를 지닌다고 볼 수 없습니다. 그러므로 이런 것들은 모두 상대적인 선의 가치를 지니며 수단적인 선에 불과합니다.

그러나 이 세상에는 언제 어디서나 항상 선의 가치를 지니고 있는 것이 있습니다. 즉 누가 그것을 소유하느냐에 관계없이 절대적으로 선한 것이 있는데 그것이 곧 선의지善意志입니다. 칸트는 "이 세상에 있어서나 이 세상 밖에 있어서나 무조건적으로 선하다고 생각될 수 있는 것은 선의지 밖에 없다."라고 했습니다. 본래적 선의 가치를 지니며 그 자체적으로 선한 것은 인간의 마음속에 있는 선의지뿐입니다.

칸트는 모든 인간은 지식이나 교양에 관계없이 누구나 선의지를 소유합니다. 선의지란 교육이나 경험에 의해 주어지는 것이 아니라 인간의 순수한 양심에 기초하고 있습니다. 칸트는 인간의 의지란 감성적 경향성에 지배되지 않는 한 그 자체로서는 선하다고 보았기 때문에 모든 인간이 보편적으로 소유하고 있는 선의지야말로 도덕의 근거와 기준이 된다고 생각했습니다.

그러므로 도덕적으로 선한 행위란 선의지에서 유발된 행위를 말합니다. 그것은 행위의 결과를 고려한다거나 자연적인 경향성이나 감정을 좇아서 이루어진 행위가 아닙니다. 옳은 행위를 오로지 그것이 옳다는 이유에서 항상 선택하는 선의지에서 유발된 행위만이 도덕적으로 선한 행위가 될 수 있습니다.

이와 같이 볼 때 칸트의 도덕적 입장은 철저하게 '동기주의 윤리설'의 입장에 섭니다. 동기주의 윤리설에서는 도덕적 행위를 평가하는데 있어 행위의 내면적 동기를 중요하게 여깁니다. 행위의 결과가 어떻게 나타났으며 우리에게 얼마나 유익했는가, 하는 것은 그렇게 중요한 문제가 되지 않습니다. 오히려 행위를 일으킨 내면적 동기가 선하고 순수했는가, 하는 것에 행위평가의 초점이 맞추어져야 합니다.

우리가 일상적으로 경험하는 행위들 가운데는 결과를 염두에 두고 이루어진 행위가 많이 있음을 봅니다. 재산상속을 염두에 둔 효도, 자신의 이름을 알리기 위한 자선행위, 자기사업의 성공을 위한 친절, 출세와 승진을 위한 겸손 등, 우리는 이러한 가식적인 행위들을 주위에서 너무나 많이 경험합니다. 결과적으로 볼 때 효도, 자선행위, 친절, 겸손 등은 분명히 도덕적인 행위임에 틀림없습니다. 그러나 행위의 내면적인 동기를 살펴볼 때 이러한 행위들은 결코 도덕적인 행위가 될 수 없습니다.

도덕적 행위란 행위의 도덕성 자체가 목적이며 결과가 어떻게 나타날 것인가에 의해 평가되어서는 안됩니다. 만일 우리가 행위의 결과만 가지고 행위를 평가한다면 이 세상은 온통 위선자들의 세상이 되어버리고 말 것입니다. 도덕이 살아 숨 쉬는 세상이란 선한 양심을 가진 자들이 오직 양심의 명령에 따라 자신의 이익과 손해는 돌보지 않고 성실하게 도덕적 의무를 수행할 때 비로소 이루어질 수 있는 것입니다.

그러므로 칸트는 그의 도덕철학에서 의무를 매우 소중하게 생각합니다. 왜냐하면 도덕적 의무란 선의지가 우리에게 부과하는 명령이기 때문입니다. 도덕적 행위란 곧 의무를 존중하고 의무에서 우러나온 행위를 말합니다. 그것은 기분에 따라 자기가 하고 싶은 대로 하는 것이 아니라 마땅히 해야 하기 때문에 해야만 하는 것입니다. 우리는 때로는 진실을 말함으로써 손해를 보는 경우가 있고 부모에게 효도하는 것이 아무런 기쁨을 가져오지 못할 수도 있습니다. 그러나 우리는 진실해야 하고 부모에게 효도해야만 합니다. 왜냐하면 그것은 우리의 도덕적 의무이기 때문입니다.

그렇습니다. 인생은 의무입니다. 우리의 삶은 결코 자기가 원하는 대로 하고, 살고 싶은 대로 살 수는 없습니다. 그보다는 그렇게 해야 하기 때문에 하고, 그렇게 살아야 하기 때문에 사는 것입니다. 우리 앞에는 '하고 싶은 일'과 '해야 할 일'이 동시에 주어지는 경우가 많이 있습니다. 이 때 우리는 하고 싶은 일을 뒤로 미루고 해야 할 일을 먼저 해야 합니다. 이런 선택을 하게 하는 것이 바로 실천이성의 명령입니다.

우리 인생은 결코 감정이나 기분에 좌우되어서는 안 됩니다. 그보다는 마땅히 걸어야 할 길을 따라 걸어야 하고, 마땅히 지켜야 할 도리를 지키며 살아가야 하는 것입니다. 그래서 인생은 엄숙하고 살아갈 만한 가치가 있는 것입니다.

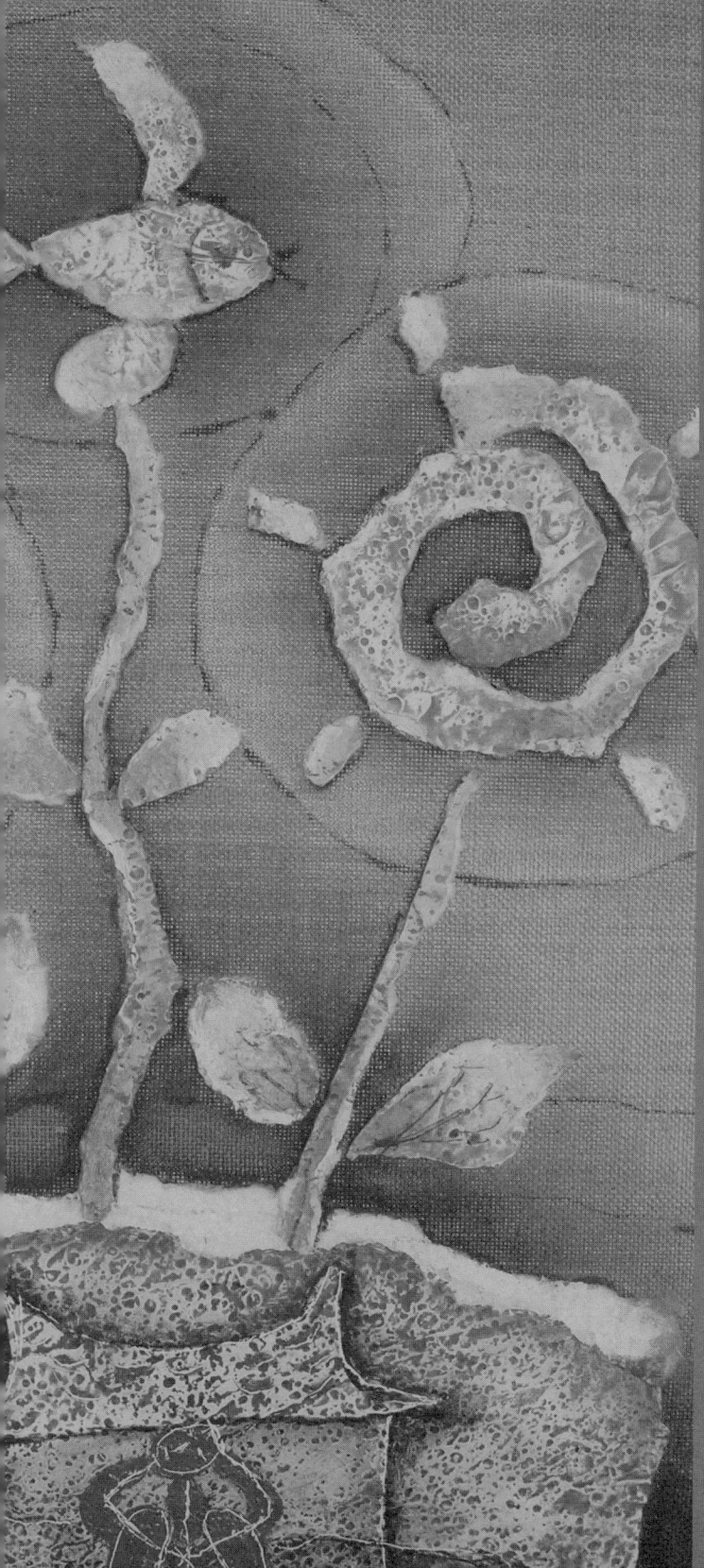

Chapter 07

실존 문제에 대한 현실적 접근

쇼펜하우어의
인생관 이해하기

01 쇼펜하우어의 생애 들여다보기

인류 역사 가운데 인생을 가장 비관적으로 바라보았던 철학자가 바로 독일의 쇼펜하우어입니다. 그가 인생을 그렇게 부정적이고도 비관적으로 본 이유 가운데 하나는 어렸을 때 그가 자라온 가정적인 배경에 한 원인이 있지 않나 생각됩니다.

그는 부상富商인 아버지와 아버지보다 20년 연하인 여류 문학가인 어머니 밑에서 자랐습니다. 어려서부터 학문적인 의욕이 강열했지만 그는 아버지가 시키는 대로 점원생활을 하며 젊은 시절을 보냈습니다. 그러나 아버지가 죽은 뒤 21세 때 괴팅겐 대학에 들어가 자연과학, 역사, 철학 등에 대한 학문적 깊이를 쌓았습니다. 그는 특히 플라톤, 칸트 등을 열심히 공부하였고 동양철학자 마이어의 권유에 따라 브라만교 경전인 우파니샤드Upanisad도 접하게 되었습니다.

대학시절 그는 자기 어머니와 교류를 가졌던 괴테와 같은 문인들과도 교제를 갖고 문학적인 소양도 쌓았습니다. 그러나 지나치게 자유분방한 어머니의 생활태도를 못마땅하게 여긴 그는 어머니와 불화가 많았습니다. 그리고 끝내 그녀와 결별을 하고 난 후 평생 독신으로 지냈습니다.

쇼펜하우어는 그의 어머니에 대한 좋지 못한 편견 때문인지는 모르겠으나 여자에 대한 나쁜 선입관을 가지고 있었습니다. 그는 "여자와 관계가 없으면 그만큼 더 좋다. 여자는 필요악도 되지 못한다. 인생은 여자가 없으면 더 안전하고 원활하다."라고 하며 여자에 대해서는 항상 거부반응을 나타내었습니다.

어렸을 때 가진 어머니에 대한 부정적인 생각이 여자에 대한 편견으로 이어졌고 여자에 대한 편견은 여기서 그치지 않고 인간에 대한 불신으로 나타났습니다. 그는 인간을 믿지 못했습니다. 그는 이발소에 가서는 주인을 믿지 못해 머리만 깎고 면도는 하지 않았다고 합니다. 또 여행을 다닐 때는 언제나 아트만이라고 하는 강아지를 데리고 다니며 여관이나 음식점에서 나오는 음식을 먼저 강아지에게 먹여보고 아무 이상이 없는 것을 확인하고서야 식사를 했다고 합니다.

그는 한 때 베를린 대학으로 가서 피히테의 강의를 들었으나 마음에 들지 않아 주로 독학을 하였습니다.

25세의 나이에 쇼펜하우어는 '충족이유율의 4가지 근거에 대하여'라는 논문으로 박사학위를 받고 그 후 베를린 대학의 사강사私講師가 되었습니다. 당시 베를린 대학에는 헤겔이 독일뿐만 아니라 전 유럽의 명성을 한 몸에 지니고 대학 강단을 지키고 있었습니다. 쇼펜하우어는 일부러 헤겔과 똑같은 시간에 맞추어 강의시간을 짜놓고 자신 있게 강의에 임했습니다. 그는 많은 학생들이 자기 강의시간에 모여들 것으로 기대했지만 사정은 딴 판이어서 학생들을 모두 헤겔에 빼앗기고 단 몇 명만을 놓고 강의를 할 수밖에 없었습니다. 화가 난 그는 단지 한 학기만 강의하고 그 자리를 물러난 후 더 이상 강의를 하지 않고 오직 저술에만 힘썼습니다.

그러나 그의 저서 대부분은 그의 생전 수십 년 동안 전혀 빛을 보지 못하다가 말년에 가서야 겨우 세상의 관심을 끌게 되었습니다. 대학 강단을 떠났을 뿐만 아니라 저술활동 역시 세인의 관심을 끌지 못한 채 그는 일생동안 고독한 삶을 보냈습니다.

쇼펜하우어는 31세에 주저主著『의지와 표상으로서의 세계』를 내 놓았습니다. 이 책은 후에 니체가 "쇼펜하우어의 『의지와 표상으로서의 세계』를 다 읽기까지는 밤잠을 못 이룰 정도였다."라고 말할 정도로 대단한 책이었으나 그 당시는 아무도 이 저서에 관심을 가져 준 사람이 없었습니다.

그는 이 책이 나오면 날개 돋친 듯 팔릴 것으로 기대했으나 책이 출판된 지 16년이 지나도록 아무도 책을 사서 읽는 사람이 없어 결국 모두 휴지가 되어 폐품 처리되었습니다. 그는 스스로 위로하여 말하기를 "전 인류에 속해 있는 사람은 자신이 살고 있는 시대와는 인연이 없는 법이다. 내가 산출한 것은 어떤 시대를 위한 것이 아니요 영원에 속한 것이다."라고 자위하였습니다. 그는 당시 지식층과 일반인들이 모두 헤겔 철학에 중독되어 생각하는 힘을 잃어버렸다고 혹평하고 자신의 저서에 무관심한 독자층을 신랄하게 비판하였습니다.

"머리와 책이 마주쳐서 빈 소리가 난다면 그것은 언제나 책에서만 나는 소리일까?"

"청중들로부터 열렬한 박수갈채를 받은 음악가가 그 청중 가운데 한두 명을 제외하고는 모두가 귀머거리라는 것을 알게 되어도 기분이 좋을까?"

이렇게 스스로를 위로하면서 쇼펜하우어는 자신의 저서가 세인의 혹평 속에 사장된 채 40여 년이라는 긴 세월을 실망과 은둔의 생활로 보내었습니다. 그의 유일한 친구로는 아트만이라는 강아지 한 마리가 있었을 뿐이었습니다.

그러나 70세에 가까워서 그에게도 봄이 찾아오게 되었습니다. 헤겔이 죽은 후 한동안 방황하던 철학계가 헤겔의 관념주의에 염증을 느끼고 드디어 쇼펜하우어의 생철학生哲學에 관심을 갖기 시작한 것입니다. 그의 70회 생일에는 세계 도처에서 격려의 축하편지가 날아들고 여러 대학에서 그의 철학이 강단에 오르게 되었습니다. 그러나 그것은 너무 때가 늦었습니다. 쇼펜하우어가 72세가 되던 해 예기치 않게도 그는 고요히 식탁에 앉은 채로 심장마비로 세상을 떠났습니다.

02 인생은 욕망과 권태 사이를 왕복하는 시계의 단진자와 같은 것이다

쇼펜하우어는 인간과 세계가 이성에 의해 지배되어 있다는 헤겔의 이성주의 철학에 반대합니다. 그는 인간도 세계도 이성에 의해 지배되는 합리적인 존재가 아니라 합리적으로 설명될 수 없는 욕망의 덩어리로 보았습니다.

그는 이 세계와 인간의 본질을 이루고 있는 욕망이 모든 고통과 악의 원인이 된다고 보았습니다. 왜냐하면 맹목적으로 분출되는 인간의 욕망은 잠시도 쉬지 않고 좀처럼 충족되지도 않는데 이러한 충족되지 못한 욕망이 언제나 고통으로 남게 되기 때문입니다.

쇼펜하우어의 입장에서 보면 인간을 인간이도록 하는 것은 인간의 가장 밑바닥에 자리 잡고 있는 욕망입니다. 인간은 욕망의 덩어리입니다. 식욕, 성욕, 수면욕, 명예욕, 소유욕, 권력욕… 이 외에도 남에게 인정받고 싶은 욕망, 출세하려는 욕망, 누군가를 사랑하려는 욕망, 사랑받으려는 욕망 등 인간은 무수한 욕망을 가지고 살아갑니다.

인간의 마음을 움직이게 하고 인간 행위를 유발하는 인자因子는 욕망입니다. 인간의 삶을 지탱해 주는 것이 바로 이 욕망들입니다. 그러므로 욕망 없는 인간은 더 이상 인간이 아니며 욕망 없는 삶은 이미 삶을 포기한 것과 같은 것입니다.

그런데 이러한 인간의 욕망은 한계를 모르고 끊임없이 분출되어 누구도 욕망의 충족을 통해서는 행복에 도달할 수 없습니다. 무한한 인간의 욕망 앞에 그 성취는 언제나 한정되어 있습니다. 충족된 한 가지 욕망에 대해 충족되지 못한 열 가지 욕망이 남아 있게 됩니다. 그리고 이 충족되지 못한 욕망들이 늘 인간을 고통과 불행 속에 빠지게 하는 것입니다.

> 욕망의 성취를 통해 인간은 항구적인 행복도 안식도 얻을 수 없다. 욕망의 성취는 거지에게 던져준 동냥과 같아서 비참한 삶을 내일까지만 연장시켜 줄 뿐이다. 어떤 욕망이든 그것이 충족되고 나면 곧 또 다른 욕망이 나타나게 되고 이러한 현상은 무한히 계속된다.

인간의 욕망은 성취되기도 힘들거니와 욕망이 성취되어도 그 만족은 일시적입니다. 마치 거지가 그날 얻은 동냥으로 그날 하루는 만족하지만 그 만족은 잠깐이요 내일이면 또다시 동냥을 필요로 하듯이 오늘 하나의 욕망이 성취되고 나면 내일이면 또 다른 욕망이 고개를 내밀게 된다는 것입니다.

인간은 맹목적으로 욕망을 부풀게 하고 있으나 그것은 마침내 터지고 말 비누거품과 같은 것이라고 쇼펜하우어는 보고 있습니다.

미국의 백만장자 록펠러에게 누가 묻기를 "사람은 돈을 얼마나 가지면 만족하게 됩니까?" 이 때 록펠러는 다음과 같이 대답했습니다. "자기가 현재 가진 것보다 조금 더 가지면 만족하게 됩니다."

인간의 욕망은 현재 자신이 가진 것에 결코 만족하지 않는다는 말입니다. 그래서 조금 더 갖기를 원하고, 또 조금 더 가지면 그 순간은 만족하지만 거기에 또 조금 더 갖기를 원하고… 이와 같이 인간의 욕망은 끝이 없다는 것입니다.

흔히 인간의 불행은 결핍에서 온다고 합니다. 그래서 못 가진 자들은 결핍을 메우려고 애씁니다. 그런데 가질 만큼 가진 자들도 여전히 결핍을 느낍니다. 그리고는 자신이 가진 것보다 더 가지려고 발버둥칩니다. 록펠러의 말과도 같이 현재 자신이 소유하고 있는 것만으로는 만족할 수 없기 때문입니다.

욕망이 지니는 이러한 역설적인 성격에 대해 헤겔은 "인간의 욕망은 충족보다 늘 한 발 앞서간다. 충족이 한 발짝 전진하는 동안 욕망은 두 발짝 앞서간다. 이 잡히지 않는 욕망과 충족의 술래잡기가 인간에게 떨어진 운명의 저주이다."라고 설명합니다. 심리학자 프로이트도

"인간의 욕망을 충족시키는 유일한 대상은 죽음뿐이다."라고 말하며 인간이 가지는 욕망의 끝은 신기루처럼 허망한 것이라고 분석합니다.

이렇게 볼 때 과연 욕망은 인간의 모든 고통과 악의 근원이라고 할 수 있습니다. 그러나 욕망은 여기서 그치지 않고 인간에게 또 다른 고통을 더해줍니다. 그것은 욕망의 성취 다음에는 언제나 권태가 기다리고 있다는 사실입니다.

우리는 욕망이 성취되는 것을 흔히 행복이라고 생각합니다. 그러나 그 행복이 곧 권태로 바뀐다는 것을 깨닫지 못합니다.

쇼펜하우어는 끝없이 분출되는 욕망과 이 욕망을 채우지 못함으로 인해 생기는 고통도 인간을 불행하게 하지만 설혹 그 욕망을 채운다 하더라도 거기에는 결코 행복이 우리를 기다리고 있는 것이 아님을 강조합니다.

> 욕망으로 인해 인간에게 내려지는 고통의 채찍이 면제되면 이번에는 권태라는 또 다른 채찍이 떨어진다. 인생은 욕망과 권태 사이를 끊임없이 왕복하는 시계의 단진자와 같은 것이다.

인간의 삶이 이러할진대 고통이야말로 삶의 실재이며 행복은 다만 소극적인 것, 즉 고통의 부재不在에 불과한 것이라고 쇼펜하우어는 말합니다.

연세대학교 문학교수였던 마광수 교수가 신문의 한 칼럼에 다음과 같은 글을 발표한 적이 있습니다.

그는 당시 자신이 발표한 3권의 책을 소개했습니다. 첫 번째 나온

책이 수필집 『나는 야한 여자가 좋다』이고 그 다음이 시집 『가자 장미 여관으로』이며 세 번째의 책이 장편소설 『권태』입니다. 그는 이 세권의 책 제목을 순서대로 나열해 보고 그 제목이 주는 상징성에 대해 무서운 암시력을 느끼게 되었다고 고백했습니다.

이 세 개의 제목을 연결해 보면 다음과 같은 내용의 문장이 됩니다. "나는 야한 여자가 좋았다. 그래서 천신만고 끝에 그런 여자와 함께 장미 여관에 가는데 성공했다. 하지만 막상 사랑을 나누고 보니 결국은 권태로웠다."

마광수 교수의 이와 같은 고백은 인간이 추구하는 욕망의 결과는 결국 권태라는 쇼펜하우어 사상의 한 단면을 잘 말해주고 있는 듯합니다.

이렇게 본다면 인간에게 중요한 것은 우리의 욕망과 소망을 어떻게 성취할 것인가 하는 것보다 어떤 욕망, 어떤 소망을 가질 것인가 하는 것입니다.

만일 우리가 그렇게도 추구하던 욕망이나 소망의 성취로부터 참된 만족이나 행복을 얻을 수 없다면, 뿐만 아니라 거기에 오히려 권태만 기다리고 있다면 그러한 욕망이나 소망은 추구할 만한 가치가 없는 것으로 보아야 합니다.

일반적으로 말해 우리의 욕망이 저급한 욕망일수록 권태는 더 빨리 찾아옵니다. 예를 들어 식욕이나 수면욕과 같은 욕망은 그것이 충족되는 순간 곧 실증과 권태를 느낍니다. 우리가 육체적 쾌락과 같은 욕망을 바람직한 욕망으로 보지 않는 것은 이러한 욕망의 성취 다음에는 곧 권태가 따르기 때문입니다.

그러므로 우리는 가능한 오래 지속되고 영원한 가치를 지니는 것들을 욕망하고 소망해야 합니다. 우리가 이상理想을 추구하고 형이상학적인 것을 탐구하고 종교를 필요로 하는 이유가 바로 여기에 있습니다. 우리가 설정한 목표에 도달하기는 어려우나 그 목표가 참으로 바람직하고 가치 있는 것이라면 그 목표에 이르는 과정 속에서도 나름대로의 만족과 행복을 얻을 수 있기 때문입니다.

이상이란 가장 높이 승화된 인간의 본능적인 욕망이라고 할 수 있습니다. 우리가 잡다하고도 저급한 욕망을 제어할 수 있는 길은 보다 높은 차원의 고상한 이상을 설정하고 이를 통해 저급한 욕망을 이겨나가는 것입니다. 그렇지 않고서는 쇼펜하우어의 말대로 우리는 언제나 욕망과 권태 사이를 왕래하는 시계의 단진자와 같은 삶을 면하기 어려울 것입니다.

쇼펜하우어는 인간의 세계가 실로 고苦의 세계임을 인정하면서도 이러한 고로부터 벗어날 수 있는 길을 제시하고 있습니다. 그것은 바로 고의 원인이 되는 욕망을 부정하는 것입니다. 그는 욕망을 부정하는 방편으로 다음과 같은 세 가지 방법을 제시하고 있습니다.

첫째는 지적 관조知的 觀照입니다. 그가 말한 지적 관조란 인간이 의지적인 욕망이 없는 순수한 인식주체認識主體가 되는 것을 말합니다.

인간의 본질은 욕망으로 이루어지고 인간의 지성은 욕망의 지배를 받고 있지만 인간은 이러한 욕망의 지배와 구속으로부터 해방될 필요가 있습니다. 인간이 욕망의 재난으로부터 벗어날 수 있는 길은 우리의 지성이 욕망의 명령에 냉담한 반응을 보여줌에 의해 가능합니다.

우리가 사물을 바라볼 때 그 사물을 욕망의 대상으로 보는 한 우리는 욕망의 노예가 되고 맙니다. 그러나 그 사물을 지성의 대상으로 바라본다면 우리는 욕망으로부터 벗어날 수 있습니다.

예를 들어 우리가 돈을 욕망의 대상으로 바라볼 때 우리는 돈의 노예가 됩니다. 모든 것이 돈으로만 보이고 돈벌이만 되면 무엇이나 하고 심지어는 사람을 대할 때도 금전적인 가치로 환산하여 때로는 무시하고 때로는 비굴하게 추종하기도 합니다.

그러나 돈을 순수이 지성의 눈으로 바라 볼 때는 돈이란 우리의 삶에 필요한 수단적인 가치 이상의 것이 아닙니다. 이런 시각으로 본다면 우리에게는 삶에 필요한 만큼의 돈만 있으면 됩니다. 그리고 이 때 우리는 돈에 대한 불필요한 탐욕으로부터 벗어날 수 있습니다. 요컨대 쇼펜하우어가 말한 지적관조란 인간이 욕망의 노예가 되지 않도록 우리의 지성이 욕망을 자제하고 다스려나가야 함을 말합니다.

둘째는 예술적 관조입니다. 예술적 관조란 인간의 순수한 감정이 욕망의 굴레를 벗어나게 하는 것을 말합니다.

> 우리가 미美의 세계를 관조할 때, 즉 참으로 아름다운 것에 대하여 자아를 망각하고 몰두하여 버릴 때 의지의 지배를 벗어나고 욕망을 버릴 수 있다.
>
> 예술은 의지 없는 관조의 축복이다. 예술적 이해에 있어서는 낙조落照를 감옥에서 보든 궁전에서 보든 차이가 없다. 예술에 침잠沈潛되어 있는 그 순간 우리는 비천한 의지의 충동을 벗어나고 욕망이 출몰하는 육신으로부터 안식을 누리며 익시온Ixion의 수레바퀴는 멈추어 선다.

익시온은 그리스신화에 나오는 욕망의 신을 말합니다. 그는 제우스의 아내 헤라를 범하려다가 제우스의 노여움을 사서 영구히 회전하는 불의 수레바퀴에 묶여 지금도 고통을 당하고 있습니다.

쇼펜하우어는 만일 인간이 예술을 깊이 이해하고 예술에 몰두하여 있는 한 이러한 익시온의 수레바퀴로부터 벗어날 수 있다고 봅니다. 예를 들어 우리가 베토벤, 슈베르트, 모차르트와 같은 위대한 악성들의 교향곡을 들으며 그들의 음악에 깊이 몰두해 있을 때 우리의 마음과 영혼은 순결하고 승화되는 느낌을 가지게 되고 그 때 우리의 욕망은 이러한 예술적 관조 앞에 자취를 감추게 된다는 것입니다.

음악뿐만이 아닙니다. 우리가 문학작품을 읽을 때도 마찬가지입니다. 예를 들어 이광수의 『사랑』을 읽을 때 그 속에 나오는 주인공 안빈과 석순옥과의 승화된 사랑 속에는 어떤 에로틱한 욕망이 들어설 자리가 없음을 발견하게 됩니다. 이와 같이 모든 훌륭한 예술 속에는 우리의 저급한 욕망을 제어할만한 힘이 있으므로 우리는 예술적 관조를 통해 우리의 순수한 감정이 욕망을 이겨 나갈 수 있다고 보는 것입니다.

셋째는 종교적 금욕입니다. 종교적 금욕은 종교적 명상이나 관조가 아닌 종교적 행위로서의 금욕을 말합니다. 지적 관조나 예술적 관조가 우리의 욕망을 지배하거나 또는 욕망이나 충동으로부터 벗어나게 해주는 것은 사실이나 그것은 어디까지나 일시적일 뿐입니다.

그러나 우리는 종교적 금욕을 통해서는 모든 욕망으로부터 자유함을 누리게 되고 고苦로부터 완전히 벗어날 수 있습니다. 쇼펜하우어가 말한 종교적 금욕이란 불교에서 말하는 것과 같이 일체무상一切無常 즉 모든 것이 부질없음을 깨닫고 인간의 모든 욕망과 의지를 버리는 것을 말합니다.

불교가 목표로 하는 열반涅槃의 경지란 모든 번뇌와 고통이 끊어진 경지를 말하는데, 이러한 경지는 결국 '현실의 모든 것이 공空이요 무無'라는 것을 인식하고 나아가 이를 얻고자 하는 실낱같은 마음마저도 버림으로써 도달할 수 있는 것입니다.

한때 브라만교 경전인 우파니샤드에 심취했던 쇼펜하우어는 인간이 욕망으로부터 완전히 벗어날 수 있는 것은 결국 금욕이라는 종교적 행위로서만 가능하며 금욕이야말로 욕망을 벗어나는 궁극적이고도 영원한 길이 된다고 보았습니다.

자라투스트라는 이렇게 말하였다

01 인간은 초월되어야 할 어떤 존재이다

니체는 그의 대표적인 저서 『자라투스트라는 이렇게 말하였다』에서 초인 자라투스트라의 얘기를 이렇게 시작하고 있습니다.

자라투스트라는 나이가 30세가 되었을 때 고향과 고향의 호수를 떠나 산 속으로 들어갑니다. 여기서 그는 스스로의 정신과 고독을 즐기면서 10년 동안 수도생활을 합니다. 10년이 되던 어느 날 그는 먼동이 뜨자마자 일어나 태양을 향해 이렇게 외칩니다.

오, 거대한 천체여! 만일 그대에게 그대의 빛을 비춰줄 대상이 없다면 그대의 행복은 무엇이겠는가? 보라! 나는 꿀을 너무 많이 모은 꿀벌처럼 나의 지혜에 지쳤고 나에게는 나를 향해 내미는 여러 손이 필요하다.

자라투스트라는 자신을 넘쳐흐르는 빛을 발산하는 태양에 비유합니다. 마치 태양이 넘쳐흐르는 빛을 스스로 간직할 수가 없어 모든 존재를 비춰주는 것과 같이, 자라투스트라 자신도 10년 동안 산 속에서 터득한 지혜와 사상을 이제는 모든 사람에게 나누어주어야 할 정도로 완숙한 성자의 모습으로 변화되었음을 선포합니다.

드디어 그는 하산하여 자신의 지혜와 사상을 뭇 사람들에게 나누어 주기를 결심합니다. 그는 산을 내려오다가 산 어귀에서 한 노인을 만납니다. 그 노인은 자라투스트라를 보자 곧 알아보며 이렇게 중얼거립니다.

"이 사람은 낯선 사람이 아니군. 몇 해 전에 이 길을 지나갔던 사람이야. 그런데 그 때와는 완전히 딴 사람으로 변했군. 그 무렵 이 사람은 한 움큼의 재를 산상으로 옮겨갔는데 이제는 불덩이 하나를 손에 들고 세상에 내려오는군. 이제 그대는 그대의 불을 골짜기로 옮기려 하는가? 그대는 새삼스레 무엇을 하려고 저 잠자는 자들 곁으로 가려고 하는가?"

자라투스트라는 이렇게 대답합니다.

"나는 인간을 사랑하노라. 내가 숲 속에 들어간 것도, 다시 숲을 떠나는 것도 모두 인간을 사랑하기 때문이다."

노인은 자라투스트라의 이 말을 이해하지 못하고 되묻습니다.

"인간을? 어찌하여! 나에게 있어서 인간은 너무나 불완전한 존재이다. 지금 내가 사랑함은 인간이 아니라 신이다."

이 말을 듣고 자라투스트라는 마음속으로 이렇게 중얼거립니다.

"도대체 이런 일이 있을 수 있을까? 저 늙은 성자는 숲 속에 살고 있어서 신이 죽었다는 것을 전혀 듣지 못했구나. 정녕 늙은 신들은 오래 전에 최후를 맞이했는데."

여기서 비로소 자라투스트라는 처음으로 "신은 죽었다Gott ist tot." 라고 외칩니다. 신의 죽음을 외치는 자라투스트라를 이상히 쳐다보는 산 속의 노인을 혼자 두고 자라투스트라는 산 아래에 있는 한 마을에 도달합니다.

그 마을 입구에는 넓은 공터가 있고 그 공터에는 많은 사람들이 모여 있었는데 그 곳에서는 곡마단이 곡예를 부리고 있었습니다. 높은 장대 위에 밧줄을 달아 놓고 그 위를 곡예사가 아슬아슬하게 건너가고 있습니다. 사람들은 모두 손뼉을 치며 곡예사의 묘기를 즐기고 있습니다. 그 때 자라투스트라는 그 곳에 모인 사람들에게 입을 엽니다.

"형제들이여, 그대들은 무엇을 보고 기뻐하며 무엇을 즐기고 있는가? 그대들은 그대들 자신이 밧줄을 건너는 곡예사인 것을 왜 깨닫지 못하는가?"

니체에 의하면 인간은 마치 벼랑 위에 걸쳐진 밧줄을 건너는 곡예사와 같습니다. 한 쪽에는 동물이 있고 다른 한 쪽에는 초인이 있는데 그 사이에는 깊은 심연深淵이 가로놓여 있습니다. 인간은 본질적으로 동물의 굴레를 벗어나 초인에로 향한 밧줄을 건너야 하는 존재입니다. 이 밧줄을 건너는 일은 위태롭습니다. 밧줄 위에 선 인간은 현기증을 느낍니다. 그러나 그는 그 자리에 주저앉을 수도 없고 뒷걸음 칠 수도 없습니다. 왜냐하면 밧줄 위에 주저앉거나 뒷걸음치는 것은 앞으로 나아가는 것보다 더 위험한 일이기 때문입니다.

허무의 심연 위에 놓인 밧줄을 타고 동물의 단계에서 초인의 단계로 건너가는 것이 곧 실존의 초월超越입니다. 니체는 초월은 인간의 본질적인 존재양식이라고 봅니다.

> 인간은 초월되어야 할 어떤 존재이다. 모험을 감행하는 인간, 자기초월을 시도하는 인간, 이러한 인간이 곧 실존이요 이 밧줄을 건너는 일이야말로 진정한 실존적인 삶을 의미하는 것이다.

니체는 자기초월을 시도하는 인간을 다음과 같이 세 단계로 구분합니다.

첫째는 낙타의 단계입니다. 낙타는 모든 동물 가운데 가장 무거운 짐을 지고 가장 걷기 어려운 사막 길을 순종하며 걸어가는 동물입니다. 인간이 실존을 성취하는 첫 단계도 바로 이와 같습니다. 즉 낙타와 같이 종래의 모든 전통과 가치체계를 수용하며 우리에게 부과된 무거운 짐들을 등에 지고 가야만 합니다. 그것은 시련의 길이요 고통의 길입니다. 그 길을 걷기 위해서는 인종忍從의 미덕이 있어야 합니다.

많은 사람들이 이 길을 거부하고 곧바로 높은 단계로 비약하려고만 합니다. 그러나 주어진 현실을 인정하고 기존의 것에 대한 수용 없이는 어떠한 비판이나 부정도 무의미한 것이 되어버립니다. 더구나 새로운 것을 창조한다는 것은 있을 수 없는 일입니다. 왜냐하면 무에 대한 비판이나 무로부터의 창조란 있을 수 없기 때문입니다. 비판과 창조가 의미가 있고 그 내용이 충실하기 위해서는 반드시 기존의 것에 대한 수용과 이에 대한 성실한 탐구가 전제되어야만 합니다.

> 먼 훗날 많은 것을 알릴 자는 자신 속에 많은 것을 담아둔다. 먼 훗날 번갯불로 번쩍일 자는 오랫동안 구름으로 떠돌아야 한다.

햇빛이 쨍쨍한데 치는 마른 번갯불은 비를 동반하지 않습니다. 멀리서 검은 구름이 몰려오고 강풍이 나뭇가지를 꺾고 천둥소리가 요란하게 울릴 때 비로소 장대비가 내립니다.

이와 같이 모든 사람을 놀라게 할 새로운 가치는 천박한 사상에서 탄생되지 않습니다. 종래의 가치체계, 기존의 지식에 대한 충분한 양이 축적되고 난 후 비로소 이에 대한 부정과 비판이 따르고, 새로운 대안이 제시되고, 이전과는 전혀 다른 새로운 무엇이 창조될 수 있는 것입니다.

니체가 대학에 다닐 때 고전문헌학에 매료되어 기존의 철학, 사상, 종교, 문화 등을 충실하게 탐구했던 것은 낙타의 단계를 연상케 합니다.

자기초월의 두 번째 단계는 사자의 단계입니다. 사자는 초원의 왕입니다. 그는 자유롭습니다. 그에게는 아무런 장애도 구속받을 것도 없습니다. 무거운 짐을 지고 사막 길을 건너온 낙타는 언제까지나 자기가 진 짐에 의해 구속받을 수만은 없습니다. 이제는 모든 짐을 벗어버리고 자유의 몸이 될 필요가 있습니다.

실존의 성취를 통해 초인이 되고자 하는 인간도 언제까지나 기존의 전통과 가치체계에 묶여 있을 수만은 없습니다. 인간이 과거에 얽매여 있는 한 미래를 보지 못합니다. 미래에 대한 비전이 없는 자는 결코 새로운 것을 창조할 수 없습니다. 따라서 새로운 것을 창조하려는 자는 과거라는 질곡에서 벗어나 사자와 같이 자유로워 질 필요가 있습니다.

창조성은 자유로운 사상에 깃듭니다. 획일적인 사고, 맹목적인 추종, 천편일률적으로 반복되는 일상성, 도전과 모험이 허용되지 않는 무사안일의 생활태도, 이런 것들은 창조성을 고갈시킵니다. 그래서 초인을 꿈꾸는 자는 사자와 같은 자유인이 되어야 합니다. 전승된 과거의 유산을 훌훌 털어버리고 보다 자유로워야 하는 것입니다.

자기초월의 마지막 단계는 어린아이의 단계입니다. 사자는 자유를 갈망하고 고독을 견디어 내며 주체의식으로 충만합니다. 그러나 이것만으로는 부족합니다. 사자는 어린아이가 되어야 합니다. 어린아이에게는 과거가 없고 미래만이 있습니다. 오직 희망 찬 미래만이 있습니다. 어린아이는 자기 앞에 펼쳐진 무한의 세계 속에서 미래를 창조해 나가는 창조적 가능성입니다.

> 나의 형제들이여, 사자도 할 수 없는 일을 어린아이가 어떻게 할 수 있을까? 어린아이는 과거가 없다. 무엇이나 새롭게 시작한다. 창조라는 유희遊戱를 위해서는 '예Ja'라는 거룩한 발언이 필요하다.

어린아이는 부정을 거부합니다. 가능적 세계 속에서 무엇이든 이룰 수 있다는 것이 어린아이에게 주어진 축복입니다. 니체가 말한 자기초월의 마지막 단계는 무엇인가 새로운 것을 이루고자 하는 창조적 단계를 말합니다. 새로운 질서, 새로운 가치, 새로운 전통을 창조하는 창조인의 단계, 이 단계가 인간이 도달해야 할 최고의 단계이며 이 단계에 도달한 인간이 곧 초인입니다.

02 초인은 영구회귀를 바란다

초인은 영구회귀永久回歸를 바랍니다. 니체가 말한 영구회귀사상은 철학적으로 볼 때 매우 이해하기 힘든 사상입니다. 영구회귀라든가 윤회輪回라는 말들은 불교나 힌두교에서 사용하는 종교적인 용어입니다.

"인간의 영혼은 불멸한다. 그리고 사후死後의 세계에서 끊임없이 윤회한다. 인간의 영혼이 현세에서 어떻게 업業을 쌓는가에 따라 내세의 고락苦樂이 결정된다. 따라서 현세에서 선하게 살아라." 이와 같은 사상이 일반적인 윤회사상의 내용입니다.

그러나 니체가 발한 영구회귀사상은 이와는 다릅니다. 무신론자 니체는 내세를 믿었던 자가 아닙니다. 이 세계는 누가 창조한 것이 아니라 스스로 존재하고 스스로 운동하고 스스로 생성소멸 합니다. 또한 이 세계는 어느 시점에서 시작되어 어느 시점에 가서 종말이 오는 것이 아니라 원환운동을 지속하며 영원히 순환합니다.

이런 입장에서 니체는 인간의 삶도 한 번 태어나서 살다가 죽어버리는 일회적인 것이 아니라 육체와 영혼의 원소들이 죽어서 소멸하면 그것들이 영겁의 시간 속에서 다시 결합되어 원래의 모습으로 회귀한다고 생각했습니다.

니체는 『자라투스트라는 이렇게 말하였다』에서 영구회귀사상을 이렇게 표현하고 있습니다.

일체는 가고 일체는 되돌아온다. 존재의 수레바퀴는 영원히 굴러간다. 모든 것은 죽고 모든 것은 또다시 꽃을 피운다. 존재의 연륜年輪은 영원히 달린다. 일체는 부서지고 일체는 새로이 이루어진다. 존재의 동일한 집은 영원히 건설된다. 모든 것은 헤어지고 모든 것은 다시금 서로 만난다. 존재의 고리는 스스로에 충실하게 영원히 존속한다. 아! 인간은 영원히 회귀한다. 작은 인간은 영원히 회귀한다.

니체는 결코 피안의 세계나 종교적인 내세를 인정한 사람이 아닙니다. 피안의 세계를 인정하지 않고 현실세계만을 인정하는 니체가 이와 같은 영구회귀사상을 시인하고 있다는 것은 쉽게 납득이 가지 않는 일입니다. 철학적으로 볼 때 니체의 영구회귀사상은 많은 논리적인 모순을 내포하고 있음이 사실입니다.

그러나 이 영구회귀사상이 니체 사상 가운데 큰 비중을 차지하고 있는 이유는 이 사상이 가지는 윤리적 성격 때문입니다. 영구회귀사상 속에는 현실세계에서 초인의 윤리적인 삶이 어떠해야 하는가에 대한 명확한 대답이 제시되어 있습니다.

니체는 『즐거운 지식』에서 현실의 영구회귀에 대해서 다음과 같이 기록하고 있습니다.

어느 날 낮이라도 좋고 밤이라도 좋다. 혼자서 적막하게 있는데 한 악령이 슬며시 찾아와서 이렇게 속삭인다.

"너는 현재의 삶을 그리고 지금까지 살아온 이 현실의 인생을 일획의 수정 없이 다시 한 번, 아니 무한 회수를 반복해서 살아야 한다. 새로운 것이라고는 아무 것도 없다. 일체의 고통, 일체의 환희, 일체의 사유와 신음. 네 생애 가운데 있었던 작고 큰 일체의 것들이 동일한 순서, 동일한 결과대로 너에게 되돌아온다. 현존의 모래시계는 언제나 회귀한다."

라고 말한다면 너는 굴복하지 않고 분노한 나머지 그렇게 말한 악령을 저주하겠는가? 아니면 "너는 신이다. 나는 너 이상의 신다운 것을 들어보지 못하였다."라고 그에게 안도의 대답을 주겠는가?

우리는 흔히 인간에게 있어 가장 큰 고통과 비극을 죽음이라고 생각합니다. 우리가 경험하는 불안과 공포, 회한과 절망은 인간은 죽을 수밖에 없는 존재이기 때문에 일어나는 것입니다. 인간의 모든 불행의 궁극적인 원인은 결국 죽음입니다. 그래서 만일 인간에게 죽음이 없다면, 인간이 영원히 살 수만 있다면 인간의 고통과 불행은 훨씬 줄어들 수 있을 것이라고 생각합니다.

그렇다면 과연 인간에게 죽음이 없다는 것, 죽지 않고 영원히 산다는 것은 축복인가요? 아니면 인간은 죽을 수밖에 없는 존재라는 것, 인간은 누구에게나 일회적인 삶 밖에 주어지지 않는다는 것이 축복인가요? 인간의 죽음은 축복인가요 저주인가요?

독일 어느 마을의 전설 가운데 다음과 같은 이야기가 있습니다. 즉 그 마을에는 옛 부터 전설적으로 내려오는 요술의 물통이 있었습니다. 마치 큰 독과 같은 물통인데 누구든지 이 물통 속에 들어가 앉아 물통을 한 바퀴 휙 돌리면 그 속에 앉아 있는 사람이 조금씩 젊어진다는 요술의 물통입니다.

어느날 나이가 많은 한 할머니가 요술 물통을 돌리는 할아버지를 찾아와 자기는 젊어지는 것이 평생의 소원이니 물통 속에 들어가면 그 물통을 돌려달라고 부탁했습니다. 할아버지는 할머니에게 얼마나 젊어지기를 바라느냐고 물었습니다. 할머니는 아주 젊어지고 싶으니 그 물통을 많이 여러 번 돌려달라고 했습니다. 그 때 할아버지는 할머니에게 다음과 같이 다짐했습니다.

"좋습니다. 그럼 지금부터 물통을 돌려드리겠습니다. 당신이 원하는 만큼 돌려드리겠습니다. 다만 이것 한 가지만은 알고 있어야 합니다. 만약 당신이 젊어지면 젊어지는 그 순간부터 지금까지 당신이 살아왔던 꼭 그대로 다시 살게 된다는 것을 잊지 마십시오."

이 말을 듣고 난 할머니는 곰곰이 생각하고 난 후 "그래요? 그렇다면 그만 두세요. 젊어지는 것을 포기하겠습니다."라고 말하며 그 물통에서 나와서 되돌아갔다고 합니다.

만일 우리의 삶이 죽지 않고 영원히 지속된다는 것을 한 번 생각해 보십시오. 종말이 없이 영원히 반복되는 삶 속에서 우리는 과연 어떤 가치와 의미를 발견할 수 있겠습니까?

우리에게 과거가 아름답고 소중한 것은 그것이 영원히 되돌아 올 수 없기 때문입니다. 우리가 현재의 삶에 무한한 애착을 가지고 의미를 부여하는 것은, 그리고 미래에 꿈과 희망을 가지고 미래를 기대하는 것은 모두 다 그것들이 한 번밖에 경험할 수 없는 일회적인 것이기 때문입니다.

만일 현재가 영원히 지속되거나 반복된다면 그것은 축복이기는커녕 오히려 저주와 소름끼치는 일이 될 것입니다. 그것은 그 누구도 바라는 바가 아닙니다.

그런데 니체는 현실의 영구회귀를 바라고 요청해야 한다고 가르침니다. 니체가 이렇게 말한 참된 의미는 우리의 삶의 방식과 태도가 마치 현재의 삶이 영원히 되풀이되기를 원하는 방식으로, 그러한 태도로 살아야 한다는 뜻입니다. 이러한 삶의 방식과 태도는 바로 초인의 삶의 방식이요 태도입니다.

초인에게는 내세가 없습니다. 초인에게 주어진 삶이란 오직 현실의 삶 뿐입니다. 혹시 초인에게 내세가 있다면 현실의 삶이 다소 불만족스럽고 무가치 하더라도 내세에서 보다 만족스럽고 가치 있는 삶을 기대할 수도 있을 것입니다. 그러나 초인에게 이러한 가능성은 애초부터 없습니다.

> 초인은 오직 현재의 삶, 순간의 생을 절대적 가치로서 긍정할 뿐이다. 그는 현실의 생을 너무나 사랑하는 나머지 생의 모든 순간이 결코 소멸하지 않고 다시 회귀해서 영원히 되풀이되기를 바란다. 그것은 바로 되풀이 될 수 없는 현실적인 삶을 영원히 되풀이되기를 원하는 방식으로 살라는 말이다.

영구회귀사상은 현실에 대한 절대적인 긍정과 애착을 말해주는 니체 사상의 결정체라 할 수 있습니다. 물론 니체가 바라본 현실은 모순에 차있고 허무하고 무가치한 것입니다. 그러나 현실의 삶이 아무리 허무하고 무가치한 것이라도 우리는 사랑해야 합니다. 왜냐하면 우리에게 주어진 것이라고는 그것 뿐이기 때문입니다.

니체는 현실을 사랑하되 그것이 영원히 되풀이되기를 바라는 그만큼 사랑해야 한다고 가르칩니다. 사실 니체의 이와 같은 영구회귀사상은 아무나 수긍하고 아무나 받아들일 수 있는 것은 아닙니다. 순간순간을, 하루하루를, 일생을 성실하게 후회 없이 살아온 사람에게는 그 순간이, 그 하루가, 그 일생이 다시 돌아온다고 해도 두려울 것이 없을 것입니다. 오히려 그것을 바랄 것입니다. 그러나 지나온 날들이 무의미하고 불성실하여 후회만이 남는 날들이었다면 그런 날들이 다시 반복한다는 것은 두려운 일이 될 것입니다.

새로운 가치를 끊임없이 창조하며 고귀한 삶을 살아가는 초인에게는 영구회귀가 반가운 일이지만 퇴폐한 인간, 무가치한 삶을 살아가는 인간에게는 동일한 삶을 끊임없이 반복한다는 것은 두려운 일이 아닐 수 없습니다. 영구회귀사상이야말로 생에 대한 무한한 애착과 현실에 대한 절대적인 긍정을 추구하는 초인의 윤리적인 삶의 태도라 할 수 있겠습니다.

03 운명을 사랑하는 자

영구회귀를 바라는 초인은 자신의 운명을 사랑하는 자를 말합니다. 일반적으로 운명론, 또는 운명주의fatalism라 함은 이 세상에는 어떤 초자연적인 힘이 존재한다는 것을 인정하고 인간은 이러한 절대적인 힘에 의해 지배되고 있다는 사상을 말합니다. 따라서 운명주의에서는 인간의 자유의지를 부정하고 창조적인 것, 우연적인 것, 인위적人爲的인 것 등을 인정하지 않으며 오직 예정된 필연적인 운명이 이 세계와 인간을 지배하고 있다고 봅니다.

고대 그리스인들은 대부분 이러한 운명론을 믿었던 자들입니다. 그들은 운명이라는 것을 인간의 지혜로는 파악할 수 없는 어떤 절대적인 힘, 거역할 수 없는 힘으로 파악하고 이러한 불가사의한 힘에 의해 인간과 세상의 모든 일들이 지배되고 있다고 믿었습니다.

소포클레스의 비극 『오이디푸스 왕』은 이와 같은 그리스인들의 운명관을 잘 묘사해 주고 있습니다.

비극의 영웅 오이디푸스가 그리스 도시국가 테베의 왕자로 태어날 때 불길한 신탁이 내려진다. 그것은 "이 아이는 자기 아버지를 죽이고 어머니를 범한다."는 신탁이었다. 이 저주스러운 신탁으로 인해 오이디푸스는 테베의 궁전에서 자라지 못하고 버림을 받는다. 오이디푸스의 부친인 테베왕 라이오스는 오이디푸스의 복사뼈에 쇠못을 박아 깊은 산중에 버린다.

그런데 마침 이웃 국가 고린도의 한 목동이 이 아이를 발견하고 주워서 고린도 왕에게 갖다 준다. 이를 희귀하게 생각한 고린도의 왕은 오이디푸스를 왕궁에서 키우게 해 오이디푸스는 고린도의 왕자로 자라나게 된다.

고린도의 왕자로 자란 오이디푸스가 청년이 되었을 때 우연한 기회에 자기가 태어날 때 자기에게 내려진 신탁을 알게 된다. 이로 인해 오이디푸스는 깊은 고뇌에 빠지게 되고 이 신탁을 피하기 위해 고린도 궁전을 빠져나와 이리 저리 방황하게 된다.

그러던 중 그는 테베와 고린도 국경의 한 산 속을 헤매게 되는데 여기서 마침 사냥을 나온 자신의 부친인 테베의 왕을 만나게 된다. 오이디푸스는 이 왕과 사소한 말다툼 끝에 결투를 하게 되고 결국은 왕이 자기의 부친인 줄도 모르고 그를 죽이고 만다.

당시 테베에는 스핑크스라는 괴물이 나타나 지나가는 사람들에게 수수께끼를 낸다. "아침에는 네 발, 낮에는 두 발, 저녁에는 세 발로 걷는 것이 무엇인가?" 이렇게 묻고는 이 수수께끼를 알아내지 못하는 사람은 모두 깊은 산골짜기에 떨어뜨려 죽였다. 이 때 오이디푸스가 그 수수께끼의 답을 사람이라고 알아맞히자 스핑크스는 스스로 산골짜기에 몸을 던져 죽게 된다.

이러한 사실이 알려지자 테베 사람들은 감사의 표시로 오이디푸스를 테베의 왕으로 추대하고 전왕前王의 왕비, 곧 실제로는 그의 어머니를 아내로 내준다. 오이디푸스는 이러한 사실도 모르고 자기 어머니와 결혼을 하고 4명의 자식까지 낳는다.

이러한 일이 있은 후 테베에서는 왕가에서 발생한 이와 같은 불륜으로 말미암아 나라의 전역에 나쁜 전염병이 발생하여 수많은 사람들이 목숨을 잃게 된다. 오이디푸스는 이러한 원인이 결국 자기 자신에게 있었다는 사실을 알게 되자 자기의 두 눈을 빼고 어느 숲 속에서 죽게 되고 왕비도 자살하고 만다.

이것이 고대 그리스인들이 가졌던 대표적인 운명관의 한 예입니다. 오이디푸스는 자기에게 내린 운명의 손길을 벗어나려고 발버둥 치다 끝내 운명의 그물에서 벗어나지 못하고 운명의 제물이 되고 만다는 내용입니다.

그렇다면 과연 운명이란 실제로 존재하는 것일까요? 그래서 인간과 세계를 지배하는가요? 만일 인간이 운명의 절대적인 힘에 종속되어 있다면 인간의 의지, 인간의 창조적인 행위능력은 부정되어야 하는가요? 인간이 자유존재라는 것을 수정해야 하는가요?

 인간은 누구나 자기가 자기 자신의 삶의 주체라는 것을 부인하지 않습니다. 인간은 결코 운명의 노예가 아닙니다. 자신의 자유로운 의사결정에 따라 자유롭게 행동하고 자유로운 삶을 살아가는 것입니다.

 그러나 인간의 삶은 반드시 자신의 주체적인 의사결정과 선택에 의해서만 이루어지는 것은 아닙니다. 예를 들어

> 나는 내 부모를 선택할 수 없습니다.
> 나는 나의 성격과 재능, 나의 외모에 대해 의사결정권이 없습니다.
> 나는 내가 왜 지금, 여기에 태어났는지에 대해 아무런 대답을 내릴 수가 없습니다.
> 나에게 가장 소중한 나의 생명은 나의 의지적인 선택과 결정의 범위를 벗어나 있습니다.

 나의 주체적인 의지의 선택과는 아무 상관없이 나의 삶은 어떤 시간, 어떤 공간에서 어느 부모와 더불어 시작됩니다. 내가 그것을 원하든 원하지 않든 나에게는 어떤 성격과 재능이 주어지고 내 얼굴의 모습과 신체적인 형질이 주어집니다. 뿐만 아니라 나는 내가 어찌할 수 없는 가정환경에서 자라나게 되고 어떤 일정한 사회의 제도와 틀 속에서 생활하게 됩니다. 물론 나는 내 생명의 주관자도 되지 못합니다. 내가 내 임의대로 내 생명을 조정할 수가 없기 때문입니다.

 요컨대 모든 인간에게는 각각 자기에게만 주어진 일정한 인생의 몫이 있고 이러한 몫은 자기가 임의대로 선택할 수 있는 것이 아니라 필

연적으로 주어지는 것입니다. 많은 사람들은 이와 같이 자신의 힘의 한계를 벗어나 일방적으로 부과되는 피할 수 없는 이러한 인생의 몫을 운명이라고 합니다.

일반적으로 인간이 자신의 운명에 대해 취하는 태도는 두 가지입니다.

첫째는 운명의 복종자의 태도로서 운명에 마지못해 인종忍從하는 태도를 말합니다. 운명이라는 것을 피할 수 없는 숙명적인 것으로 보고 이 운명에 자기 자신을 맡겨 버리려는 체념의 태도를 말합니다.

둘째는 운명의 지배자의 태도로서 운명을 부정하고 이를 싸워 극복하려는 태도를 말합니다. 자신의 운명을 인정하지 않고 이와 투쟁하여 운명을 굴복시키거나 운명의 예외자가 되려는 태도가 그것입니다.

그러나 운명에 대한 니체의 태도는 이 둘 모두 아닙니다. 오히려 자신의 운명을 깊이 들여다보고 자신의 운명을 이해하고 애정을 가지고 받아들이고자 하는 태도입니다. 이와 같은 니체의 운명에 대한 태도가 운명애運命愛 곧 운명을 사랑하는 태도입니다. 운명에 대한 맹종도 아니요 운명에 대한 반항적인 투쟁도 아닌 자기의 운명을 사랑하는 태도입니다.

니체는 자신의 의지적 선택과는 관계없이 자신에게 필연적으로 주어진 자신의 운명에 대해 이를 수긍하고 깊이 이해하고 사랑해야 한다고 가르칩니다. 니체에 의하면 자신에게 필연적으로 주어진 것들이 결코 원망이나 불평의 대상이 되어서는 안 됩니다. 오히려 그것을 긍정하고 아름다운 것으로 받아들여야 합니다.

니체는 『즐거운 지식』에서 이와 같은 운명애 사상을 다음과 같이 말합니다.

> 나는 사물에 있어서 필연적인 것을 아름다움으로 보는 것을 배우려고 한다. 이것이 앞으로 나의 사랑이어야 할 것이다. 그리고 언젠가는 모든 것에 대한 오직 하나의 긍정자肯定者가 되려고 한다.

이 세상이 슬픈가요? 그렇다면 그 슬픔을 긍정해야 합니다. 이 세상이 모순에 차 있는가요? 그렇다면 그 모순을 이해해야 합니다. 이 세상이 악하고 고통스러운가요? 그렇다면 그렇게 되지 않을 수 없는 필연성을 그 가운데서 통찰하고 그것을 이해하고 감내堪耐해야만 하는 것입니다.

영구회귀를 바라는 초인에게는 이 세상의 어떠한 것도 무가치한 것이라고는 없습니다. 아름다운 것, 선한 것, 자유로운 것, 요컨대 아폴론Apollon적인 것만을 사랑하는 것이 아니라 생의 밑바닥에 깔려있는 어두운 것, 부정적인 것, 무가치한 것, 즉 디오니소스Dionysos적인 것들까지도 초인은 사랑해야 합니다. 왜냐하면 생의 밑바닥에 깔린 이러한 디오니소스적인 요소들을 제거한다면 생의 표면에 나타나는 아폴론적인 밝은 측면 또한 자취를 감추고 말 것이기 때문입니다.

이 세계는 확실히 허무한 세계임이 틀림없습니다. 그러나 초인은 허무한 세계를 부정하지 않고 그대로 받아들입니다. 그리고 이렇게 외칩니다. "이것이 인생이더냐? 이것이 나의 운명이더냐? 좋다 그러면 다시 한 번!" 이렇게 이 세계와 자신의 생을 크게 긍정하고 나서는 것이 곧 운명애의 태도입니다.

이러한 운명애의 태도에 이르러 니체의 생生에 대한 긍정은 절정에 달합니다. 니체는 허무주의자임에는 틀림없으나 우리가 말하는 단순한 허무주의자가 아닌, 허무주의를 극복한 최초의 완전한 허무주의자라고 할 수 있습니다.

키에르케고르의
죽음에 이르는 병

01 고독한 철학자의 생애 들여다보기

키에르케고르는 일생 독신으로 지내며 도덕적·윤리적으로 살기 위해 몸부림쳤던 철학자였습니다. 그는 대학에 다니던 시절 몇 년간 미적실존美的實存의 상태에 빠져 쾌락을 좇던 때도 있었으나 평생 성실하고도 진지하게 자신의 삶을 성찰하며 세속과는 거리를 둔 고독한 예외자로서의 삶을 살았습니다.

키에르케고르의 이러한 삶의 모습은 20권이 넘는 방대한 일기 속에 잘 기록되어 있습니다. 따라서 그의 실존철학을 이해하기 위해서는 그가 남긴 일기 속에 드러난 생애를 살펴보는 것이 좋은 방법이라 하겠습니다.

키에르케고르는 1813년 덴마크의 수도 코펜하겐에서 태어났습니다. 그가 태어났을 때 그의 아버지는 56세였고 그의 어머니는 45세였는데 원래는 그 집의 하녀였습니다. 그의 아버지는 본부인이 병으로 세상을 떠나자 상처한지 1년도 되기 전에 그녀와 불륜의 관계를 맺고 그녀를 아내로 맞아들였는데 거기서 태어난 아이가 곧 키에르케고르입니다.

원래 양심적이고 종교적이었던 그의 아버지는 이러한 사실 때문에 일생동안 마음속에 가책을 느꼈고, 그로 인해 키에르케고르의 가정은 항상 침울한 분위기 속에 사로잡혀 있었습니다. 그러나 그보다 훨씬 앞서 키에르케고르의 아버지를 깊은 죄의식 속에 빠뜨린 사건이 있었습니다. 그것은 그의 아버지가 12살 때에 추위와 굶주림에 시달리며 엄동 벌판에서 양을 치던 때의 일이었습니다. 그 때 그는 자신에게 그렇게도 비참한 운명을 허락한 신을 원망하고 저주한 일이 있었습니다. 마치 이방인이 신을 저주하듯 유틀란드 황야의 언덕에 올라가서 자신의 가난과 고통스러운 삶에 대한 원망을 신에게 돌리고 그를 저주하였던 것입니다.

그 후 그는 목동생활을 청산하고 도시로 올라와 장사를 시작하였습니다. 그러나 이상하리만큼 행운에 행운이 겹쳐 그는 양치는 가난한 소년에서 코펜하겐의 부유한 상인으로 출세하게 되었습니다. 그에게 세속적인 부가 증가하면 할수록 어렸을 때 신을 원망하고 저주한데 대한 죄의식이 더해갔습니다. 이러한 일 때문에 그는 40대의 한창 나이에 사업에서 은퇴하고 종교와 철학에 깊이 몰두하게 되었고 이러한 영향이 키에르케고르에게도 은연중 미치게 되었습니다. 그래서 키에르케고르는 후일 일기 속에서 "나는 나면서부터 노인이었다."라고 고백하고 있습니다. 그는 어린 시절 아버지의 엄격한 종교교육 때문에 견디기 어려운 때도 많았으나 그러면서도 자기도 모르게 아버지의 깊은 종교심을 이어받게 되었고 아버지의 고뇌와 죄의식도 함께 나누게 되었습니다.

17세 때에 키에르케고르는 아버지의 뜻을 받아들여 목사가 되기 위해 코펜하겐 대학 신학부에 입학했습니다. 그러나 그는 신학보다 문학과 철학에 열중하였습니다. 자유분방한 대학생활의 분위기는 그로 하여금 아버지의 간섭과 영향을 벗어나게 하였고 그로 인해 지금까지 엄격하게 요구되어왔던 종교적 생활을 청산하고 기독교와는 점점 멀어지게 되었습니다.

특히 이 시기에 그를 불안하게 했던 일은 그의 가족 7남매 가운데 5남매가 몇 년 사이에 차례로 목숨을 잃은 사건이었습니다. 그는 형과 누이들의 죽음을 바라보며 이것은 필경 부친의 죄로 인한 신의 저주가 자기 집에 내린 것이라고 생각했습니다. 그리고 머지않아 자기에게도 죽음이 임할 것이라는 죽음에 대한 공포 속에 하루하루를 지내게 됩니다. 결국 그는 이와 같은 정신적 압박을 견디지 못하고 아버지 집을 뛰쳐나와 방탕한 향락생활 속에 몸을 맡깁니다. 이른바 그의 미적실존이 시작된 것입니다.

키에르케고르는 죄에 대한 절망과 죽음의 불안에 좇기면서 아버지와 기독교에 반항하고 방탕한 생활 속에서 향락과 회의와 절망을 벗하며 살아갔습니다. 그는 20대 초반의 3~4년간을 '방랑의 시대'라고 불렀습니다. 마치 나비가 이 꽃에서 저 꽃으로 꿀을 찾아 날아다니듯이 이 여자 저 여자를 편력하며 관능과 애욕의 생활에 탐닉하였습니다.

그러나 이러한 미적실존에 깊이 빠질수록 그 결과는 권태뿐이었고 그의 마음은 갈기갈기 찢어져 깊은 상처만 남게 되었습니다. 그는 지식의 깊은 바다 속을 헤엄치며 지적 쾌락을 통하여 자신의 고독을 이겨보려고도 하였습니다. 그러나 이것도 그에게는 공허한 것이어서 그 많은 지식들이 그에게 주는 것은 순간적인 즐거움뿐이었고 그의 영혼 깊은 곳에 아무런 흔적을 남기지 못했습니다.

육체적 쾌락도 지식의 열매도 키에르케고르의 정신을 만족시키지 못했습니다. 그는 노름에도 손을 뻗쳐 보았으나 역시 마찬가지였습니다. 육체적 쾌락의 기쁨이 커지면 커질수록 오히려 그의 정신적 고독은 깊어만 갔습니다. 키에르케고르는 당시 고독한 자신의 모습을 다음과 같이 묘사하고 있습니다.

> 나는 유일한 벗을 가지고 있다. 그것은 산울림이다. 나는 유일한 심복을 가지고 있다. 그것은 밤의 정적이다.
> 나는 야누스Janus와 같이 두 개의 얼굴을 가지고 있다. 한 얼굴로는 웃고 한 얼굴로는 울고 있다.

미적실존에 빠져 있을 때 인간의 모습은 누구나 이와 같습니다. 쾌락의 순간에는 웃고 있을지 모르나 그 순간이 지나고 나면 마음은 공허해지고 이 공허함을 벗어나기 위해 또 다른 쾌락을 찾아 나서야만 합니다. 미적실존은 결국 인간을 쾌락의 노예로 전락시키고 급기야는 자기파멸의 길에 이르게 한다는 것을 그는 깊이 자각하게 됩니다.

케에르케고르의 미적실존은 그가 24세 때에 레기네 올젠이라는 여자를 사랑하게 되면서부터 종지부를 찍게 됩니다. 키에르케고르에 있어서 레기네와의 만남과 사랑은 단순한 하나의 사건이 아니라 그의 전 삶과 인생의 방향을 바꿔 놓는 계기가 되었습니다. 이로 인하여 그에게 새로운 윤리적실존이 시작된 것입니다.

윤리적실존倫理的實存은 미적실존과는 달리 진지하고도 성실한 삶을 추구하며 도덕적인 삶을 살고자 합니다. 향락만을 추구하는 방탕한 삶이 아니라 한 이성의 사랑 속에서 그에게 의무와 책임을 다하며 그에게만 관심을 가집니다. 오만과 허영이 아닌 진실함과 양심으로 사는 도덕적 인간이 곧 윤리적실존입니다.

레기네 올젠을 향한 키에르케고르의 사랑은 이전의 미적실존을 살아갈 때의 사랑과는 전혀 차원을 달리하는 사랑입니다. 그는 이제 오직 한 여인에게만 그의 마음을 다 쏟습니다. 그녀를 향한 그의 사랑은 단순한 사랑이 아니라 겸손과 존경과 신뢰가 담겨 있는 사랑입니다. 그녀에게 모든 것을 바치고자 하는 헌신적인 사랑이었습니다.

3년간의 레기네와의 사귐 끝에 그가 27세 때 그녀와 약혼을 하게 됩니다. 그러나 약혼이 이루어지자마자 키에르케고르에게는 또 다른 고뇌가 따르게 됩니다. 그의 몸에 흐르고 있는 부모로부터 물려받은 더러운 피, 그의 가정에 내린 저주, 미적 향락에 이끌리어 이 여자 저 여자의 몸을 찾았던 관능적이고 불결했던 지난날의 생활 등에 대한 회한悔恨과 죄책감이었습니다.

물론 그의 미적실존의 삶은 레기네를 만난 후 깨끗이 청산되기는 하였지만 흰 눈보다도 깨끗한 레기네의 품 안에 자기 자신을 던질 수 있을까, 하는 것이 그의 고뇌였습니다. 자신의 어두웠던 과거를 되돌아보면 아무리 레기네를 사랑하더라도 수정처럼 순결한 그녀를 자신의 아내로 맞이할 수 없었던 것입니다. 선천적으로 우울한 성격에다가 종교적인 엄숙성까지 몸에 베인 키에르케고르와 밝고 명랑하고 사교적인 레기네와의 결합은 숙명적으로 불가능한 것이었는지도 모릅니다.

그는 약혼한지 일년이 채 못 되어 그녀와의 약혼이 잘못 되었다는 것을 뼈저리게 느끼고 일방적으로 약혼을 파기하고 맙니다. 눈물에 젖은 그의 일기 속에는 다음과 같은 글이 적혀 있습니다.

> 만일 내가 내 앞날의 아내로서 그 여자를 나보다 훨씬 더 존경하지 않았다면, 그녀의 명예를 내 명예보다 훨씬 더 존중하지 않았더라면, 나는 가만히 그 여자와 결혼할 수 있었을 것이다. 세상에는 과거를 감추고 결혼하는 경우가 얼마나 많은데. 그러나 나로서는 못할 노릇이다. 그렇다면 레기네를 첩으로 삼는 것이 될 게 아닌가? 차라리 그녀를 죽이면 죽였지 그것은 못할 노릇이다.
>
> 그렇다면 나의 과거를 밝혀야 할 것이 아닌가? 그 무서운 아버지와의 관계를, 아버지의 우울을, 그리고 내 마음 깊이 가득한 영원한 암흑을, 나의 과실을, 정욕을, 방황을, 그녀에게 알릴 수밖에 없겠지. 그러나 하나님 앞에서는 고백할 수 있어도 이 고백을 듣고 쓰러질지도 모를 그녀에게 이것을 어떻게 말할 수 있을까?

그는 끝내 자신의 과거를 고백할 용기를 얻지 못하고 약혼반지를 돌려보냅니다. 레기네를 너무 사랑하였기 때문에 그녀와 결혼할 수 없었던 것입니다. 어떻게 보면 그의 마음이 너무 심약하고 과단성이 없는 듯이 보이지만 사실은 참된 용기와 결단 없이는 있을 수 없는 일이기도 합니다. 그녀와 결별하였으나 키에르케고르의 모든 관심은 언제나 레기네를 향하고 있었습니다.

레기네와 헤어진 후 그는 마치 날개 돋친 듯한 펜으로 마음 속의 정열을 글로서 나타냅니다. 『철학적 단편』 『이것이냐 저것이냐』 『불안의 개념』 등 수 많은 저작들이 이때에 쓰여진 것입니다. 그는 자기의 모든 작품을 레기네에게 바치고 자기가 죽을 때는 재산 일체를 그녀에게 넘겨주기도 하였습니다.

파혼 후 키에르케고르는 한없는 고뇌와 아픔을 잊기 위하여 독일로 건너가 베를린 대학에서 공부하게 됩니다. 그 때 마침 헤겔이 죽고 그를 대신하여 셸링이 강단을 지키고 있었으나 키에르케고르는 셸링의 강의에 곧 실망을 느끼고 아무런 미련 없이 다시 코펜하겐으로 돌아옵니다. 독일 관념론철학은 심각한 인간적 고뇌의 밑바닥에서 우러나오는 키에르케고르의 철학적 요구를 만족시키기에는 너무나 거리가 멀었습니다.

귀국 후 그는 시골 교회의 목사가 되어 신에게 헌신하는 경건한 여생을 보내려고 생각하였습니다. 그러나 당시 기성교회가 너무나 부패하고 형식주의로 흘러 한 교회의 목사가 되기보다는 코펜하겐의 모든 교회와 대항하여 싸울 것을 결심하였습니다. 이때부터 그의 종교적실존宗教的實存이 시작됩니다. 젊었을 때의 방탕했던 삶을 보상하기 위해서는 신에 대한 헌신과 봉사만이 그가 택할 수 있는 길이었는지도 모릅니다. 뿐만 아니라 레기네에 대한 에로스적인 사랑을 포기하고 윤리적실존을 단념한 그에게 남아있는 길은 신에 대한 아가페적인 사랑을 확인하는 신앙의 길뿐이었을 것입니다.

키에르케고르에 있어서 기독교 신앙이란 세속적인 생활에 있어서의 몰락을 의미합니다. 세상에서 박해를 받고 십자가에서 피 흘린 그리스도와의 관계를 맺는다는 것은 곧 현실적인 삶에 있어서의 수난과 희생을 의미하는 것이었습니다. 그러나 당시 코펜하겐의 기성교회들은 이러한 기독교 신앙의 본질과는 너무나 동떨어져 국가권력과 결탁하고 세속적으로 깊이 물들어 교회의 권위와 형식만 지니고 있었습니다.

키에르케고르에 있어서 참된 기독교 신앙이란 원시기독교 신앙을 의미했습니다. 모든 형식적인 종교생활을 떠나서 예수의 삶을 몸소 실천하는 자, 그의 가르침과 진리내용을 겸손히 따르는 자만이 신 앞에 단독자單獨者로서 설 수 있는 참된 크리스천이 될 수 있는 것입니다.

그러나 인간이 절대적인 신 앞에 단독자로서 설 수 있다는 것은 쉬운 일이 아닙니다. 인간이 신 앞에 선다는 것은, 영원한 진리를 대면한다는 것은 누구에게나 가능한 일이 아닙니다. 자신의 삶에 대한 실존적인 고뇌와 절망을 접해 보지 않은 자는 신 앞에 설 수가 없습니다. 그것은 위선이요 거짓입니다.

키에르케고르에 의하면 실존이 신과 대면하기 위해서는 일체의 것과 단절해야 합니다. 자신의 내부의 욕망과 세속적인 관심은 물론, 타인과 가정과 사회 등 일체의 것으로부터 단절된 자만이 비로소 절대적 진리인 신 앞에 설 수 있습니다.

신 앞에 선 실존은 '이것이냐 저것이냐'라는 양자택일의 선택 앞에 직면합니다. 그것은 몰락과 구원, 영원한 절망과 영원한 삶 사이에 있어서의 선택입니다. 자신의 삶을 미적 쾌락에 던질 것인가 아니면 신의 사랑과 진리 속에 맡길 것인가를 선택해야만 하는 것입니다. 이러한 양자택일의 선택 앞에 선 실존에게는 제3의 길은 보이지 않습니다. 오직 둘 가운데 어느 하나만을 선택해야 합니다.

여기에 실존의 질적 비약質的 飛躍이 요구됩니다. 몰락으로부터 구원에, 영원한 절망으로부터 영원한 삶에 이르는 길은 양적이고도 점진적인 변화에 의해서는 불가능합니다. 그것은 어느 한 쪽을 완전히 포기하고 어느 한 쪽을 완전히 받아들이는 준엄한 결단과 자기초월自己超越에의 의지에 의해서만 가능합니다. 그것은 정도의 문제가 아니라 본질의 문제이며 변화나 개선의 문제가 아니라 변혁과 재창조의 문제입니다. 자신의 삶에 대한 코페르니쿠스적 전회轉回가 있을 때만이 영원한 삶과 구원의 길에 이를 수 있는 것입니다.

실존의 질적 비약을 요구하는 기독교 신앙이란 엄밀히 말해 '객관적 불확실성'입니다. 신이 존재한다는 것, 신이 이 세계를 창조했다는 것, 무엇보다도 신이 현실세계 속에 성육화成肉化 되었다는 것과 같은 기독교 신앙의 모든 진리내용은 객관적 불확실성임에 틀림없습니다. 그것은 객관적으로 볼 때 부조리요 역설paradox입니다.

그러나 신앙이란 이러한 객관적 불확실성을 실존의 주체적 정열에 의해 받아들이는 것을 말합니다. 영원하고도 절대적인 진리를 갈망하는 실존의 내면적인 무한한 정열이 객관적으로 불확실하기 짝이 없는 이 역설을 받아들일 것을 결단하는 것입니다. 그러므로 그것은 객관적으로는 불확실성이요 비진리이지만 그것을 받아들이는 자에게는 주체적 진리가 됩니다.

주체성·내면성이 진리라고 할 때 진리를 객관적으로 규정하면 역설이 된다. 그리고 진리가 객관적으로 역설이라는 것은 바로 주체성이 진리라는 것을 보여준다.

주체적 진리란 그 진리에 무관심한 제 삼자가 객관적 진리의 잣대로 그 진리성 여부를 판단할 수 있는 그런 것이 아닙니다. 오직 그 진리를 대면하는 실존의 주체적 의지와 용기와 결단만이 진리의 유일한 척도가 되는 것입니다.

그러므로 객관적 사고의 방법을 가지고 기독교 신앙에 접근하는 사람은 이해 불가능한 역설 앞에 좌절할 수밖에 없습니다. 오직 참된 진리를 대면하기 위한 열망, 자신의 삶에 대한 절망과 몰락으로부터 벗어나려는 절박한 관심, 죄로부터의 자유와 구원을 성취하려는 간절한 소망, 이러한 자기체험으로 인해 부조리하고 역설적인 신앙내용을 받아들이는 것입니다. 이런 의미에서 키에르케고르는 신앙을 일종의 모험이라고 봅니다.

객관적으로 신을 알 수 있다면 믿을 필요가 어디 있겠는가? 그렇게 할 수 없기 때문에 믿지 않으면 안 된다. 사람들은 이 신앙을 잡기 위하여 저 객관적 불확실성의 9만 길이나 되는 깊은 물 위로 표류하면서 여전히 믿는다고 하는 모험에 몸을 내 맡기지 않을 수 없는 것이다.

키에르케고르에 의하면 모험 없이는 신앙이 있을 수 없습니다. 신앙을 선택하는 것은 어떤 합리적인 동기에 있는 것이 아닙니다. 오히려 그것이 절대적인 진리라면 그 진리를 위해 나의 전 생애를 바칠 수도 있다고 하는 모험에 있습니다. 인간과 신과의 관계에 있어서는 논리적인 판단이나 이성적인 지식이 적용될 수 없습니다. 신을 승인하는 것은 이성이 아니라 가슴 속의 뜨거운 심정입니다. 이성에 의해 판단되는 신이 아닌 심정에 와 닿는 신, 실존의 주체적인 고뇌와 좌절 속에서 체험된 신, 키에르케고르가 대면하고자 했던 신은 바로 '신음하면서 구하는 자'만이 만날 수 있는 신입니다.

기독교 신앙은 이성적 인식에 있어서는 처음부터 역설이요 걸림돌입니다. 그러나 주체적 진리를 찾기 위한 실존의 내면적인 정열은 영원한 진리가 인간의 유한한 이성 속에만 머무를 수 없음을 간파하고 마침내 이성을 포기하는 결단을 내립니다. 그러나 이성의 부인否認이 반드시 우리를 비이성적인 것으로 인도하는 것만은 아닙니다. 우리의 이성은 때로는 이성이 해결할 수 없는 문제를 이성적 판단에 의하여 초이성적인 것에 맡기기도 하는데 그것이 곧 신앙입니다.

키에르케고르에 있어서 신앙이란 신 앞에 선 인간의 절대적 유한성에 대한 좌절과 고백을 의미합니다. 실존이 끝까지 해소될 수 없는 절대적 역설 앞에서 자신의 유한성을 깨닫고 자신의 전 존재에 대해 좌절하고 보다 높은 세계로 비약하는 것이 곧 기독교 신앙입니다. 이러한 좌절과 비약을 통해 비로소 우리는 '죽음에 이르는 병'으로부터 벗어나 영원한 생명과 기쁨으로 나아갈 수 있는 것입니다.

이와 같은 메시지를 잠자는 코펜하겐 교회에 전하기 위하여 키에르케고르는 수많은 논문과 저술들을 출판하였으나 기성교회의 반응은 냉담하였고 오히려 그에게 갖가지 위협과 탄압이 가해졌으며 끝내는 그를 덴마크 교회에서 추방하기에 이르렀습니다.

그는 죽기 얼마 전에 『순간』이란 잡지를 만들어 기성교회에 준엄한 비판과 공격의 화살을 던졌으나 한 개인이 국립교회와 맞서 투쟁한다는 것은 너무나 벅차고 힘든 일이었습니다. 기성교회와의 오랫동안의 논쟁에 지친 끝에 42세가 되던 10월 어느 날 『순간』 10월 호에 게재할 원고 뭉치를 한 아름 안고 인쇄소로 가던 중에 그는 길 위에서 의식을 잃고 쓰러지고 맙니다. 이것이 화근이 되어 키에르케고르는 한 달 후에 외로운 그의 일생을 마치게 됩니다. 그는 마지막 임종 때에 목사의 성찬도 거절하고 홀로 기도하며 조용히 눈을 감았습니다.

02 죽음에 이르는 병 : 절망

영원한 진리와의 대면을 위해 신 앞에 홀로 서는 실존은 불가피하게 절망에 이르고야 맙니다. 실존의 절망은 인간이 유한과 무한의 '중간존재'라는 데 기인합니다.

유한한 인간이 무한한 자기확대를 꾀할 때, 시간 속에 있는 인간이 영원을 향해 자기초월을 시도할 때, 상대적일 수밖에 없는 인간이 절대적인 것을 추구할 때, 서로 일치할 수 없는 이 양자의 종합이 불완전할 때 절망이 생깁니다.

키에르케고르는 대표적인 저서 『죽음에 이르는 병』에서 "모든 인간이 육신의 병을 품고 살듯이 모든 실존은 절망이라는 정신의 병을 품고 살아간다."라고 말합니다. 절망이란 모든 인간이 아닌 실존이 갖는 정신의 병입니다. 참된 삶을 살아가려는 인간만이, 실존적인 자각을 가진 자만이 절망할 수 있습니다. 되는 대로의 삶을 살아가는 사람은 자신의 삶에 대한 진지한 반성이 없기에 깊은 절망도 갖지 않습니다. 절망의식은 실존적 자각이 커지면 커지는 만큼 비례하여 커지는 것입니다.

키에르케고르에 의하면 절망의 시작은 '절망에 대한 무지' 즉 절망을 절망으로 인식하지 못하는 데서 비롯됩니다. 자신의 실존적인 삶이 절망적인 상태에 있으면서도 그것을 절망으로 받아들이지 못하는 것이 바로 최초 단계의 절망입니다. 인생의 쾌락만을 향유하려는 자, 지성의 논리에 안주한 교만한 이성주의자, 피상적인 종교인과 같은 자들이 이러한 최초 단계의 절망의 병을 앓고 있는 자들입니다.

그러나 이러한 절망은 치명적인 절망은 아닙니다. 이것은 절망의식이 결여된 데서 나타나는 절망이기에 절망을 자각함으로써 극복될 수 있는 것입니다.

여기서 한 걸음 더 나아간 절망이 있는데 그것이 곧 '자기포기의 절망'입니다. 이는 절망하여 자기 자신이 아니려고 하는 절망을 말합니다.

절망의식을 자각한 실존이 자신의 삶의 밑바닥에 오직 허무의 심연深淵만이 자리 잡고 있음을 깨달았을 때 그의 절망의식은 감당키 어려울 정도로 격화되고 드디어 그는 실존적 주체로서의 자신을 단념하고야 맙니다. 첫 번째 절망 즉 절망에 대한 무지가 미적실존의 절망이라면 둘째 단계의 절망 즉 자포자기의 절망은 윤리적실존의 절망입니다.

일상생활의 안일함에 빠져 육체적인 쾌락만을 추구하던 미적실존이 지금까지의 무책임한 생활에 대한 반성과 더불어 진지하게 실존적인 삶을 살아가려고 할 때 거기에는 또 다른 절망이 기다리고 있습니다. 윤리적실존은 선한 양심을 가지고 도덕적으로 성실하게 살고 인생의 참된 가치를 추구하려고 합니다.

그러나 이러한 노력이 지속되면 될수록 현재의 자기가 이상적인 자기에 비해 얼마나 부족하다는 것과, 자신의 삶에 부과된 의무와 책임을 감당해 나가기에는 자신이 얼마나 무력하다는 것과, 엄격한 도덕률 앞에 자신의 양심이 끊임없이 가책을 받고 있다는 것과, 자기가 추구하는 참된 가치의 완성과 실존의 성취가 얼마나 어렵다는 것 등을 발견할 때 그는 감당키 어려운 절망에 빠지고야 맙니다.

자신의 무력함과 무가치함을 발견한 그에게는 강한 자기혐오와 자기부정의 충동이 일어납니다. 그러나 이러한 상태에 빠진 실존이 쉽게 죽음을 택할 수 있는 것은 아닙니다. 왜냐하면 절망이란 죽음이 희망의 대상이 될 정도로 위험이 클 때 어떻게 해서라도 죽을 수 없다고 하는 '죽음에 대한 희망이 없어진 상태'를 말하기 때문입니다.

참된 자각적 삶을 살아가는 실존에게는 자신의 삶이란 이 우주 전체와도 바꿀 수 없는 귀중한 것이 됩니다. 그러므로 그는 쉽게 자신의 삶을 버릴 수도 없고 그렇다고 절망적인 자신의 삶을 붙잡고 있을 수도 없는 딜레마에 빠지게 됩니다.

이와 같은 자기포기의 절망은 마침내 '절망에의 의지'라는 마지막 단계의 절망에 이르게 합니다. 이는 바로 '절망하여 자기자신이려고 하는 절망'을 말합니다. 즉 절망하여 그 절망을 벗어나려 하기 보다는 절망 속에 머무르려고 하는 절망을 말합니다.

자기 자신이기를 단념하고 죽음을 선택하려는 실존에게 드디어 그 절망으로부터 벗어날 길이 제시됩니다. 그것은 바로 자신의 모든 절망을 짊어지고 신 앞에 홀로 서는 것입니다. 이것만이 절망을 극복할 수 있는 유일한 길입니다. 왜냐하면 인간의 모든 절망은 절대적 무한자 앞에서만 비로소 해결될 수 있기 때문입니다.

그러나 절망을 벗어날 수 있는 길이 제시되었으나 이를 거부함으로 인한 절망, 즉 신 앞에서 절망하여 자기 자신이 되려고 하는 반항적 절망, 절망을 극복하는 유일한 가능성으로서의 신과의 관계를 거부하는 절망이 곧 '절망에의 의지'입니다.

이것은 신 앞에 선 자가 마지막 극복해야 할 절망입니다. 자신의 모든 것을 버리고 일체의 것을 신 앞에 맡긴다는 것은 종교적실존을 살아가는 자에게도 쉬운 일이 아닙니다. 일체의 육체적 욕망, 잘못된 모든 습관, 자기중심적인 생각, 인간제일주의적인 가치관을 모두 버리고 자신의 존재가치를 오직 신 안에 둔다는 것은 결코 쉬운 일이 아닙니다.

> 죽음에 이르는 병이란 자기에게 주어진 절망의 무거운 짐을 가지고 신 앞에 나서는 것을 거부하는 것이다. 절망에 대한 무지도 절망이지만 절망 가운데 머무르는 것도 절망이다. 실존은 절망을 자각하고 무한한 신의 품에 귀의歸依함으로써 절망을 극복할 수 있다. 이것이 곧 신앙이다.

키에르케고르에 의하면 절망 자체보다는 절망에의 의지가 보다 큰 절망이요 죄요 죽음에 이르는 병입니다. 내가 지금 절망하고 있다는 것, 즉 절망 그 자체가 죄가 아니라 신 앞에서 절망을 극복하는 길이 제시되어 있음에도 불구하고 이를 거절하고 절망에 머무르려고 하는 절망에의 의지가 곧 죄요 죽음에 이르는 병인 것입니다.

그러나 죽음에 이르는 병이 반드시 죽음으로만 인도하는 병이 아니라 영원에 이르는 병이 될 수도 있음을 키에르케고르는 강조합니다. 죽음에 이르는 병을 앓는 자가 자신의 모든 근거를 신 앞에 맡기고 신과의 올바른 관계를 가질 때, 즉 신 앞에서 참된 신앙을 가질 때 절망이라는 병은 영원한 생명으로 인도될 수도 있는 것입니다.

이렇게 볼 때 절망이란 무조건 배척할 것만이 아니라 인간에게 반드시 필요한 실존적 체험이기도 합니다. 그러므로 중요한 것은 절망을 두려워하고 이를 회피할 것이 아니라 절망을 어떻게 극복할 것인가를, 즉 절망과의 올바른 대결방법을 배우는 것입니다.

절망이란 극복되어야 하는 동시에 요청되어야 합니다. 인간은 세계와 자신에 대해 좀 더 절망해야 합니다. 인간은 절망을 통해서 비로소 진정한 자아를 발견하고 정신을 살찌울 수 있습니다.

뿐만 아니라 인간은 절망을 통하지 않고서는 신에 이르지 못합니다. 그러면서도 절망에 빠져 있는 한 신에게서는 멉니다. 그러므로 절망은 신에게서 무한히 멀어지는 것을 의미하는 동시에 신에게 가장 가까워지는 길이기도 합니다. 절망이란 이와 같이 역설적이고 이중적인 성격을 지닙니다.

어쨌든 절망을 통하여 자기 자신의 근거를 송두리째 신 안에 두게 될 때 실존은 비로소 참된 자기회복을 성취하고 절망으로부터 온전히 벗어날 수 있다는 것이 키에르케고르의 실존적 고백입니다.

사르트르의 실존은
본질에 앞선다

01 인간은 무익한 수고다

　20세기 프랑스의 최고의 지성 사르트르는 24세에 교수 자격시험에 일등으로 합격한 수재입니다. 그는 대학을 졸업한 후 독일로 건너가 후설의 현상학과 하이데거의 실존철학을 깊이 접하게 됩니다. 그리고 독일 철학자들의 난삽한 철학이론을 자신이 소화하여 쉽고도 매력적인 표현을 통해 실존철학을 대중화시키는 데에 크게 기여하였습니다.

　그래서 그의 실존철학은 딱딱한 철학적인 이론이 아닌 단편이나 장편과 같은 소설들을 통하여 일반인들이 이해하기 쉽도록 문학적인 작품 형식으로 소개되고 있습니다.

　사르트르는 59세 때에 노벨 문학상을 수상하게 되었지만 이를 거절하였습니다. 어떤 것에도 구속받기 싫어하는 그는 노벨상 수상자 사르트르보다는 그저 있는 그대로 자연인 사르트르가 훨씬 좋다고 생각했기 때문입니다.

사르트르는 그의 주저 『존재와 무』에서 세계내의 모든 존재를 즉자존재卽自存在와 대자존재對自存在로 구분합니다. 그가 쓰는 철학적인 용어가 좀 생소하지만 즉자존재란 충만한 것, 동요하지 않는 것, 안정된 것, 달걀처럼 차 있는 것을 말하는데 그것은 곧 대상으로서의 사물을 가리킵니다. 책상, 백묵, 칠판 등 일체의 사물들은 즉자존재이며 인간도 대상화된 육체로 파악할 때는 즉자존재입니다. 즉자존재는 영원히 자기 자신으로 존재하는 자기동일성自己同一性의 특성을 지닙니다.

이에 반해 대자존재란 공허한 것, 동요하고 있는 것, 불안한 상태에 있는 것, 텅 비어 있는 것을 말하는데 그것은 곧 인간의 의식을 가리킵니다. 대자존재는 자기동일성을 거부합니다. 인간의 의식은 그 자체인 바 그대로 있는 것을 거부합니다. 의식은 끊임없이 자기반성과 자기부정을 통하여 자기변화, 자기초월, 자기창조를 시도합니다.

사르트르는 인간의 의식이 자기동일성을 거부하는 것을 의식 속에 있는 무無 때문이라고 합니다. 의식 속에는 무가 있습니다.

　　　무는 마치 한 마리의 벌레처럼 존재의 심장에 달라붙어 있다.

인간의 의식 속에는 마치 과일의 중심에 벌레가 파고 들어가 있는 것처럼 무가 있다는 것입니다. 무가 있다는 것은 곧 무가 작용하고 있다는 말입니다. 이 무의 작용에 의해 인간은 부정하고 비판하고 항거하는 것입니다. 즉 인간은 무에 의해 일체의 것을 무화無化시킬 수 있고 새로운 자기변화, 자기초월, 자기창조를 이룰 수 있는 것입니다.

그러므로 인간의 의식 속에 있는 무는 '없는 무'가 아니라 '있는 무'라고 해야 할 것입니다. 사르트르는 이러한 무를 마치 금반지 속이 뻥 뚫려 아무 것도 없는 것과 같은 무에 비유했습니다. 금반지 가운데 뻥 뚫린 무는 금반지가 되기 위해서는 반드시 있어야 하는 무입니다. 왜냐하면 그 무로 인해 금반지는 금반지가 될 수 있기 때문입니다.

이와 같이 인간이 인간이기 위해서는 반드시 의식 속에 무가 있어야 하고 무가 작용해야 합니다. 무의 작용이 없다는 것은 의식 활동이 없다는 것과 같습니다. 의식 활동이 없는 인간이란 동물과 다름없습니다. 인간을 인간답게 하는 것은 먹고 입고 자고 하는 육체적인 삶에 있는 것이 아닙니다. 참된 자유를 얻기 위해 일체의 것에 대해 저항하고 보다 나은 가치를 창조하기 위해 일체의 것을 부정하는 이러한 의식의 활동이 곧 인간의 본질적인 모습이라 하겠습니다.

대자존재로서의 인간의 의식이 이와 같이 무의 작용으로 인해 언제나 텅 비어 있고 불안한 상태에 있으며 동요하고 있기 때문에 인간은 자신의 존재에 대해 공허와 결여를 느낍니다. 인간이 느끼는 불안감과 무엇인가 채워지지 않는 결핍감은 바로 이러한 이유 때문입니다.

그래서 인간은 한편으로는 대자존재의 모습을 유지하면서 다른 한편으로는 즉자존재와 같이 안정되고 동요되지 않는 충만한 존재가 되기를 원합니다. 즉 인간은 대자존재로서 존속하기를 바라면서 불완전한 대자존재가 아닌 완전한 대자존재가 되기를 원합니다. 사르트르는 이와 같은 존재를 즉자대자존재卽自對自存在라 부르고 이를 곧 신이라 했습니다.

그러나 철저하게 무신론적인 입장을 견지하는 사르트르에 있어 신은 애초부터 존재하지 않습니다. 대자존재인 인간이 즉자대자존재가 되려는 것은 그 자체가 자기모순입니다.

사르트르는 즉자대자존재가 되려고 발버둥치는 인간을 한 마리의 어리석은 당나귀에 비유합니다. 수레를 끄는 당나귀의 코끝에 일정한 간격을 두고 당근을 매달아 두면 당나귀는 그 당근을 따 먹으려고 마구 내닫지만 아무리 달려도 당근에 다다를 수는 없습니다.

대자존재를 벗어나 즉자대자존재가 되기 위해 내달음치는 인간의 모습이 바로 이와 같다는 것입니다. 즉 인간은 절대로 즉자대자존재는 될 수 없는 것입니다. 특히 현대인들이 공허한 의식, 텅 빈 마음, 고독과 불안, 불만과 부족감 등과 같은 대자존재의 상태로부터 벗어나기 위해 스포츠, 도박, 술, 성적 향락 등에 빠져 몸부림 쳐 보지만 인간의 깊숙한 곳에 자리 잡고 있는 공허한 의식과 텅 빈 마음을 충족시킬 수는 없는 것입니다. 그래서 대자존재로부터 벗어나려는 인간의 노력은 끝내 좌절하지 않을 수 없게 됩니다.

숙명적으로 결여된 존재인 인간이 충족된 존재의 환영幻影을 좇아서 매진하지만 결국 인간의 모든 노력은 헛된 것이 되고 맙니다. 그래서 사르트르는 "인간은 무익無益한 수고受苦다."라고 결론을 내립니다. 불안과 허무로부터 벗어나려는 인간의 모든 노력은 결국 헛된 수고에 그칠 뿐이라는 말입니다.

02 인간은 자유라는 운명을 짊어지고 있다

사르트르의 실존철학은 철저하게 무신론적인 입장에 섭니다. 그러나 그의 무신론은 신이 존재하지 않는다는 것을 적극적으로 증명하려는 그런 무신론은 아닙니다. 오히려 신이 존재한다고 해도 인간과는 아무런 관계가 없다는 식의 무신론입니다.

사르트르는 신이 존재하느냐 존재하지 않느냐의 문제에 있어서 굳이 신이 존재하지 않는다는 것을 애써 증명할 필요는 없다고 봅니다. 왜냐하면 설혹 신이 존재한다 하더라도 그 신은 우리의 현실적인 삶에 아무런 영향을 주지 않는, 그래서 인간과는 완전히 무관한 존재이기 때문입니다.

사르트르는 『파리떼』라는 작품 속에서 주인공 오레스뜨를 통하여 신에 항거하는 인간의 모습을 다음과 같이 기술하고 있습니다. 오레스뜨는 로마 신화에 나오는 천상의 주신主神 쥬피터와 이런 대화를 나눕니다.

쥬피터 : 오레스뜨! 나는 너를 창조했다. 그리고 나는 만물을 창조했다. 천체의 운행, 만물의 질서, 생명체의 번식과 성장, 이 모든 것은 내가 제정한 것이다. 이 세계는 네 거주처가 아니다. 이 세계에서의 너의 존재는 육체의 가시, 숲의 밀엽자다. 너는 우주 속의 한낱 벌레에 지나지 않는다.

오레스뜨 : 쥬피터여! 당신은 신들의 왕이지 우리 인간들의 왕은 아니오.

쥬피터 : 내가 너의 왕이 아니라면 그렇다면 누가 너를 만들었는가?

오레스뜨 : 물론 그것은 당신이오. 그러나 당신은 우리 인간들을 자유로운 인간으로 만들었소.

쥬피터 : 그렇다. 그러나 나는 인간으로 하여금 내게 봉사하게 하기 위해서 너희들에게 자유를 주었다.

오네스뜨 : 그것은 그럴지도 모르오, 그러나 그 자유 가운데는 당신에게 반항하는 자유까지도 있오. 그와 같은 자유가 갑자기 나에게 엄습했고 나를 전율케 하였오. 나는 나의 길을 갈 수밖에 없오. 왜냐하면 나는 인간이기 때문이오. 당신과 나 사이에 도대체 무엇이 있단 말이오? 당신과 나는 마치 엇갈리는 두 척의 배 처럼 서로 접하지 않고 지나가 버릴 것이오. 당신은 신이오. 그 리고 나는 자유로운 인간일 뿐이오.

신은 신의 길을 가고 인간은 인간의 길을 갈 수밖에 없다는 것이 사르트르의 생각입니다. 설혹 신이 인간을 창조했다 한들 더 이상 신은 인간을 간섭할 수 없습니다. 마치 시계가 기술자의 손에 의해 만들어졌더라도 기술자의 손을 떠난 후에는 시계 자체의 구조와 법칙에 따라 움직이듯이 인간도 신의 손에 창조되었지만 인간은 신을 떠나서 인간 자신의 길을 걸을 수밖에 없다는 것입니다.

그래서 사르트르는 "인간은 자유다. 인간은 자유 그 자체다." 라고 외칩니다. 그는 자유를 인간의 본질적인 속성으로 봅니다. 사르트르에 의하면 인간은 안에도 밖에도 그것에 매달릴 아무 것도 없습니다. 내적으로 인간에게는 본질적인 양심이나 사랑이나 신념과 같이 처음부터 주어진 기성가치는 없습니다. 또한 외적으로도 신이나 운명과 같은 절대적인 힘이 없기에 인간은 그러한 것들에 매달려서도 안 됩니다.

인간의 본질은 따로 있는 것도 아니며 주어지는 것도 아닙니다. 인간은 자유로운 행위에 의해 자기의 본질을 스스로 창조해 나가는 존재입니다. 사르트르는 이러한 인간의 모습을 "실존은 본질에 앞선다."는 말로 표현합니다. 실존이 본질에 앞선다는 말은 실존에 앞서 그 실존을 규정지울 본질이 없다는 말입니다.

그러나 사물에 있어서는 이와 다릅니다. 실존이 아닌 하나의 사물인 책상을 생각해 보겠습니다. 내 앞에 보이는 이 책상은 강의실에 존재하기에 앞서 이 책상을 만든 목수의 머리 속에 그 본질이 먼저 자리 잡고 있다고 보아야 합니다. 즉 무엇 때문에 이 책상을 만드는가? 책상의 재료는 무엇으로 할 것인가? 책상의 높이와 넓이는 어느 정도로 할 것인가? 이와 같은 책상에 대한 구상이 목수의 머리 속에 먼저 그려지고 난 다음 그 구상에 따라 책상은 만들어지게 됩니다. 이 경우 우리는 책상이 실제로 존재하기에 앞서 책상의 본질이 선행先行하여 존재했다고 할 수 있습니다.

그러나 인간의 경우는 이와는 전혀 다릅니다. 인간은 그 누구에 의해 만들어진 존재가 아닙니다. 만일 신이 존재하고 신이 인간을 창조했다면 인간에 있어서도 본질이 실존에 앞선다고 해야 할 것입니다. 왜냐하면 신의 정신속에 인간을 창조하려는 의도와 구상이 선행해서 존재했을 것이기 때문입니다.

그러나 사르트르에 있어서 신은 애초에 존재하지 않습니다. 인간은 결코 신의 피조물이 아닙니다. 인간이 존재하기 위해 그 어떤 존재이유나 존재근거도 갖지 않습니다. 인간의 실존에 앞서는 본질은 있을 수 없습니다. 인간은 단지 지금 여기에 실존할 뿐입니다. 인간은 먼저 실존하고 그 후에 스스로 본질을 형성해 나가는 것입니다. 인간의 본질은 자신에 의해 창조되는 것입니다.

인간은 본래 무엇이라 규정지울 수 없는 무로부터 시작한다. 이 무로부터 인간은 자신의 자유로운 행위에 의해 스스로를 만들어 나가는 것이다.

사르트르의 입장에서 보면 인간의 본질은 무규정성無規定性이요 그러므로 인간의 본질은 자유입니다. 이 자유 속에서 인간은 자기 자신을 선택하는 것입니다. 인간은 무의 상태에서 출발하며 자신 앞에 펼쳐져 있는 무한한 가능성을 통해 부단히 자기성취를 이루어 나가는 것입니다. 이런 의미에서 '인간은 인간의 미래'입니다.

> 인간은 자기가 그려내는 그 모습 이외에는 아무 것도 아니다. 인간은 자신을 실현하는 한도 내에서의 자기존재이다.

"인간은 단지 지금 여기에 실존할 뿐이다."라고 했을 때 거기에는 아무런 이유도 의미도 목적도 없습니다. 즉 보편적으로 인간에게 주어진 존재이유나 인생의 의미 또는 삶의 목적 등이 없다는 것입니다. 단지 백지와 같은 무의 상태에서 마치 벽돌을 하나하나 쌓아 가듯이 그렇게 자신의 본질을 이루어 나가는 것입니다. 인간은 최초에는 단지 실존할 뿐이며 그 후에야 본질적인 속성을 구비한 자아가 되는 것입니다.

03 자유 · 선택 · 책임 · 불안

"인간은 자유존재다."라고 했을 때 인간에게 주어진 자유는 절대적 자유입니다. 인간은 모든 것을 자유롭게 선택할 수 있으나 자신이 자유임을 자유롭게 선택할 수는 없습니다. 즉 인간에게는 자유일 수도 있고 자유 아닐 수도 있는 그러한 자유는 없습니다.

이러한 인간의 모습을 사르트르는 "인간은 자유라는 운명을 짊어지고 있다." 또는 "인간은 자유를 추구하도록 선고가 내려진 존재이다." 라고 표현합니다. 이렇게 보면 인간이 누리는 자유는 축복이 아닙니다. 오히려 저주이며 무서운 형벌이라고도 할 수 있습니다. 자유이기에 무엇이든 마음대로 할 수 있다기보다는 그 자유가 부담이 되고 짐이 되는 것입니다.

인간의 불안이란 바로 자유로 인한 불안입니다. 자신의 자유로운 선택과 행동에는 언제나 자신만이 져야 할 책임이 따르고 그로 인해 인간은 언제나 불안해 하는 것입니다. 만일 신이 존재하고 인간이 신의 섭리에 따라 살아간다면 인간에게는 이러한 불안이 없을 것입니다.

그러나 자유의 주체인 인간에게는 자유를 행사한다는 것 자체가, 즉 스스로 선택하고 결단하고 행동한다는 것이 언제나 책임과 연결되기 때문에 인간은 불안해 질 수밖에 없고 그래서 자유는 인간에게 무거운 짐이 되는 것입니다.

우리는 때로는 "인간은 자유존재가 아니다."라고 말하기도 합니다. 인간은 환경과 상황의 구속을 받습니다. 그래서 인간은 자기가 원하는 대로 마음대로 할 수 있는 것이 별로 없다고도 합니다. 사소한 습관 하나 바꾸는 것도 자기 마음대로 안 됩니다.

예를 들어 담배를 피우는 사람에게 "너는 자유존재다. 담배를 피우고 싶으면 피우고 싫으면 끊을 수도 있다. 그러한 자유가 너에게 있다. 그러니 담배를 한 번 끊어 보아라."라고 했을 때 우리는 담배를 끊어야 되겠다고 스스로 결심하고 그것을 행동에 옮깁니다. 그러나 이 경우 실제로 담배를 끊지 못하는 사람이 많이 있습니다. 담배를 끊으려고 무던히 노력하지만 그것이 마음대로 안 되는 것입니다. 그래서 인간은 때로는 자유가 아니라고 말하기도 합니다.

그러나 사르트르는 그렇게 생각하지 않습니다. 우리가 인간은 자유존재다, 라고 말할 때 그것은 인간이 의욕하는 것은 무엇이든 성취할 수 있다는 의미로 해석해서는 안 됩니다. 무엇을 하려고 하는 것과 그것을 성취하는 것과는 별개의 문제입니다. 자유란 스스로 무엇을 선택하고 행동에 옮기는 자기결정을 의미합니다.

그러므로 결과적으로 담배를 끊고 안 끊고는 인간이 자유냐 아니냐, 와는 아무런 관계가 없는 것입니다. 문제는 스스로 담배를 끊어야겠다고 결심하고 그것을 행동에 옮기는 데 까지만 자유롭게 할 수 있다면 인간은 자유존재라 할 수 있는 것입니다. 왜냐하면 지금까지 누적된 습관이 담배를 끊겠다는 자유를 방해한 것뿐이지 자유 그 자체를 부정한 것은 아니기 때문입니다.

사르트르는 자유의 고귀함과 자유에 따르는 책임, 그리고 그러한 책임으로 인한 불안에 대해 다음과 같은 실례를 들어 설명합니다.

2차 세계대전이 일어난 후 프랑스는 독일군에 의해 점령됩니다. 이때 드골장군은 영국으로 망명해서 그 곳에서 본국으로부터 건너온 프랑스 청년들을 규합해서 게릴라 훈련을 시키고 다시 본국으로 들여보내 레지스탕스로 활동하도록 했습니다.

이러한 때에 파리 근교에 사는 한 청년이 사르트르를 찾아와 그가 겪고 있는 심각한 고민을 털어놓고 사르트르의 조언을 구했습니다. 그는 형님과 함께 홀어머니를 모시고 살았는데 2차 세계대전이 일어난 직후 형님은 종군하여 독일군과 싸우다 전사하였습니다. 어머니는 큰아들의 전사에 매우 비통해 했지만 그래도 둘째 아들이 자기 옆에 있는 것만으로도 위로를 받으며 둘째 아들과 함께 살고 있었습니다.

그런데 이 청년의 마음속에 심각한 고민과 갈등이 일어났습니다. 조국이 풍전등화의 위기에 처한 이때에 과연 내 자신 한 사람의 안일과 내 가정만의 무사를 위해 어머니 곁에 머물 것인가, 아니면 영국으로 건너가 드골장군의 망명군에 가담하여 게릴라 훈련을 받고 레지스탕스에 가담할 것인가 하는 문제였습니다.

어머니에 대한 의무를 택할 것인가? 조국에 대한 의무를 택할 것인가? 가정을 지킬 것인가? 조국을 지킬 것인가? 이러한 양자택일의 기로에서 사르트르의 조언을 받기 위해 그 청년은 사르트르를 찾았던 것입니다. 이 이야기를 다 듣고 난 사르트르는 한참 침묵을 지키다가 이렇게 대답했습니다. "너는 자유다. 네가 선택하라."

사르트르에 의하면 어떤 특수한 상황 속에 놓여 있는 실존에게 무엇을 해야 할 것인가를 지시하는 보편적인 행동 원리나 도덕은 존재하지 않습니다. 자기 스스로가 자신의 행위 법칙과 삶의 방법을 선택할 수밖에 없습니다. 자신에게 주어진 자유가 바로 모든 가치판단의 기준이 되어야 합니다.

그러나 자유가 주어졌다고 해서 모든 일을 자기 마음대로 할 수는 없습니다. 왜냐하면 거기에는 항상 책임이 뒤따르기 때문입니다. 그래서 실존은 자기에게 닥친 문제를 선택하고 결단하기 위해서 고뇌하고 불안 해 하는 것입니다. 선택의 심판대 앞에 선 실존은 완전히 혼자입니다. 그는 고독합니다. 그러므로 그는 불안하고 불안하기 때문에 자신의 행위를 더욱 진지하게 선택해야 합니다.

사르트르는 『벽』이라는 소설에서 자유가 지니는 숭고한 가치에 대해 언급합니다. 한계상황에 부딪친 인간이 어떻게 자신의 자유를 행사하는지를 통해, 즉 그런 한계상황 속에서 인간이 어떻게 자유롭게 선택하고 결단하고 행동하는지를 통해 자유의 가치를 설명하고 있습니다.

이 소설의 주인공 파브로는 레지스탕스에 가담했다가 독일군에게 붙잡힙니다. 그리고 그는 즉결재판에 의해 내일 아침이면 총살형을 당하게 됩니다. 그런데 만일 내일 아침까지 자기가 가담하고 있는 레지스탕스 사령관의 거처를 알려주면 살려준다는 조건부 총살형입니다.

파브로는 사령관이 어디에 숨어 있는지 알고 있습니다. 그러나 그는 사령관을 내어주는 것 보다는 자기가 죽을 것을 결심합니다. 자기의 죽음을 자기가 선택합니다. 그는 그 이유를 이렇게 밝힙니다.

> 나는 사령관을 존경하지만 그를 좋아하지는 않는다. 그를 대신해 내가 죽을 마음은 추호도 없다. 사령관의 목숨이 내 목숨보다 더 가치가 있다고는 생각하지 않는다. 지금 이 상황에서 누구의 목숨도 파리 같은 목숨이다. 누가 총에 맞아 죽어도 그것은 마찬가지이다.
> 그런데 나는 지금 살아 있다. 사령관을 넘겨주면 나는 살 수 있다. 그런데 나는 그것을 거절한다. 그들에게 굴하는 것을 나는 거절한다. 버틸 생각을 하니 이상하게도 마음에 기쁜 것이 꽉 차 오른다.

죽음을 목전에 두고 있는 파브로에게는 조직도 사령관도 자기가 신봉하는 사상도 그리 큰 문제가 되지 않습니다. 이를 위해 자기의 생명을 걸만한 가치가 있다고 생각하지는 않습니다. 그러면서도 그는 스스로 죽음을 택합니다. 그것은 바로 자기에게 주어진 그 누구도 손댈 수 없는 절대적인 자유를 버리고 싶지 않다는 자유에 대한 고귀한 열망 때문입니다.

인간의 마음 속에 있는 고독하고도 고고한 자유, 그렇지만 그 누구에 의해서도 침해받을 수 없는 숭고한 자유, 자기의 삶은 자기가 결정해야 한다는 자존감, 어떠한 강제도 자신의 자유를 침범할 수 없으며 끝까지 자기는 자기여야 한다는 자신에 대한 신념 등이 한계상황에 처한 파브로로 하여금 죽음을 선택하고도 의연할 수 있게끔 해 주었던 마지막 지주가 되었던 것입니다.

자유는 인간의 본질적인 존재양식입니다. 자유 아닌 인간, 자유 아닐 수 있는 인간이란 존재하지 않습니다. 동시에 자유는 인간이 추구할 최고의 가치입니다. 인간은 오직 이 자유를 통해서만 존재의미를 찾을 수 있으며 인간으로서의 참된 가치를 향유하며 살아갈 수 있는 것입니다.